KB079381

고려대학교 민족문화연구원 사전과 언어학 총서 3

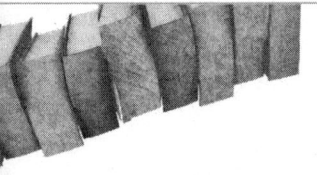

한국학 사전 편찬의 현황

고려대학교 민족문화연구원
사전과 언어학 총서 3

한국학 사전 편찬의 현황

강병수·김영애·김학재·송   준·원창애·이국진·이동철
장경식·정광훈·정우봉·최성윤·한용운·황   경

지식과교양

발간사

민족문화연구원은 1957년 고려대학교 산하 한국고전국역위원회로 시작하여 지난 50여 년 동안 비약적인 발전을 거듭하면서 한국학 연구의 핵심 기관으로 성장해 왔다. 그동안 민족문화연구원에서 이룩한 여러 가지 사업 중에서 사전 편찬은 학계의 주목을 받고 있는 중요한 성과의 하나이다. 1972년부터 기획을 시작한 중국어 사전 편찬의 원대한 사업은 〈中韓辭典〉과 〈中韓大辭典〉, 〈韓中辭典〉 등으로 연속 간행되었고, 1992년 시작된 한국어 사전 편찬 사업 계획은 방대한 규모의 〈고려대 한국어대사전〉으로 완성되었다. 앞으로도 이러한 성과를 바탕으로 다양한 종류의 사전 편찬을 기획하고 있다.

민족문화연구원에서 그동안 축적해 온 연구 성과들은 여러 가지 연속 기획물로 출간되어 왔다. 이제 새로 시작하는 《사전과 언어학 총서》는 지난 40년간 본 연구원에서 진행해 온 사전학적 연구의 성과물을 단행본으로 엮어서 학계에 보고하고자 기획한 새로운 총서이다. 40만 표제어 규모의 〈고려대 한국어대사전〉에 담긴 다양한 언어 정보들이 학문적 언어로 재해석될 때 한국어와 한국의 언어문화에 대한 연구가 새로운 단계에 진입할 수 있을 것이며 30만 표제어 규모의 〈中韓大辭典〉에 실린 중국어와 중국의 언어문화에 대한 다양한 안내를 통해 국내의 중국학 연구가 미래의 지향점을 찾아갈 수 있게 될 것이다. 뿐만 아니라 《사전과 언어학 총서》에는 사전과 연계된 국어학, 중국어학, 일본어학 등을 비롯한 외국어학, 코퍼스 언어학, 정보 처리, 언어 교육 등 다양한 분야의 연구 결과를 담아내려고 한다.

본 총서의 출간이 향후 한국학과 중국학, 나아가 동아시아학의 발전을 이끌어 낼 것임을 믿어 의심치 않는다. 학계 전문가의 깊은 관심과 애정 어린 지도를 기대하는 바이다.

2011년 5월
고려대학교 민족문화연구원
원장 최용철

머리말

　민족문화연구원 사전학센터는 한국학의 다양한 언어 자원을 통합하고 이를 통해 사전학 연구의 외연을 넓히고자 2013년 3월에 설립되었다.

　사전학센터는 사전학 연구 프로젝트와 사전 편찬 사업의 기획 및 추진에 관한 업무를 수행하고 디지털 어휘 자원을 기초로 한 연구 활동을 좀더 체계화하고 전문화하는 데 목표를 두고 있다. 그동안 사전학센터에서는 워크숍, 초청 강연회, 학술회의 등을 개최하여 사전학 연구 성과를 확산하고 사전학 연구 네트워크를 형성해 왔다.

　사전학센터의 이러한 연구 활동의 결과물을 오롯이 담아내는 사전과 언어학 총서는 사전학, 사전편찬학, 어휘론, 정보학 분야의 국내외 연구자들과 소통하면서 논의한 학술 성과물을 관련 학계에 소개하는 징검다리가 될 것이다.

　이번에 출간되는 사전과 언어학 총서 「한국학 사전 편찬의 현황」(총서 3)과 「한국학 사전 편찬 방법론의 모색」(총서 4)는 한국학의 제반 분야에서 추진하였거나 추진하고 있는 사전들에 대해 새롭게 이해하는 계기가 될 것이며, 사전 개개의 목적과 성격에 따라 선택한 편찬 방법론을 소개하고 있기 때문에 다양한 사전학적 쟁점을 발굴

할 수 있어 그 의의가 크다 하겠다.

　사전학센터에서는 사전학, 사전편찬학, 나아가 한국학의 발전을 도모하는 학술 서적의 발간을 지속적으로 지원할 것이다. 이번에 출간되는 총서를 통해 사전학의 관점에서 바라본 한국학의 연구 주제에 대해서도 관련 전공자의 학문적 안내서는 물론 국내외 한국학 사전 편찬의 안내서가 되기를 간절히 바라는 바이다.

2013년 11월

고려대학교 민족문화연구원 사전학센터

센터장 최호철

◗ 저자 서문

「한국학 사전 편찬의 현황」은 '한국학 사전 및 공구서 모임'을 통해 언어, 역사, 문학, 전통문화 등의 영역에서 사전을 편찬하는 전문가들이 현장에서 겪었던 고충과 보람을 토로하고, 향후 과제와 전망을 토론하고 논의하였던 것을 묶은 책이다. 이는 각계의 한국학 분야 전문가들과 사전 편찬에 대한 관심을 공유하기 위한 것이다.

'한국학 사전 및 공구서 모임'은 2009년 12월 예비 모임에서 결성되었다. 2010년 2월 제1회 모임을 시작으로 2013년 현재(8월 기준) 총 13회의 모임을 개최하였다. 2012년부터는 고려대학교 민족문화연구원으로부터 공식적으로 후원을 받고 있다.

본 모임은 "한국학 연구의 기반이 되는 사전과 공구서가 현재에도 여전히 부족하며 사전의 편찬과 연구도 어휘 사전에 집중되고 있어, 한국학 연구자들이 함께 모여 이에 대해 논의할 필요가 있다."라는 문제의식에서 출발하였다. 모임의 취지는 다양한 분야에서 각기 고군분투하며 진행하고 있는 편찬 작업에 대해 소개하고, 작업 노하우와 학문적 성과를 공유하고자 하는 데에 있다. 매년 서너 차례 모임을 개최하고 있으며, 이를 통해 서로의 작업 과정을 이해하고 의견을 나누는 장을 마련하고 있다.

이 책은 본 모임에서 발표된 글을 묶은 것이다. 한국학의 제반 분야에서 제각기 다른 대상을 연구하고 있지만, 사전 편찬이라는 점에서 주제는 동일하다. 따라서 세부 주제별로 겨레말, 다산학, 브리태니커, 전통연희, 조선왕조실록, 한국민족문화, 현대 장편소설에 이르는 다양한 분야의 글을 먼저 배치하였다. 이어 한문 번역에 주로 도구적 역할을 하는 사전류의 현황을 살펴본 글, 그리고 일본에서 소장하고 있는 한국 자료, 돈황학의 한국 소개 등을 다룬 글을 그 다음에 두어 우리의 것을 국내에서만 공유하는 데 그치지 않고 해외로 뻗어나가는 글로벌화를 이루고자 하였다.

글의 내용을 개략적으로 소개하면 다음과 같다.

강병수의 「한국 사전류의 편찬사적 개관」에서는 우리나라 사전류 편찬에 대해 전통 시대·근대·현대로 나누어 역사적 사실에 기초하여 계승적 맥락과 단절적 사실을 동시에 고려하려는 데 목적을 두고 사적으로 고찰한 글이다. 전통 시대에 대해서는 類聚·類說·類書類 등의 편찬과 시대적 의미를 살폈고, 근대 시기에 대해서는 사전 편찬의 또 다른 전환기로 보고, 시기별로 사전 편찬의 종류와 당대의 역사적 의미를 짚어내었다. 현대 시기에 대해서는 서구 문물의 유입과 일제의 강점과 함께 들어온 辭典과 그에 대한 조선의 반응을 고찰하였다.

김학재의 「『다산학사전』 편찬 사업의 개요와 진행 과정」은 인문학(人文學, humanities) 분야 사전 편찬의 한 예인 『다산학사전(茶山學事典)』 편찬 사업의 개요와 진행 경위 등을 개략적으로 밝히고 진행상의 문제와 해결 경험을 소개함으로써 향후 인문학사전 편찬 사업의 기획, 설계, 그리고 진행에 도움을 주고자 한 글이다.

송준의 「『한국전통연희사전』의 집필 현황과 방향성」은 2010년 발주된 한국학진흥사업 중에서 한국학 기초사전 편찬 분야에서 수행한 『한국전통연희사전(Korean Traditional Performing Arts Dictionary)』 편찬 사업에 대한 글이다. 가면극, 인형극, 판소리 등 한국 전통연희의 조사 및 연구 성과를 종합적으로 정리하여 편찬한 과정을 소개하고 있다.

원창애의 「『조선왕조실록 전문사전』 편찬사업」에서는 2007년에 시작된 사전 편찬 사업의 배경과 목적을 설명한 뒤, 실제 집필할 사전의 구성과 내용, 그리고 전반적인 편찬 과정을 소개하고 있다. 향후 인터넷 사전으로 서비스될 경우 전통문화에 대한 학습의 도구로서, 다양한 분과 학문에서 전통문화로의 관계망으로서 기능하게 될 것이라고 전망하였다.

장경식의 「『브리태니커 백과사전』의 편찬사와 전망」에서는 1768년부터 현대까지 이어져 발간되고 있는 『브리태니커 백과사전』, 특히 1974년에 간행되고 1985년에 전면 개정된 15판과, 이 백과사전의 한국어판으로 1994년에 완간된 『브리태니커 세계 대백과사전』의 특징과 구성을 살피고 있다. 또한 디지털 환경에 의하여 민감하게 영향 받는 특성들에 대해 자세히 다루었다.

한용운의 「『겨레말큰사전』의 성격 및 편찬 경과」에서는 남북의 사전 편찬 전문가들이 2005년 2월 '통일시대를 위한 사전'을 만들기로 합의한 후 시작된 『겨레말큰사전』 편찬 사업의 의의를 간략히 소개하고, 그동안의 편찬 경과를 보고하고 있다.

황경·최성윤·김영애의 「『한국 현대 장편소설 사전』 편찬의 실제와 의미」에서는 우리나라의 근대 장편소설의 태동기부터 1950년에 이르기까지 장편소설 작품을 총망라하여 개별 작품의 서사 개요 및 서지 사항, 문학사적 의미 등을 체계적으로 기술한 사전임을 밝히고 사전의 내용 구성 및 데이터베이스 구축을 통한 편찬 예시를 소개하고 있다.

이동철의 「한국에서 한문번역 관련 공구서의 현황과 과제」에서는 1990년 이래 한국 한문문헌 번역에 연관된 주요한 공구서의 성과를 개괄적으로 서술하였다. 먼저 전통적 공구서의 번역서를 알아보고, 이어서 주요 공구서를 사전형 공구서와 비사전형 공구서로 나누어 그 현황을 살펴보았다. 끝으로 현황을 통해 확인된 과제에 대한 논자의 의견을 전개하였다.

정우봉·이국진의 「일본 동양문고 소장 한국 고전적(古典籍)의 해제 및 디지털화 사업 현황 소개」에서는 고려대학교 민족문화연구원 해외한국학자료센터에서 수행하고 있는 〈해외소장 한국전적의 해제 및 디지털화를 통한 공유화 사업〉 중에서 일본 동양문고 소장 한국 고전적 자료에 대한 해제 및 디지털화 작업을 소개하였다.

정광훈의 「한국의 돈황학(敦煌學)과 『돈황학대사전(敦煌學大辭典)』 번역」에서는 한국학과 연계된 돈황과 돈황학의 성격과 의미를 밝힌 뒤 현재 고려대 민족문화연구원과 금강대 불교문화연구소 두 연구 기관의 공동 작업으로 진행하고 있는 『돈황학대사전』 번역 작업에 대해 소개하고 있다.

여기에 실린 원고들이 한국학 각 영역에서의 연구 성과를 집대성하여 각종 사전과 공구서를 편찬하고자 하는 여러 전공자에게도 도움이 되었으면 한다. 나아가 이 책에 실린 글을 계기로 관련 기관의 지원이 활성화되기를 소망한다.

마지막으로 총서의 기획부터 출간까지 성원해 주신 여러 선생님께 감사의 마음을 전한다. 그리고 기꺼이 발표하고 또 다듬은 원고를 보내주신 필자들께 감사드린다. 언제나 한결같은 마음으로 출판에 임해 주시는 지식과 교양사의 윤석원 사장님께도 감사드린다.

2013년 11월
저자 대표 이동철

목차

고려대학교 민족문화연구원 사전과 언어학 총서 3

한국학 사전 편찬의 현황

한국학 사전 편찬의 현황

한국 사전류의 편찬사적 개관

─ 시대적 편찬 추세와 그 의미를 중심으로 ─

강병수*

Ⅰ. 서론

한국사에서 조선 말기까지 辭典과 事典의 字句를 서로 혼용하였으므로 어의적 근본 차이는 없었다고 이해된다. 그러므로 조선 말기까지 내재적으로 두 용어의 사용 빈도수라든가 실제적 사전편찬 시에 적용된 용어 사실에 따른 차이를 필자가 발견하기란 쉽지가 않았다. 사실 근대 이후 일제강점기 때 일본 학계와 출판계에서 語義에 따른 해석을 달리해가면서 정제과정이 없이 그대로 한국사에서 수용해온 것이 현재까지 받아들여지고 있다. 그렇지만 현재, 전자는 항목(또는 단어) 자체를 어원적으로 풀이하는 것이고, 후자는 항목(또는 단

* 한국학중앙연구원 수석연구원

어) 자체에 대한 어의뿐만 아니라 문화나 역사, 심지어는 독자나 저자의 관심사항까지 기술한 것으로, 전통과는 일정한 거리가 있는 接木의 역사성을 가진다고 사료된다. 그렇지만 辭典과 事典의 어의와 역사적인 의미 고찰은 다음 연구과제로 돌리고자 한다.

한편, 사전편찬 목적은 정보에 관한 신뢰성을 담는 데에서 출발, (1) 공유성, (2) 다량정보의 선택적 분류 총합, (3) 역사와 문화인식의 투영, (4) 광범위한 전달을 위한 매체이용 등 네 가지 정도로 요약된다고 볼 수 있다. (1)은 정보를 통해 어떠한 목적을 달성하려는 의도가 내재되어 있다. '계몽기에 사전의 편찬이 활발하였다'는 기왕의 주장들은 이러한 사실을 잘 말해주고 있다. (2)는 전통시대 왕실에서 국가사회적인 문제들을 해결하기 위해 필요한 정보를 蒐集하는 방책의 수단으로 '諸書를 類聚'하여 편찬을 명령한 사실에서 그 의미를 확인할 수 있고, (3)은 사전에 담겨진 정보가 결국 편찬 주체자의 역사적인 지식과 문화에 대한 가치관, 즉 시대성을 체계적으로 반영한다는 것을 의미한다. (4)는 정보 자체의 개방성을 전제한 정보이용자의 폭을 확대하려는 방향으로 차츰 전개되어 왔다는 것이 그것이라 생각된다.

20세기 말에 한국사에서도 事典學이 '연구 분야 분류표 기준'으로 등장하고 있는 이상[1] 전통적으로 '사전 편찬'을 학문적 연구 분야의 범주에 넣는 데 瞑目하여 왔던 기왕의 엘리트 閉鎖主義랄까 아니면 독점주의에서 이제는 자유로워야 할 시대이다. 한국사에서 우리글이 없었을 당시 漢文 또는 漢字를 익히는 그 자체가 엘리트적 학문이

---

1) 한국연구재단(당시 한국학술진흥재단)에서는 1996년부터 2년 동안 약 2억여 원을 투자하여 '연구 분야 분류표 기준'을 연구과제로 수행한 바가 있는데, 대분류 : 인문학 다음의 중분류에서 맨 먼저 '사전학'으로 당당히 분류해 놓고 있다(현재 한국연구재단 홈페이지에도 '연구분야 분류표'로 탑재되어 있다).

었다는 사실을 상기할 필요가 있다. 일종의 文字學 자체가 학문 연구 분야였던 전통적 정보 지배에 비추어 본다면 '사전을 연구, 편찬해내는 일'은 '事典學이 학문 연구의 기초'라는 전제 위에서 전개되므로 학문적 연구 분야의 범주에 당연히 포함시켜 이해되어야 할 성질의 것이다.

한국사에서 한민족이 주체가 되어 전개한 다양한 활동과 과학, 그리고 이들의 활동 영역인 자연 등을 총체적으로 집약하여 체계 있게 知識情報를 개발해내는 일은 단순한 작업 이상의 가치를 지닌 학문적 연구 분야의 영역에 들어서 있는 것으로 해석된다. 특히, 디지털 정보화시대로 세계화된 지금에 이르러 수많은 학문 영역에서 연구 생산된 콘텐츠의 다량화를 '어떻게 정보화하느냐'가 늘 화두로 등장할 때마다 사전의 연구 편찬은 필수 手段의 하나이자 學問 領域으로 당당히 자리매김 될 수 있음은 물론이다.

한국 역사와 문화, 한국학이라는 연구 성과에 관한 수많은 정보들을 (1) 콘텐츠라는 가치창출성 아래 총체적으로 천착해내거나 고찰하는 일, (2) 학문적 연계성을 총합적으로 찾는 일, (3) 항목을 일정한 체계로 분류하는 일, (4) 특정한 학문이나 항목에 관한 정보를 집약적으로 논술해내는 일, (5) 정보전달 수단에 맞게 재구성하는 일 등등의 모두가 사전학이 개척해 내야할 지속적 과제라고 해석된다.

한국사에서 '사전학'이란 위치로까지 학계가 공인하고 있는 현재 한국의 사전 내지 백과사전의 연구편찬사를 고찰해내는 과제는 매우 중요한 의미를 지닌다. 우리나라에서 사전 내지 백과사전 편찬의 역사적 轉機는 크게 전통시대·근대·현대로 나누어 볼 수가 있다. 특히, 우리가 흔히 근대라고 하는 19세기 후반 이후부터 편찬 또는 수입되는 辭典이나, 백과사전으로 비유되는 전통시대 '○○類聚'·'○○類說'·'○○類書'·'○○群玉' 등등 같은 類書類는 시대별로 구별하고자 한다. 본 연구에서 이들을 구태여 구별 짓고자 하는 것은 한국의 사전이나 백과사전 저술이나 편찬사를 역사적 사실에 기초하여 계승적 맥락과 단절적 사실을 동시에 고려하려는 데 있다.

제I장 서론에 이은 제II장은 고려말기부터 조선시대 전 기간을 전통시대의 사전 편찬 기간으로 이해하고, 類聚·類說·類書類 등의 편찬과 시대적 의미를 고찰해 내고자 한다. 이 장은 (1) 고려 말기부터 조선 전기, (2) 조선 후기부터 조선 말기까지를 각각 사전 편찬의 또 다른 전환기로 보고, 시기별로 사전 편찬의 종류와 그것이 지니는 당대의 역사적 의미를 살펴보고자 한다. 이 시기는 개략적이나마 辭典과 事典의 史的인 由來도 함께 고려하게 될 것이다.

제III장은 근대 이후 서구 문물의 유입과 일제의 강점과 함께 들어오는 辭典에 대한 조선의 반응을 고찰해 내고자 한다. 그리고 서구에서 들어오는 백과사전에 관한 정보를 전하는 언론 등의 태도를 통해 사전의 중요성에 대한 당대인들의 인식도 살필 것이다. 또한 서구에서 語學 辭典 등이 처음 들어오는 시기와 '백과사전'이라는 명칭의 始源도 나름대로 한 번 고찰해 보는 것도 의미가 있다고 생각된다.

제IV장은 광복 이후 1980년대까지 한국인에 의해 편찬된 백과사전을 중심으로 살펴보고자 한다. 이러한 고찰은 한국사를 중심으로 하여 한국인이 주체가 되어 편찬, 간행된 백과사전에 한정하여 다루되, 인문학 분야를 중심으로 다루고자 한다. 이 시기는 결국 한국사에서 근대적인 백과사전의 편찬기로 볼 수 있는데, 특히 백과사전의 편찬 방향뿐만 아니라 편찬 이후의 사전 이용자들에게 미치는 영향력이라는 의미도 엿볼 수 있을 것이다.

제V장은 특히, 오프라인에서 온라인으로 백과사전 편찬역사가 바뀜에 따른 디지털 '정보학'과 '사전학'의 동시 탄생의 환경을 소개할 것이다. 온라인 백과사전 편찬 현황은 물론 그것이 미치는 영향

력은 물론 '정보 내용에 대한 책임성'이라는 미래의 가치문제까지 간
단히 논급할 것이다. 이러한 고찰을 통해 미래 한국의 백과사전 편
찬 방향에 대한 좌표설정의 계기를 발견하는 데도 보탬이 되었으면
한다.

II. 전통시대 類書의 편찬과 그 역사적 의미

2.1. 고려시대~조선전기

고려시대 사전 編纂史에 대한 선행적 연구 성과는 거의 없다고 해
도 과언이 아니다. 다만 백과전서적 성격을 지녔다고 의미를 부여한
『破閑集』과 『櫟翁稗說』에 관한 解題가 있을 뿐이다. 그리고 조선 전
기의 『筆苑雜記』·『慵齋叢話』 등은 모두 백과전서류에 포함시키기
에는 그 체재나 내용이 아주 미흡하다는 비판적 연구도 있다.[2] 물론
이러한 해석과 비판은 일면 타당하기도 하다. 그렇지만 시대적 한계
와 백과사전 내용과 체재의 단계적 발전이라는 측면이 깊이 고려되
지는 못한 측면도 있어 보인다.

그러므로 고려시대에서 조선 전기에 걸쳐 편찬된 저술 속에서 근
현대적 의미를 찾을 수 있는 백과전서를 기대할 수는 없다. 다만, 시
대적 한계를 고려한 전제하에서 백과전서류의 일부 형식만 갖춘 서
책들을 고찰해보는 것이 타당하리라 여겨진다. 고려 중기 이후 관찬
사서였던 『삼국사기』의 지(志)·연표·열전 등은 극히 미흡하지만
백과전서류적 형식을 갖추었다는 과감한 해석이다. 고려 후기 이후

---

2) 白泰男(1982), 『지봉유설연구』, 단국대 석사학위논문, 2쪽.

편찬된『삼국유사』의 경우도 불교사서·설화집성집·불교신앙을 포함하는 역사에 관한 문헌·잡록적 사서·야사 등으로 이해되고 있지만, 필자는 여기에 백과전서류적 형식을 갖춘 성격의 저술로 추가되어야 할 것으로 해석하고자 한다. 또한, 고려 말기의『破閑集』·『補閑集』·『櫟翁稗說』등과 조선 전기의 『筆苑雜記』3)·『慵齋叢話』4) 등은 당대의 다른 저술들의 체재와 비교해 볼 때 전통적 사전적 구성을 갖추고 있다.

위의 일곱 가지 문헌들의 공통점은 (1) 다양한 정보를 담으려 하였다는 점, (2) 시문·야화·풍속·제도 등과 같이 類別로 묶어서 체계를 세우려고 하였다는 점, (3) 많은 정보 가운데서 편찬자가 선정한 것은 물론 각 항목에 관한 해석이나 비평이라는 편찬자의 가치관이 투영되어 있다는 특징이 그것이다. 이들은 모두 근대적 의미의 백과사전류적 수준에서는 명확한 한계를 지니고 있지만 당대 문집이나 단편적 관심 사항을 담은 개인저술과는 그 성격이 다르다는 측면에서 백과전서류의 효시를 이룬다고 보아도 좋을 것이다.

이어 조선 전기는 개인이 편찬한 백과전서류뿐만 아니라 왕실에서 관찬으로 간행한 사실이 빈번하게 있었다. 당시 조선왕조에서는 국가사회적 문제해결을 위한 효율적인 정보수집 대안의 한 방편으로 '諸書를 類聚'한 '類聚書'가 편찬되었는데,5) 이 '類聚書'로는 중국의 백과사전류『事文類聚』의 형식과 책제를 본떠서 편찬한 1455년의『醫

---

3) 심승구(1998),「朝鮮初期 野史編纂과 史學史的 意味」-筆苑雜記를 중심으로-,『朝鮮時代의 社會와 思想』, 조선사회연구회.

4) 崔喆(1984),「朝鮮朝 前期 說話의 硏究;」- 齋叢話·筆苑雜記·秋江冷話·稗官雜記를 중심하여,『東方學志』42.

5) 李昌炅(2002),「類書編纂의 展開樣相과 考察」,『文化財』35, 220~233쪽이 참조된다. 그러나 본 연구범위는 한국사에서의 유서류를 중심으로 전개한 것이 아니어서 못내 아쉽다.

方類聚』가 있다. 사실『醫方類聚』는 특정 분야를 다룬 분야 全書類
의 형식을 띠고 있다.6)

한편,『세종실록지리지』의 경우 목차 분류나 항목의 경우는 특정
분야에 관한 전서류라고도 할 수 있다. 그 내용을 깊이 들여다보면
다양한 항목을 설정해 놓고 조선시대 이전의 역사와 문화를 모두 담
고 있다는 사실에서 백과사전류로서도 조금도 손색이 없다는 과감한
해석을 하고 싶다.7) 그러므로 넓은 의미에서『세종실록지리지』는
조선 전기 백과전서류의 성격을 지닌 것으로서도 한 축을 이룬 편찬
서라 이해된다. 물론『세종실록지리지』의 선구적 편찬서로서『경상
도지리지』·『신팔도지리지』등도 백과전서류로서의 성격을 엄밀히
갖추고 있다고 할 수 있다.

이상과 같은 편찬서들은 고려 중기·말기를 거쳐 조선 전기까지
나온 것이 특징이다.『삼국사기』는 분명히 관찬 史書라고 하지만 그
속에 내포된 백과전서류적 체재나 내용들로서 고려 전기까지의 역사
와 문화를 담고 있다. 즉, 고려가 오랜 혼란기를 거쳐 후삼국 통합을
이룬 뒤에 통일의 시대를 열어가는 안정기를 보여주는 편찬서라 할
수 있다. 또한『삼국유사』의 편찬은 몽고간섭기라는 이민족의 속박
에서 벗어나 중세적 자아의 발견을 알리는 전환기에 나왔지만, 여러
학설 중에도 說話集成書·雜錄的 史書 등의 견해로 유추해 본다면 사
전류의 한 부류로 해석될 수가 있다.

조선 전기인 1450년대 관찬으로『의방유취』·『세종실록지리지』
등의 편찬은 조선이라는 국가가 1392년에 탄생하여 불교국가에서

---

6) 전상운(1996), 「조선초기 과학기술 서적에 관한 기초연구」, 『國事館論叢』27
　　참조.
7) 서인원(1999), 「世宗實錄地理志 編纂의 再檢討(1)」, 『東國歷史教育』7·8합집.
　　_____(2000), 「世宗實錄地理志 編纂의 再檢討(2)」, 『역사와 교육』9.

유교국가로 전환된 지 60여 년이 지난 시기에 나온 것들이다. 두 세대를 거치면서 새로운 문물의 정착을 알리고 다져나가는 백과전서류로서『세종실록지리지』가 편찬되었다고 생각된다. 또한,『세종실록지리지』에서 좀 더 발전된 향토사적 백과전서류가 성종대에 편찬된『동국여지승람』이다. 이후, 이는 주지하는 바이지만, 1530년『신증동국여지승람』으로 수정증보 작업이 추진된 것이다. 한편, 문물정비를 통해 조선적 정체성을 정착시켜나가는 기반 위에 당면 국가사회적 문제 해결 책무의 하나로 '조선의 모든 구성원의 의료구휼'이라는 입장에서『醫方類聚』라는 분야 사전류도 편찬된다.[8]

또 하나 조선 전기 최고의 類書類로 평가받는『攷事撮要』가 魚叔權에 의해 1554년(명종 9)에 편찬된다. 본 책은 1771년 徐命膺이『攷事新書』로 크게 개정, 증보하기까지 12차에 걸쳐 간행되었던 문헌이다. 본서에 관한 기왕의 연구 지향은 책판목록에 특히 주목되었다.[9] 이는 임진왜란 이전 조선의 도서 간행사를 고찰할 수 있는 조선 最古의 도서목록으로 손꼽히고 있다는 사실에서 어쩌면 당연하다고 할 수 있다.[10] 특히, 사대교린과 日用·국가의례·제도·지방 토산물 등 다양한 정보를 담고 있는 전통적 類書로서 백과전서류 형식의 저술로 이해되어야 할 것이다. 그리고 12차례에 걸쳐서 보완과 수정을 거쳐서 간행되었다는 측면에서에 조선 전기 백과전서류적 편찬서로 이해하는 것은 무리가 아니다. 또한, 권문해(權文海, 1534~1591)가 저술한 백과전서류『대동운부군옥』,[11] 그리고 편자

---

8) 김동일(1986),「우리나라 동의고전 《의방유취》」,『력사과학』.
9) 김치우(1973),「서지학적인 측면에서 본 고사촬요의 연구(Ⅱ)」,『도서관』28(1).
      ＿＿＿(1983),『고사촬요의 책판목록』, 민족문화.
      ＿＿＿(2007),『고사촬요 책판목록과 그 수록 간본 연구』, 아세아문화사.
10) 초판본은 전하지 않지만 그 이후 판본에 의하면 책판목록이 989종이나 된다.
11) 심경호(1998),「大東韻府群玉」,『문헌과 해석』2, 138~155쪽.

및 연대 미상의 『儷彙』등도 대표적 類書로서 주목된다.[12)

2.2. 조선후기~조선 말기

근세적 의미의 한국 최초 백과전서류로는 1614년(광해군 6) 이수광이 편찬한 『지봉유설』이라는 견해에는 특별한 이의가 없는 것으로 생각된다.[13) 이 저술은 조선 전기까지 저술된 '類書' 또는 '類聚書'와는 다른 것으로 '類說'이라고 책을 題名하고 있다. 조선 전기 다양한 문헌들의 내용을 선정하여 분류한 것을 'ㅇㅇ類書'·'ㅇㅇ類聚'라고 하였는데, 그는 '지봉유설'이라는 'ㅇㅇ類說'로 책의 제목을 정한 사실이 주목된다.

즉, 우선 백과전서적 체재로 3,435조목, 25부문, 182항목 등으로 나누어 편집하였다.[14) 그리고 自序에서 그는 "오직 한두 가지씩을 대체로 기록하여 잊지 않도록 (후세를) 대비하려는 것이 진실로 나의 뜻이다."[15)라고 밝힌 바와 같이 이용자인 '후세대를 대비하는' 뚜렷한 知的 目的이 있었다. 즉, 이수광은 한정된 '정보의 그릇'에 '담아서 전할 당대까지의 역사와 문화라는 사실'을 가장 효율적이고 유용하게 추출, 선정하고자 하였던 것으로 이해된다. 그는 '후세대'라는 사전의 이용자를 인식하였고, 182항목과 3,435조목으로 보여줄 문화내용을 '선정'하였으며, 천문에서부터 禽蟲까지 25개 부분으로 분류하였다.

또한, 당시 대표적 유서로 1643년에 김육이 저술한 『유원총보』가

---

12) 규장각 및 계명대 동산도서관 소장의 유서로 편자미상이나 조선 전기의 백과전서류의 하나로 추정된다.

13) 白泰男(1983), 「芝峯類說 研究」, 단국대학교 대학원 석사학위논문.

14) 한국정신문화연구원(1991), 『한국민족문화대백과사전』21, 271쪽.

15) 『芝峯類說』卷1 自序.

있다. 본서는 임진왜란 이후 조선의 많은 문헌들이 멸실된 것을 알고
이를 회복하기 위해 편찬된 것으로서 조선후기의 대표적 유서라 할
수 있다.16) 그 외에 김세렴(1596~1646)의 『槎上錄』은 특정 분야의
사전격인 시집으로 유서의 하나라 할 수 있는 것이고, 金搢이 1653년
에 간행한 유서류로 『新編彙語』도 있으며17), 일찍이 백과전서류에
관한 저술을 많이 남긴 홍만종(1643~1725)은 『詩話叢林』18) 『旬五
志』19) 등의 백과전서류를 편찬하였다. 18세기 실학기에는 公·私撰
의 백과전서류가 시대적 추이에 따라 다양하게 저술된다. 이익의
『星湖僿說』이 백과전서류의 대표적 저술이다. 『星湖僿說』은 18세기
까지 조선의 문물 인식이 당대 일반적 지식인보다 앞서 나간 특수한
사례가 된다.20) 즉, 백과사전류적 의미는 그 담아내는 내용과 범위
가 지식의 보편성에 기초하지만, 『성호사설』은 오히려 시대정신을
앞서서 끌어간 것으로 해석된다. 특히, 서양에 관한 정보를 당대 어
느 지식인들보다 먼저 경험한 사실을 담아내고 있다는 점은 그러한
단면을 잘 보여 준다고 할 수 있다.

그리고 조선 정부에 의해 편찬된 『東國文獻備考』(이후 『增補東國
文獻備考』(미간행)는 전통시대 백과전서류의 전형의 하나로 받아들
이고 있다. 17세기 이후에는 지식인들의 학문추구 영역이 科擧 科目

---

16) 金根洙(1979), 「『類苑叢寶』解題」, 『國學資料』34.
   신병주(2007), 『규장각에서 찾은 조선의 명품들-규장각 보물로 살펴보는 조선
   시대 문화사』, 책과 함께.
17) 朴宰爀(1990), 「『彙語』의 編成體制」, 『書誌學研究』제5·6합집 -圓堂沈于俊教
   授停年紀念論文集.
18) 具中會·高敬植(1987), 「『詩話叢林』의 撰述攷」, 『論文集』25.
19) 趙殷熙(1985), 「玄黙子 洪萬宗의 思想에 관한 一考察;-『旬五志』를 中心으로-」,
   『論文集』12, 社會科學篇.
20) 강병수(2011), 「星湖 李瀷의 『星湖僿說』의 世界- 天地門을 중심으로-」, 『東國
   史學』.

에만 치중함에 따라 국가사회적으로 필요한 지식정보를 활용할 문헌
이나 저술이 매우 부족하였다. 이에 조선정부에서는 博學者의 필요
성과 중요성을 공공연히 제기하고 조선 후기 재야에서는 박학에 대
한 인식도 높여간 사례도 있다.21) 또한, 재야에서 諸子百家에 능통
한 인물, 經學 이외의 국가사회의 실무적 문제를 해결해나갈 수 있는
학문을 추구해온 인물에 대한 관심이 높아져 山林을 천거하는 천거
제도도 활발히 전개되었다.22) 이와 동시에 博學的 다양한 정보를 담
은 문헌의 편찬, 저술 등이 추진되고, 지식인들도 개인적으로 백과전
서적 저술을 많이 남기게 되었다.

18세기에는 李義鳳(1733~1801)의 漢字 語彙集『古今釋林』이 편찬
되고23), 이어 조선 후기 인명사전의 성격을 갖고 있는『銀溪筆錄』(8
책)도 편찬되고 있는데24), 이 저술은 인물에 관한 항목을 설정하고
그 인물들을 설명하고 있다. 그러므로 본 책은 인물에 관한 평가를
내린 사실을 가지고 그 내용의 진실여부로 격렬한 비판 문제가 발생
할 소지를 미연에 방지하기 위해 서문이나 발문을 아예 싣지 않은 것
이 특징이다. 또한, 편자 미상의『國朝彙言』이 있는데25), 이는 고려
시대부터 조선 전기까지 편찬된 사전류를 모아 놓은 백과전서류의
편서라 할 수 있다.

조선시대로 추정되는 고전의 문구를 招輯하여 분류·편성한 유서
로『藝苑新編』(24권 12책)이 있는데, 여러 분야 즉, 天道·禽獸 등 여
러 부분의 語句를 모아 해설한 사전류이다.26) 그리고 안정복은 실학

21) 강병수(2003),「河濱 慎後聃의 博學認識 硏究」,『韓國史學論叢』, 푸른사상.
22) 鄭求善(1993),「朝鮮後期 薦擧制와 山林의 政界進出」,『國史館論叢』43.
23) 宋基中(1993),「近代化 黎明期의 外國語 語彙에 대한 關心」,『韓國文化』14.
　　심경호(2009),「연세대 소장 유서 및 한자어휘의 가치」,『東方學志』146.
24) 編者未詳,「『銀溪筆錄』1~8 해제」, 규장각한국학연구원.
25) 著者未詳,「『國朝彙言』권1~15 解題」, 한국고전적종합목록.

자로서『雜同散異』[27]·『經史集說類』·『星湖塞說類選』등의 백과전
서류를 편찬하고, 白斗鏞은『註解語錄總攬』을 편찬하였으며, 18세기
후반 황윤석(黃胤錫, 1729~1791)은『理數新編』을 저술하였다. 그런
데, 이 저술은『성리대전』체재를 직접 응용한 백과전서류적 知識 集成
을 도모한 것이다.[28] 또한『寰瀛志』(魏伯珪著, 1727~1798 2권 1책)는
천문·지리·제왕·명물·관직 등을 항목에 따라 설명하고 있다. 이
어 정조 때 관료였던 具允明(1711~1797)이 관리생활에 필요한 사항
을 백과전서식의 형식을 갖추어 편찬한『典律通補別編』은 법률전서
류의 성격을 가지고 있다.[29]

　19세기는 鄭東愈가 1805년경에 편찬한『晝永編』이 백과전서류로
분류될 수 있고[30], 순조 때 柳僖의『物名考』는 사물을 유정류·무정
류·부동류로 분류하여 최초로 한글로 쓴 백과전서류가 된다고 해석
된다.[31] 1850년 편찬된『全韻玉篇』[32], 李義鳳의『古今釋林』[33], 그
리고『號譜』[34]·『人物考』[35], 이규경의『五洲衍文長箋散稿』[36], 金

---

26) 編者未詳,「『藝苑新編』해제」, 규장각한국학연구원.
27) 김희자(2009),「백과사전류로 본 조선시대 茶문화 -『五洲衍文長箋散稿』를 중심
　　으로-」,『한국사연구휘보』146, 국학자료원.
28) 黃胤錫 編著(1943),『理數新編』卷1~23, 朝鮮春秋社.
29) 具允明 編著,「『典律通補別編』해제」,『韓國古典籍綜合目錄』.
30) 정호훈(2010),「『晝永編』의 자료 구성과 지식 세계」,『진단학보』110.
31) 高橋亨(1960),「物名考解說」,『朝鮮學報』16.
　　洪允杓(1988),「十八·九世紀의 한글 類書와 實學; 특히『物名考』類에 대하여」,
　　『東洋學』18.
32) 金根洙(1974),『全韻玉篇』,『韓國學』2, 중앙대 영신아카데미 한국학연구소.
33) 심경호(2009),「연세대 소장 유서 및 한자어휘집의 가치」,『東方學志』146.
34) 朴熙永(1987),「號譜의 書誌的 考察」,『國會圖書館報』24(6).
35) 辛承云(1988),「朝鮮朝 正祖命撰『人物考』에 관한 書誌的 研究」,『書誌學研究』
　　3, 一山 金斗鍾 博士·曉城 趙明基 博士 追慕論文集.
36) 김희자(2009),「백과사전류로 본 조선시대 茶문화-『五洲衍文長箋散稿』를 중심
　　으로」,『한국사연구휘보』146, 국학자료원.

健瑞의『增正交隣志』37), 이덕무의『靑莊館全書』38), 한치윤의『海東繹史』39), 홍만선의『山林經濟』는 농업·임업·농가생활·의료·건강관리·민속·식생활사·생물학사 등을 살필 수 있는 사전류에 해당이 된다.40)

한편, 1809년에는 憑虛閣 李氏라는 여성이『閨閤叢書』를 저술하였다. 그런데 본서는 농촌생활, 농축산업, 의약학 지식 등 일상생활에서 긴요한 사항 들을 모두 망라한 경험을 바탕으로 한 백과전서류이다.41) 특히, 본 총서는 실학기에 여성이 편찬하였다는 의미와 함께 우리 민족 스스로가 독자적으로 백과전서류를 편찬할 수 있는 수준에 이르고 있었음을 엿볼 수 있는 작품이다.『규합총서』는 17세기 이래 실학자들이 백과전서류를 저술하여 온 계보를 잇는 것으로 서구의 백과사전의 영향과는 달리 한국사의 특수성을 반영하는 편찬서로서도 손색이 없다고 해석된다.42)

『酉山筆記』는 조선 후기의 編書로 우리나라 단군조선으로부터 역대 국명·지명·제도·인명 등을 백과전서식으로 정리한 저자 연대 미상의 類書類이다. 또한,『藝苑新編』도 백과전서류로서 天道·戶部·禽獸 등 여러 부분으로 분류하여 각 부분에 관계되는 어구를 모아 해설한 책(24권 12책)이고43),『銀溪筆錄』(8책)은 인명사전의 성

37) 신재경(1994),「『증정교린지』의 편찬 년대와 편찬 상 특징에 대한 간단한 고찰」,『력사과학』4, 과학백과사전종합출판사.
38) 이병도(2012),「제5편 고지도·고전 해설 -15. 청장관전서해제」,『두계이병도전집』9 -조선시대 유학과 문화-, ㈜한국학술정보.
39) 黃元九(1982),「海東繹史의 文化史的 理解」,『震檀學報』53·54합병호.
韓永愚(1985),「海東繹史의 硏究」,『韓國學報』37.
40) 辛承云(1982),「山林經濟」,『民族文化』8.
송화섭(2010),「조선후기 類書類의 구황과 벽온 민속-『증보산림경제』를 중심으로-」,『역사민속학』34.
41) 金春蓮(1983),「『閨閤叢書』의 家政學叢書的 性格」,『전통문화연구』1.
42) 이혜순(2007),『조선조 후기 여성 지성사』, 이화여자대학교출판부.

격을 가진 책으로 조선 후기 사전적 저술의 정제되지 못한 면모를 보
여주고 있다. 그리고『典律通補』도 정조 때 문신 具允明이 관리생활
에 필요한 사항을 백과사전식으로 편찬한 책으로 손색이 없다.44)

　고금의 사실, 시문 등을 모아 종류별로 모은 類書로서『事文類聚』
가 있는데45), 이것의 초본이『事文抄』이다. 한편, 19세기 전반기에
는 1798년에 편찬된『才物譜』46)를 보완한『廣才物譜』를 편찬한 사
실도 주목된다. 이어『萬寶全書諺解』는 명말청초기의 백과사전 형식
의 일용유서의 총칭인『萬寶全書』를 언해한 것이다. 이는 외국의 백
과사전을 번역한 독특한 사례로 꼽을 수가 있다. 또 하나의 언해서로
『啓蒙諺解』(아동용 백과사전의 효시, 저자·연대 미상)가 있다.47)

　19세기 조선 백과사전『宋南雜識』가 완역되고, 1855년 배상현(裵
象鉉) 저술한 문물제도를 다룬『東國志』도 나오고 있다. 그리고 1857
년 이후에 발행한 민담·놀이·제도·역사 등을 담은 백과사전식 체
재의『續日知錄』이 편찬되었다. 19세기에 들어와서는 국가사회가
동서양 문명이 교유하는 시기가 도래함에 따라 밀려드는 서구 문물
에 대한 대응이 당면과제로 등장한다. 이규경의『오주연문장전사
고』, 김건서(金健瑞) 등의『증정교린지』등은 대외적 견문과 외교문
제를 의식하여 편찬된 저술이라 이해된다. 조선 최대의 백과전서류
로 평가받는 서유구의『林園經濟誌』48), 1850년대에는『全韻玉
篇』49), 이의봉(李義鳳)의『古今釋林』50), 이유원의『林下筆記』51),

---

43) 편자미상,「규장각소장자료해제:『예원신편』」, 규장각한국학연구원.
44) 김현영(2006),「官府文書 연구의 현황과 과제」,『嶺南學』10.
45) 박경안(2005),「『新編古今事文類聚』에 관한 一考察 - 萬曆 壬辰版과 관련하여 -」,
　　『京畿鄕土史學』10.
46) 金根洙(1972),「才物譜解題」,『國學資料』6.
47) 표제가『계몽언해』이고, 판심은『계몽편언해』로 확인되고 있다.
48) 조창록(2009),「『임원경제지』의 찬술 배경과 類書로서의 특징」,『震檀學報』
　　제108호.

『東典考』52), 조재삼(趙在三)의 『宋南雜識』53) 등이 편찬되고, 한국
사의 인물들에 관한 정보를 조선 정조대까지 담은 『號譜』 등도 모두
내재적인 역사와 문화를 반영한 결과물들이다.

Ⅲ. 근현대의 사전 편찬과 그 전개

19세기 말부터는 서구문물은 물론 일제의 강점에 따라 조선정부
의 제도와 문물에도 직·간접적으로 영향을 미치기 시작한다. 20세
기 초에는 조선 문물의 연속성을 담은 대표적 백과전서격인 『增補文
獻備考』가 편찬, 간행되었다.54) 한국사에서 백과전서류로서 내재적
발전이 지속, 전개되던 시기에 일제강점기를 맞게 됨으로써 한국사
에서 백과사전격의 전통성으로서의 그 계승은 혼란을 겪게 되었다.

즉, 고려시대의 『패관잡기』·『파한집』에서부터 조선시대 類聚·
類說·僿說·類書 등으로 발전되어 근대의 辭典(또는 事典)과 百科全
書들로 편찬이 내재적으로 진행되던 단계적 진행이 단절되거나 왜곡

---

49) 金根洙(1974), 「全韻玉篇」, 『韓國學』2.

50) 宋基中(1993), 「近代化 黎明期의 外國語 語彙에 대한 關心」, 『韓國文化』14.
　　심경호(2009), 「연세대 소장 유서 및 한자어휘집의 가치」, 『東方學志』146.

51) 김희자(2009), 「백과사전류로 본 조선시대 茶문화 -『五洲衍文長箋散稿』를 중심
　　으로-」, 『한국사연구휘보』146.

52) 東典考(규장각소장 古0810-2-v.1-12) 목록해제, 편자미상으로 19세기 말에 발
　　행된 것으로 관심하고, 19세기 博學을 추구했던 분위기를 대변하는 백과전서
　　적 경향을 띤 책으로 초록하고 있음(규장각한국학연구원).

53) 임형택(2007), 「조선의 백과사전 송남잡지-조재삼」, 『우리고전을 찾아서 -한국
　　의 사상과 문화의 뿌리-』, 한길사.
　　김희자(2009), 「백과사전류로 본 조선시대 茶문화-『五洲衍文長箋散稿』를 중심
　　으로-」, 『한국사연구휘보』146.

54) 鄭光水(1990), 「增訂文獻備考의 藝文考 硏究」, 『書誌學硏究』제5·6합집, 圓堂
　　沈喁俊敎授停年紀念論文集.

되는 위기를 맞게 되었다. 한국사에서도 근대의 여명기인 20세기 초에 전통과 근대와의 階梯的 백과전서로는 白斗鏞의 『註解語錄總攬』이 그 대표적인 저술이라고 이해된다.[55]

사실 근대적 의미의 '辭典'도 1911년 조선정부가 영국의 게일이라는 神學者에게 『韓英辭典』을 선물로 받는 데서 그 명칭이 처음 사용된 것으로 지금까지는 추정된다.[56] 또한 현재 우리가 사용하는 漢字 명칭 '百科事典'이라는 것도 1931년 일본의 평범사(平凡社)가 근대 서양의 백과사전을 편집한 『大百科事典』을 출판하면서 처음 사용한 데서 유래한 것으로 그렇게 해석해 본다.[57]

한국인은 이와 비슷한 시기인 1933년에 브리태니커를 소개한 잡지 「조선 1933년 5월」 제21호에서 'タ ニ カ 百科辭典'이라 표기하여 여전히 '辭典'이라는 한자 용어로 쓰고 있음을 읽을 수가 있다.[58] 이어 1936년 이후 『동아일보』[59]·1935년 『조선중앙일보』[60] 등에서도 '백과사전'의 '사전의 漢字표기를 '事典'이 아닌 '辭典'이라 표기하고 있다는 사실이다. 어쨌든 한국인들이 한글이든 漢字든 '백과사전'이란 명칭을 사용하기 시작한 시기는 1930년대 초부터이지만 漢字表記로는 조금씩 달리 표현하고 있었음이 확인된다. 그 뒤 1958년 정비석의 『大百科辭典』까지도 '辭典'이라 표기하고 있었고,[61] 1960년

55) 白斗鏞編纂·尹昌鉉增訂(1919), 『주해어록총람』, 한국학중앙연구원 소장.
56) 『純宗實錄附錄』2卷 4년(1911)
　　英國人神學博士奇一進獻韓英辭典一部 嘉納 仍賜銀製花瓶一箇.
57) 杉本つとむ(1978), 『辭典·事典の 世界』, (주)樓楓社, 1~4쪽.
58) 「조선」1933년(제216호), 1933년 5월 1일에서는 'ブ リ タ ニ カ 百科辭典'이라 표기하고 있다.
59) 「黑人百科辭典 白人學者들도 協力(뉴욕」(1936년 06월24일 7면), 『동아일보』.
　　「大英百科辭典에 五歲兒 「쉴리 템플」傳記載錄」(1936년 07월02일 7면), 『동아일보』.
60) 「百科辭典과 擴聲器를, 安新普校에 寄贈, 安岳兩金氏의 美擧」(1935년3월16일, 3면), 『조선중앙일보』.

까지 그러한 표기는 그대로 사용되어진 것으로 유추된다.

그러나 '百科事典'이라는 명칭은 1945년 광복 이후 일본이 처음 사용한 시기보다 한 세대가 지난 1962년 白鐵이『새大百科事典』을 편찬하면서 한국사상 처음으로 한자 표기로 '百科事典'으로 사용하게 되기에 이르렀던 것으로 추정하고자 한다.[62) 그런데, '백과사전'이란 명칭 이전에 '辭典(또는 事典)'이라는 명칭 사용은 조선 후기부터 있어왔다. 그렇지만 '事典'이라는 명칭만을 처음 사용한 사례는 '조선왕조실록' 기록에서도 1762년(영조 38) 단 한 번뿐이라는 사실이다.[63) 또한 '辭典'이라는 명칭도 1782년(정조 6)에 처음으로 사용한 사례가 한 번 나온다.[64) 1762년과 1782년 당시 辭典과 事典의 의미적 차이를 명확히 하고 사용한 것 같지는 않다.

그러므로 백과사전의 한자 표기를 한국의 전통적 의미와 연속선상에서 이해할 경우 '百科事典'과 '百科辭典' 각각의 용어의 의미적 차이는 없으며, 근대에 들어와서는 '백과사전'을 '百科事典'보다는 오히려 '百科辭典'으로 표기한 사례가 더 많았던 것으로 확인되고 있다. 일본에서 '百科事典'이란 용어 하나만으로 사용한 사실과는 달리하여 표기하고 있었다는 측면은 당시 용어 사용 주체자들의 차이에 관한 意識與否에 관계없이 주목된다.

---

61) 정비석(1958),『대 百科辭典』, 學園社.

62) 백철(1962), 신판『새 百科事典』, 동아출판사.

63) 『英祖實錄』38년 7월 13일 癸酉條

癸酉/兼諭善 黃仁儉 上疏, 略曰 卽伏見禮曹所下擧條, 則今此發靷返虞日, 世孫闕門外奉辭奉迎之節, 有置之教 古聖云, '惟送死, 可以當大事 王家之禮, 異於士庶, 雖未能扶衰隨靷, 奉繡臨隧, 而靈輀之發, 魂輿之返也, 哭送迎於國門之外者, 自有歷代事典, 又成我朝家法.

64) 『正祖實錄』6년 4월 19일 乙酉條

乙酉/晝講 兼行次對 先是 禁營修補軍器 請監董諸校辭典多虛張者 上責禁衛大將 李敬懋 敬懋惶懼不敢出.

한편, 오늘날의 辭典의 의미로 칭하게 된 것은 서양의 어학사전이
들어오면서 그것을 번역한 명칭에서 그 유래가 찾아진다. 앞에서 이
미 고찰한 바이지만 1911년 영국인 神學博士 게일(Gale, James
Scarth) 이 『韓英辭典』한 部를 순종에게 진헌(進獻)하자 이를 받은
뒤 銀製 花甁 1개를 내렸다는 기록이 근현대적 의미의 '辭典'이라는
명칭을 처음 사용한 전례로 추측되는 것이다.[65]

이상의 고찰에서 '辭典'이든 '事典'이든 그 명칭의 사용 전래적 측면
에서 전통시대와 근현대와의 그 계승성은 매우 희박하다고 할 수 있
다. 그러나 전통시대의 '사전'이나 '백과사전'은 시대적 입장을 달리
하면서 'ㅇㅇ類聚'·'ㅇㅇ類書'·'ㅇㅇ類說'·'ㅇㅇ僿說'·'ㅇㅇ類選' 등
의 저술들로 연계되어 계승되었음은 앞장에서 논급한 바 있다. 다만,
근대의 시점에서 일제 강점과 서구 문물의 유입이라는 이중 구조의
이질문화가 당시에는 지배적 자리를 차지함으로써 한국의 전통시대
'사전'격인 또는 '백과사전'격인 편찬서들의 내재적 전통성의 발전적
계승이 단절 또는 왜곡되거나 제대로 드러나지 않고 있음이 확인될
뿐이다. 향후 이 공백기에 대한 연구 고찰이 모든 전문가에게 중요한
과제로 남아 있다.

주지하다시피 일제강점기에는 백과사전적 저술들이 편찬, 간행되
기는 지극히 어려운 역사적 한계를 안고 있었다. 1938년『조선어사
전』은 한국인이 주체가 되어 편찬, 간행된 것이 아니라 일제의 조선
총독부 주관으로 추진된 것이다.[66] 우리의 언어를 지켜내려는 최선
의 수단의 하나로 전개되었던 어학사전의 경우도 한국인에 의해 일

---

65) 『純宗實錄附錄』純宗 4년 7월 5일
　　英國 人神學博士奇一 進獻韓英辭典一部 嘉納仍賜銀製花甁一箇.
66) 李秉根(1985),「朝鮮總督府編『朝鮮語辭典』의 編纂目的과 그 經緯」,『震檀學
　　報』59.

제강점기에는 편찬되지 못한 측면이 있다. 한글사전으로 선구가 되는
『조선말 큰 사전』도 일제강점기인 1929년에 계획, 추진되었으나 1권
은 광복 후인 1947년(1946년에 완성했다는 설도 있음)에 출간되었고
1957년에 6권 전권이 완간되었다는 사실이 이를 잘 말해준다.[67]

   광복 이후 미군정기를 거치는 기간의 현대사 연구가 미흡한 학계
사정과 마찬가지로 이 시기 사전이나 백과사전의 편찬사에 관한 연
구고찰도 거의 전무한 현황이라 개관적 고찰도 다음 과제로 기약하
고자 한다. 그 뒤 6·25를 겪은 1950년대 중·후반기에는 국가사회적
재건을 위해 필요한 다양한 사전들이 번역되거나 편집되어 간행되게
된다. 1950년대 후반 이후 1960년대는 사전 편찬의 부흥기라 하여도
좋을 듯하다.

   1950년 6·25 직후 1954년에 '희랍어 콘사이스'가 우리나라 최초
로 발간되고 있고,[68] 이듬해는 성경사전 등이 다수 편찬되며, 이어
『학생백과사전』도 편찬되고 있고[69], 『時語辭典』[70]·『스쿨 콘싸이
스 英韓辭典』[71]·『포켙 英英辭典』[72] 등이 차례로 발간된다. 그 뒤
1957년에는 『조선말 큰 사전』을 계승한 『우리말 큰 사전』이 미국
록펠러재단의 후원으로 간행되고 있으며[73], 연이어 『韓英獨醫學辭

---

67) 李秉根(1986), 「國語辭典 編纂의 歷史」, 『국어생활』7.
   김이중(2009), 『한글역사연구』, 한국문화사.
68) 「希臘語 「콘사이스」 우리 나라에서 發刊」(1954년 7월 24일 7면 기사), 『동아
   일보』.
69) 「學生百科辭典 宣文社發行」(1955년 4월24일 4면 기사), 『東亞日報』.
70) 「時語辭典 國民總生産」(1955년 5월14일 1면 기사), 『東亞日報』.
71) 「韓喬石 崔鳳守·趙容萬 共編 스쿨·콘싸이스」英韓辭典」(1955년 5월20일 4
   면 기사), 『東亞日報』.
72) 「朴信濬編 포켙英英辭典 世光出版社發行」(1955년 12월18일 4면 기사), 『東亞
   日報』.
73) 「「록펠라」財團서 우리말큰사전 곧 發刊된다 所要資材 明春一月入荷」(1955년
   12월 20일 4면 기사), 『동아일보』.

典』74)·『세계문학론사전』75) 등도 차례로 간행된다.

이듬해 우리 역사상 처음으로 외국의 사전에 실린 우리의 역사와
문화의 기술내용을 수정할 것을 요청하는 사례도 나타나게 된다.
1958년에는 한국의 외무부에서 '美英百科辭典'에 실린 한국에 관한
오기부분을 시정을 요구하기도 하였다.76) 이어 과학과 경제발전의
필요성의 절감에 따른 시대정신에 맞게 『과학대사전』(1958)77)·
1959년에는『경제용어사전』이 편찬되어 언론에 몇 달간 연달아 소
개되고,『관광사전』78) 등도 편찬을 보게 된다.

한편, 1959년에는 언론이 앞장서서 광범위한 사전 편찬과 간행을
권장하기 위해 "사전의 '字典·辭典'의 저작독점이란 없다."라는 제하
의 기사를 싣고 사전의 독점적 저작권 문제로 야기될 수 있는 복잡한
상황을 환기시키고자 하였다.79) 당시 사전 편찬 부흥의 분위기를 엿
볼 수 있는 측면으로 사전의 활발한 보급을 통한 국가차원의 '범국민
적 지식의 계몽'이라는 지향으로 전개되던 시기였음도 엿볼 수 있다.
같은 해 우리 역사에 관한 백과사전으로는 처음으로『한국사사전』
(사회과학사서간행위원회)이 편찬, 간행되게 된다.

그 뒤 1960년대는 용어사전, 그리고 분야별 사전 또는 백과사전이
편찬되었다. 용어사전으로는 1960년 全光鏞의『古語사전』80), 1961

「우리말 큰 사전과 록펠라 재단, 올해도 六권 완성 록펠라 재단의 원조로」
(1956년 4월 23일 4면 기사),『동아일보』.
74)「金思達編『韓英獨醫學辭典』壽文社刊」(1957년 9월 6일 4면 기사),『東亞日報』.
75)「桂鎔默 世界文學論辭典 熙文社刊」(1957년 12월 4일 4면 기사),『東亞日報』.
76)「外務部서 是正要求 美英百科辭典 韓國誤記部分」(1958년 1월 25일 4면 기사),
『東亞日報』.
77)「科學大辭典 學園社刊」(1958년 4월 18일 4면 기사),『東亞日報』.
78)「觀光辭典과 月刊「觀光文化」發刊」(1959년 11월 25일 4면 기사),『東亞日報』.
79)「字典·辭典의 著作獨占이란 없다」(1959년 10월 11일 1면 社說 기사),『東亞日報』.
80)「全光鏞 南廣祐編 古語辭典」(1960년 12월 09일 4면 기사),『東亞日報』.

년 권상로·장도빈 감수의『故事成語辭典』(學園社)[81] 등이 간행되었
다. 이어 1962년에는『항공용어사전』(공군본부 발행)[82], 이희승 편
의『민중국어사전』(민중서관) 등이 편찬, 간행된다. 또한 같은 해 언
어와 지방문화에도 관심을 보이기 시작한『방언사전』[83]도 간행되
었다.

한편, 학문 분야별 사전도 이 시기에 편찬, 간행되는데, 1961년에
는 학문 분야 전문 백과사전으로 高銀·李耘虛 共著의『불교사전』[84]
이 처음으로 간행되었다. 당시 다른 분야의 사전 편찬 계획이 많았으
나 학문적 성과의 미흡, 재정적 문제, 사전 편찬의 특징인 오랜 준비
기간 등으로 그 간행이 미뤄지게 되었다. 그렇지만 1960년대 말경인
1968년에는 1959년『한국사사전』편찬 이래 우리 역사와 인접국 역
사를 함께 담은 이홍직의『國史大事典』(知文閣)이 편찬, 간행된 것은
의미 있는 일이다.[85]

1970년대는 이른바 '한강의 기적'이라 불리는 새마을운동, 근검절
약운동 등의 경제발전의 드라이브 정책에 따라 우리 역사와 문화에
대한 학계나 국가적 관심은 후반기부터 본격적으로 나타나게 된다.
1978년 한국정신문화연구원이 개원되면서 1979년부터『한국민족문
화대백과사전』편찬 계획이 세워지게 되었다.『한국민족문화대백과

81) 「故事成語辭典(故事成語辭典刊行會編 權相老·張道斌監修) 學園社 刊」(1961년
12월 30일 4면 기사),『東亞日報』.
82) 「항공용어사전(항공통신 전자편) 공군본부 발행」(1962년 1월 24일 4면 기사),
『東亞日報』.
83) 「묻혀있는 生花의 향기 方言 隱語 採集운동에 부처 生生한 方言辭典꾸며 鄕土文
化 培養에 한 도움」(1962년 7월 30일 4면 기사),『東亞日報』.
84) 「高銀 李耘虛 著『佛教辭典』」(1961년 9월 9일 4면 기사),『東亞日報』.
85) 「韓國文化 80年 續辭書『韓國』을 찾은 뚜렷한 業績 六堂의『朝鮮常識』에서「國
史大事典」까지 歷史科學面에 刮目할 움직임」(1961년 11월 6일 6면 기사),『東
亞日報』.

사전』 편찬 계획은 물질문화가 앞서 발전하면서 상대적으로 정신문화가 물질문화의 흐름에 뒤쳐진다는 자각에서 시작된 것이다.

1980년부터 시작된 『한국민족문화대백과사전』의 편찬사업은 국내외 유수한 학자들을 중심으로 미리 전개하고 있었던 학문 분야별 사전편찬의 선행적 계획들을 포기하고 본 사전 편찬에 자신들의 야망을 걸겠다는 신념으로 속속 돌아서는 추세였다. 한 예로 외국에서 귀국한 송방송은 『한국음악대사전』의 편찬 계획을 야심차게 추진해 오다가 본 사전 편찬소식에 자신의 기존 연구 결과물을 모두 헌납하고 본 사전 편찬이 끝날 때까지 적극 참여했던 후담을 공언할 정도로 본 사업의 역사적 중차대함이 공유되고 있었던 것이다.

결국 1991년에 완간된 『한국민족문화대백과사전』(27권, 부록 2권) 편찬은 한국 역사상뿐만 아니라 세계 역사상 자국의 역사와 문화만을 다룬 최초의 현대적 백과사전이라 하여도 지나친 말은 아니다.[86] 1990년대는 본 사전의 편찬으로 민간 출판사로 하여금 여러 분야의 전문 사전을 편찬하게 하는 원동력이 되었다. 그리고 민간 출판사나 기업에서 출판한 분야별 사전은 『한국민족문화대백과사전』의 항목이나 내용을 분야별로 그대로 추출, 선정하였을 뿐만 아니라 내용 자체도 크게 달리한 측면이 많지 않았다고 이해된다. 물론 그러한 지적은 출판권과 같은 민감한 사안을 두고 비판하고자 한 것이 아니라 『한국민족문화대백과사전』 편찬 간행의 긍정적 파급효과를 토

---

[86] 1979년 9월 25일 대통령령이 공포되고, 이듬해 4월 15일부터 시작된 한국민족문화대백과사전 편찬사업은 예산 규모 175억여 원이 투여되었다. 편찬규모는 항목 65,000여 개, 원고 42만 매(200자 원고지), 멀티미디어 자료 35,000여 종이고, 편찬방침을 정하는 편찬위원회 위원 연33명, 항목 선정 및 조정과 집필 예정자를 선정하는 편집위원회 위원 연 210명, 집필자 3,800여 명, 도판자료 협조자 등이 참여하였다. 그리고 편찬실무에 참여한 정규직 전문가도 연 120여 명이 넘었다.

로하는 것이다. 당시 한국정신문화연구원에서도 1999년에 중앙
M&B와 함께 『한국민족문화대백과사전』의 인물들을 추출, 선정하
고 일부 인물을 추가하여 분야별 사전인 『韓國人物大事典』(2권)을
발간한 바가 있다.

한편, 북한도 『한국민족문화대백과사전』 편찬 전개에 경쟁이라도
하듯 1995년부터는 『조선대백과사전』(백과사전출판사편, 백과사전
출판사) 1권을 출간하기 시작하였다. 북한이 1964년부터 계획을 세
워 무려 31년 만에 완성을 이룬 것이지만 그 의미는 매우 크다고 할
수 있다. 결국 이 백과사전은 2006년 30권으로 완간되기에 이른다.
그러나 『한국민족문화대백과사전』의 항목과 본문은 전적으로 모든
학문 분야 전문가들의 견해가 반영된 것과는 대조적으로 북한정권의
그것이 전적으로 반영되어 있음이 서로의 차이라면 차이이다.

그 뒤 2000년대에 들어와서는 『한국민족문화대백과사전』은 10년
마다 개정증보판을 낸다는 범국가적 계획에 의해 정보화시대의 첫
단계로 CD-ROM(6장, DVD 1장)으로 편찬, 간행되었다. CD-ROM
『한국민족문화대백과사전』(일명 EncyKorea) 편찬은 디지털 시대에
부응하는 한 단계 높아진 과업이다.[87] 그 뒤 2007년 11월부터 2017
년 11월까지 10년간 전면 개정증보를 위한 사업은 한국학진흥사업
단의 수탁예산으로 디지털 『한국민족문화대백과사전』으로 편찬이
추진되고 있다.

한편, 남북 합작으로 40년 동안 준비해 온 북한의 『조선향토대백
과사전』이 2006년에 20권으로 완간되었다. 반세기 이상 단절된 역
사와 문화를 북한 스스로 정리한 것을 한국의 평화연구소와 북한의
과학백과사전출판사와 공동으로 출판, 간행한 것이다. 이 결과물은

---

87) 그 뒤 2006년 5월부터는 인터넷(엠파스) 온라인 서비스를 운영하고, 2011년부
터는 인터넷(네이버) 온라인 서비스를 운영하고 있다.

백과사전의 간행 이상의 의미를 지니고 있는 것은 물론이다.

Ⅳ. 21세기 온라인 사전 편찬과 그 미래

세계대백과사전이 온라인 서비스의 대명사인 '위키피디아'처럼 빠르면서 공룡사이트로 전개되고 있는[88] 21세기 한국의 역사와 문화를 담은 『한국민족문화대백과사전』도 시대적 흐름에 대응하여 온라인 서비스를 위한 디지털화 작업 방법으로 추진되고 있다. 물론 디지털 『한국민족문화대백과사전』과 '위키피디아'는 크게 두 가지 측면에서 확연히 다르게 전개되어야 할 성격이다. 첫째, 전자는 한 민족의 역사와 문화(또는 학문)를 담는 데 비해 후자는 세계의 그것을 담는 것이 다르다. 둘째는 백과사전 정보의 질에 관한 문제이다.

첫 번째의 것은 주지하는 바와 같이 논급할 필요성이 없다고 생각된다. 두 번째의 문제는 항목과 원고에 대한 객관적 신뢰성에 대한 가치부여이다. 2007년 4월 13일 조선일보는 '위키피디아는 이제 못 믿어"라는 머리기사를 내면서, '『위키피디아』는 이미 너무 엉망이어서 이제 못 고칠 지경이다.'라는 『위키피디아』의 공동설립자 래리 생어(Larry Sanger)의 인터뷰 기사를 인용한 바가 있다.[89] 그는 인터뷰에서 『위키피디아』에 수록된 정보의 '교정 불능' 상태를 지적했

---

88) 온라인 세계대백과사전의 대명사로 꼽히는 위키피디아(www.wikipedia.org)는 1995년 미국인 프로그래머워드 워드 커닝햄(Ward Cunningham)의 아이디어로 만들어져, 2001년 지미 웨일스(Jimmy Wales)가 위키미디어재단을 만들어 조직적 관리에 들어간 이후 2007년 2월 현재 250개 언어로 600만 건의 정보가 축적되었다. 그리고 한 달 평균 1억 9100만 명(2008년 2월 기준)이 클릭을 하는 공룡사이트로 성장하고 있다.
89) 『조선일보』 2007년 4월 13일자.

다는 측면이 『조선일보』의 핵심 주장이다.

'교정 불능' 상태의 '『위키피디아』'에 대한 현저한 정보의 신뢰성 문제의 대안으로 새로운 온라인 백과사전이 만들어졌는데, 그것들은 다음 표와 같다.

대안 백과사전	창립자	출 범	주요 특징
citizendium.com	Larry Sanger (위키피디아 공동창립자)	2007년 3월	-. 실명사용 -. 전문가 검증
conservapedia.com	Andrue Schlafly (보수주의 기독교인)	2006년 11월	-. 보수적 정보 -. 편집과정 공개
scholarpedia.com	Izhikevich (과학자)	2006년 11월	-. 선별된 전문가 참여 -. 권위 없는 정보 배제

(자료: 『조선일보』 2007년 4월 13일)
〈표 1〉 위키피디아의 대안으로 추진되는 온라인 백과사전

위의 표에서 나타난 주요 특징 중 온라인 『한국민족문화대백과사전』이 지향해 가야 할 가치 속에 취사선택의 요소가 있는 동시에 '『위키피디아』'의 편찬방법과 운영 관리적 측면에서 취사선택할 가치들이 있다고 여겨진다. 또한, (1) 정보의 신뢰성과 객관성의 유지, (2) 쌍방 통행, (3) 장기간에 걸친 정보의 다양화와 다량화의 전개 등은 미래 온라인 『한국민족문화대백과사전』이 지향해야 할 가치들이라 해석된다.

한편, 한국사에서 21세기 온라인 백과사전으로 『한국민족문화대백과사전』이 거시적 중앙 중심의 관점으로 추진되었으며, 반면 미시적 관점에서 지방의 향토문화를 담은 『한국향토문화전자대사전』이 2004년부터 2013년까지 10년간 연구 사업으로 추진되고 있다. 이 온라인 『한국향토전자대사전』은 한국의 역사와 문화를 다룬 디지털

백과사전을 선도하는 것으로 향후 디지털『한국민족문화대백과사전』
과의 통합, 수렴적 편찬연구 과제로 발전하여야 할 것으로 이해된다.
그리고 민족통일이라는 한민족 전체의 입장에서는 북한의『조선대
백과사전』·『조선향토백과사전』등도 위의 두 대백과사전과 서로
통합, 수렴되어 추진해야 할 거대 편찬 연구 사업이라 사료된다.

V. 여언

　이상과 같은 두서없고 체계도 없는 走馬看山格의 한국사에서 전개
된 사전 편찬사 고찰은 필자의 입장에서 工具書 편찬과 그 정리를 통
해 향후 중복된 부분은 서로 통합하고, 미개척 분야의 편찬이 필요한
분야는 새롭게 발견해내는 등의 사전학 정립과 사전 편찬을 위한 방
향잡기의 화두로 이해해주었으면 한다. 학문 분야별 工具書들이
1990년대 이후 수도 없이 편찬되고 있고, 또한 지금도 편찬 간행되
고 있는 현실에서 향후 한국사에서 (1) 체계적이고 합리적인 편찬사
를 정확히 정리하는 연구고찰, (2) 새롭게 개척, 편찬해야 할 분야의
사전 발견, (3) 사전학으로서의 학문적 정립과 발전, (4) 韓流의 확
대재생산을 위한 인문과학·자연과학·사회과학 등의 분업적 연구편
찬사업을 각각 목표로 하고, 그 결과물의 통합(융합)을 통한 21세기
한국(문화)대백과사전(가칭) 편찬을 최종 목적으로 해야 한다는 제
언이다.

참고문헌

〈원전〉

『朝鮮王朝實錄』

『純宗實錄附錄』

『芝峯類說』

『東亞日報』(일제강점기 이후 ~1960년대)

『조선중앙일보』(일제강점기 이후 ~1960년대)

『朝鮮日報』(일제강점기 이후 ~1960년대)

〈역·편·저서〉

白斗鏞編纂·尹昌鉉增訂(1919), 『주해어록총람』, 한국학중앙연구원 소장.

黃胤錫 編著(1943), 『理數新編』1~23, 朝鮮春秋社.

정비석(1958), 『대 百科辭典』, 學園社.

백철(1962), 신판 『새 百科事典』, 동아출판사.

杉本つとむ(1978), 『辭典·事典の 世界』, (주)樓楓社.

한국정신문화연구원편찬부(1991), 『한국민족문화대백과사전』21, 한국정신문화연
　　　구원.

신병주(2007), 『규장각에서 찾은 조선의 명품들-규장각 보물로 살펴보는 조선시대
　　　문화사-』, 책과 함께.

〈논문〉

高橋亨(1960), 「物名考解說」, 『朝鮮學報』16.

金根洙(1972), 「才物譜解題」, 『國學資料』6.

김치우(1973), 「서지학적인 측면에서 본 고사촬요의 연구(Ⅱ)」, 『도서관』28(1).

金根洙(1974), 『全韻玉篇』, 『韓國學』2, 중앙대 영신아카데미 한국학연구소.

金根洙(1979), 「『類苑叢寶』解題」, 『國學資料』34.

白泰男(1982), 「지봉유설연구」, 단국대 석사학위논문.

辛承云(1982), 「山林經濟」, 『民族文化』8.

黃元九(1982), 「『海東繹史』의 文化史的 理解」, 『震檀學報』53·54합병호.

金春蓮(1983), 「『閨閤叢書』의 家政學叢書的 性格」, 『전통문화연구』1.

김치우(1983), 『고사촬요의 책판목록』, 민족문화.

崔喆(1984),「朝鮮朝 前期 說話의 研究;- 齋叢話·筆苑雜記·秋江冷話·稗官雜記를 중심하여-」,『東方學志』42.

李秉根(1985),「朝鮮總督府編『朝鮮語辭典』의 編纂目的과 그 經緯」,『震檀學報』59.

趙殷熙(1985),「玄黙子 洪萬宗의 思想에 관한 一考察;-『旬五志』를 中心으로-」,『論文集』12, 社會科學篇.

韓永愚(1985),「海東繹史의 研究」,『韓國學報』37.

김동일(1986),「우리나라 동의 고전《의방유취》」,『력사과학』.

李秉根(1986),「國語辭典 編纂의 歷史」,『국어생활』7.

具中會·高敬植(1987),「『詩話叢林』의 撰述攷」,『論文集』25, 人文·社會科學篇.

朴熙永(1987),「號譜의 書誌的 考察」,『國會圖書館報』24(6).

辛承云(1988),「朝鮮朝 正祖命撰「人物考」에 관한 書誌的 研究」,『書誌學研究』3, 一山 金斗鍾 博士·曉城 趙明基 博士 追慕論文集』.

심승구(1998),「朝鮮初期 野史編纂과 史學史的 意味-筆苑雜記를 중심으로-」,『朝鮮時代의 社會와 思想』, 조선사회연구회.

洪允杓(1988),「十八·九世紀의 한글 類書와 實學; 특히「物名考」類에 대하여」,『東洋學』18.

朴宰爀(1990),「『彙語』의 編成體制」,『書誌學研究』5·6합집, 圓堂 沈喁俊 教授 停年紀念 論文集.

鄭光水(1990),「增訂文獻備考의 藝文考 研究」,『書誌學研究』5·6합집, 圓堂沈喁俊 教授停年紀念論文集.

宋基中(1993),「近代化 黎明期의 外國語 語彙에 대한 關心」,『韓國文化』14.

鄭求善(1993),「朝鮮後期 薦擧制와 山林의 政界進出」,『國史館論叢』43.

신재경(1994),「『증정교린지』의 편찬 년대와 편찬 상 특징에 대한 간단한 고찰」,『력사과학』4, 과학백과사전종합출판사.

전상운(1996),「조선초기 과학기술 서적에 관한 기초연구」,『國事館論叢』27.

심경호(1998),「大東韻府群玉」,『문헌과 해석』2.

서인원(1999),「世宗實錄地理志 編纂의 再檢討(1)」,『東國歷史教育』7·8합집.

서인원(2000),「世宗實錄地理志 編纂의 再檢討(2)」,『역사와 교육』9.

李昌炅(2002),「類書編纂의 展開樣相과 考察」,『文化財』35.

강병수(2003),「河濱 愼後聃의 博學認識 研究」,『韓國史學論叢』, 푸른사상.

박경안(2005),「『新編古今事文類聚』에 관한 一考察-萬曆 壬辰版과 관련하여-」,『京畿鄉土史學』10.

김치우(2007),『고사촬요 책판목록과 그 수록 간본 연구』, 아세아문화사.

이혜순(2007), 『조선조 후기 여성 지성사』, 이화여자대학교출판부.

임형택(2007), 「조선의 백과사전 송남잡지-조재삼」, 『우리고전을 찾아서-한국의 사상과 문화의 뿌리-』, 한길사.

김희자(2009), 「백과사전류로 본 조선시대 茶문화 -『五洲衍文長箋散稿』를 중심으로-」, 『한국사연구휘보』146, 국학자료원.

심경호(2009), 「연세대 소장 유서 및 한자어휘집의 가치」, 『東方學志』146.

김이중(2009), 『한글역사연구』, 한국문화사.

조창록(2009), 「『임원경제지』의 찬술 배경과 類書로서의 특징」, 『震檀學報』108.

송화섭(2010), 「조선후기 類書類의 구황과 벽온 민속-『증보산림경제』를 중심으로-」, 『역사민속학』34.

정호훈(2010), 「『書永編』의 자료 구성과 지식 세계」, 『진단학보』110.

강병수(2011), 「星湖 李瀷의 『星湖塞說』의 世界- 天地門을 중심으로-」, 『東國史學』.

이병도(2012), 「제5편 고지도·고전 해설 -15. 청장관전서해제」, 『두계이병도전집 9 -조선시대 유학과 문화-』, ㈜한국학술정보.

한국학 사전 편찬의 현황

『다산학사전』 편찬사업의
개요와 진행 과정[*]

김학재^{**}

Ⅰ. 들어가면서

어학 중심의 '사전편찬학(辭典編纂學, lexicography)'의 경우 체계
적이고 전문적인 서적이 존재할 뿐 아니라 국내의 어학사전 편찬학
계의 경험 역시 존재한다.[1] 하지만 인문학 사전 편찬의 경우 체계적
이고 전문적인 서적과 방법론을 접하기 매우 힘들다.[2] 국내에서 인

---

* 이 글은 제 2회 한국학 공구서 및 사전편찬 모임(2010.6.19)에서의 발표를 계기
로 작성되었다.

** 김학재(다산학사전팀)는 싱가포르국립대학교(National University of Singapore)
를 졸업(PhD)했으며 철학을 전공했다. 현재는 재단법인다산학술문화재단 다산
학사전편찬팀에서 『다산학사전』을 편찬하고 있고 연세대학교에서 미국과 유럽
의 학생들에게 동양철학을 가르치고 있으며 경희대학교에서는 윤리학을 가르치
고 있다. E-mail: kimhz2001@yahoo.co.kr 혹은 kimhakze@hanmail.net

1) 국립국어원, 고려대학교 민족문화연구원, 연세대학교 등이 전문적인 어학사전편
찬의 경험과 기술을 축적해왔다고 할 수 있을 것이다.

문학 사전 편찬에 참여했던 인원들도 매우 소수이며 그들의 경험도 대부분 매우 단기적이며 작업 과정에 관한 통계수치나 남겨진 작업 지침 등의 기록이 없어 그나마 있던 경험 역시 후속 세대에 전달되지 못했다.3) 이 글은 인문학(人文學, humanities) 분야 사전 편찬의 한 예인 『다산학사전(茶山學事典)』 편찬 사업의 개요와 진행 경위 등을 개략적으로 소개하고 진행상의 문제와 해결 경험을 소개함으로써 향후 인문학사전 편찬 사업의 기획, 설계, 그리고 진행에 도움을 주고자 집필되었다. 그러나 사전편찬 사업의 세부 분야에 관련된 기술적인(technical) 논의는 이 논문에서는 지양하고 향후 다른 지면에서 논의할 것이다.

시작하기 전 밝혀야 할 점은 이 글은 사업단 차원의 공식적 '결과보고서'가 아니며 한 참여연구자 입장에서의 기록과 논의라는 점이다. 따라서 이 글에서 제시되는 『다산학사전』에 관한 기록과 논의는 필자 개인이 편찬 사업에 참여하면서 얻은 경험과 의견에 기반하고 있으며4) 반드시 사업단 내의 다른 연구원이나 참여자(필자, 감수자 등)의 입장과 일치하지 않을 수도 있음을 밝힌다.5) 또한 본 논문이

---

2) 어학사전에 비해 백과사전, 인문학사전 등에 대한 편찬 방법 정보가 상대적으로 적은 것은 외국의 경우도 크게 다르지 않은 듯하다.
3) 이런 측면에서 국내외 인문학 사전들의 수집·조사와 분석을 통해 향후 편찬사업의 기획과 진행에 도움을 주는 인문학사전 편찬학의 구축 역시 시급하다고 할 수 있다.
4) 필자는 『다산학사전』 편찬사업에 2009년 9월(1차년도 2009년 7월 개시)부터 현재까지 참여해오고 있다. 후보 항목 추출, 사전편찬시스템의 구축, 원고 집필 의뢰, 원고 집필, 원고 교정교열, (시각) 색인 작업, 행정업무, 연차보고서의 작성 등 모든 분야에 참여해 왔다.
5) 필자는 현재까지 4차례의 연차보고서(결과보고서) 작성에 주도적으로 참여해 왔으므로 편찬 사업에 관련한 사실의 기술에 있어 많은 부분에서 편찬팀의 공식적인 기록과 큰 차이가 나지 않는다. 하지만 『다산학사전』에 대한 필자의 기술 중 일부 사실이나 논의는 편찬팀 차원의 공식적 기록에서 다루어지지 않은 것일 수도 있으며 다른 참여자들의 입장과 이해와는 다르게 접근한 것일 수도 있다.

작성되는 시점(2013.7월 현재)은『다산학사전』이 아직 다 완성되지
않은 시점이므로『다산학사전』편찬 사업에 대한 성급한 평가는 피
할 것이다.

II.『다산학사전』편찬 사업의 개요

2.1. 사전 편찬의 목적 및 기대 효과

해당 편찬 사업은 현대 학계의 다산학의 연구 성과를 정리하여 소
통시키는 데 그 기본 목적이 있었다. 주지하는 것처럼 정약용의 학술
적 저술과 영역은 거의 '백과사전(百科事典, encyclopedia)'을 방불
케 하는 것이어서 한 연구자가 다 연구하거나 이해하는 것이 불가능
에 가깝다.6) 더군다나 그의 저술은 한문으로 쓰여 있으므로 해독에
어려움이 있을 뿐 아니라 번역이 있다고 하더라도 번역이 일차적인
축자(逐字) 번역이라면 전문가가 아니고서는 그 의미를 이해하기 어
렵다. 따라서 이른바 다산학 전문가조차도 주로 자신의 전문 분야에
국한하여 정약용의 저술을 부분적으로 독해하고 이해하는 것에 그쳐
왔고 분야 간 소통이나 타 분야에 대한 이해가 부족했던 것이 사실이
었다. 이러한 상황은 정약용의 학문을 입체적으로 이해하는 데에 걸
림돌로 작용해왔다. 학계의 상황이 이러하다면 일반인들이 정약용

---

6) 신조선사(新朝鮮社)가 1934년부터 1937년까지 출간, 배포했던『여유당전서(與
   猶堂全書)』는 총 76책이었으며 1989년 다산학회가『여유당전서보유(與猶堂全書
   補遺)』5책을 편집하였다. 다산학회가 펴낸 보유에는 정약용의 저술이 아닌 것
   들도 포함되어 있었다. 이러한 문제들을 보완하여 2012년 다산학술문화재단은
   『정본 여유당전서(定本 與猶堂全書)』총 37책을 출간하였다. 여기에『여유당전
   서 미수록 다산 간찰집』(사암, 2012) 1권을 더하면 38책이 된다.

의 학문적 성과에 대해 폭넓게 접근하기란 더욱 어려울 것이란 점은
쉽게 상상할 수 있다.

　분과별 연구 성과의 정리와 분야 간 소통은 정보의 정확성을 해치
지 않는 한에서 최대한 쉽게 서술을 하는 것에서부터 시작한다. 정확
하지만 쉬운 서술은 초학자나 일반인에게도 커다란 도움을 줄 것이
다. 따라서 『다산학사전』은 다산학 각 분야의 연구 성과와 현황을
단시간에 효율적으로 파악하여 연구 활동에 도움을 주는 '다산학 연
구 사전'은 물론 다산학 각 분야에 입문하기 위한 '다산학 학습 사전'
의 기능을 가진다고 할 수 있다. 이러한 『다산학사전』의 기능은 백
과사전의 두 가지 목적, '참조(reference)'와 '교육(education)'에 해
당한다고 할 수 있다.[7] 이러한 『다산학사전』의 기능은 다산학연구
의 발전은 물론 '다산학 연구 후속 세대의 양성' 및 '한국학에 대한 관
심의 저변 확대'라는 효과를 기대하게 한다.

---

7) 『브리태니커 백과사전(Encyclopaedia Britannica)』은 이러한 목적을 '마이크로
피디아(Micropedia)'와 '매크로피디아(Macropedia)'의 이중 구조로 달성하고자
했다. (장경식, 『브리태니커 백과사전』(커뮤니케이션북스, 2012) 참고.) 장경식
은 동일 항목에 대한 마이크로/매크로 이중 구조가 '얼른 알기(ready reference)'
와 '깊이 알기(knowledge in depth)'의 효용을 가진다고 했는데 필자가 이 글에
서 말하는 『다산학사전』의 '참조'와 '교육' 기능은 『브리태니커 백과사전』의 '빨
리 알기'와 '깊이 알기'와 같지 않다. 우선 『다산학사전』은 빠름과 더딤의 시간감
과 대응될 만한 동일 항목에 대한 마이크로/매크로 이중 구조가 없다. 오히려
『다산학사전』의 '참조'와 '교육'의 기능은 한 항목 내에서 독자가 어떠한 독해 방
식을 택하는가에 따라 달성되는 기능이기도 하며 시간감은 오히려 반대일 수도
있다.([정의]와 [개설] 등의 도입적 부분을 빠르게 독해하면서 마칠 것인가 [참고
문헌] 부분까지 다 읽을 것인가에 의해 참조와 교육의 기능을 구분할 수도 있겠
지만 초보자를 위한 교육적 목적에 치중한 부분은 [정의]와 [개설]이기 때문에 교
육의 기능과 빠른 시간감이 연결될 수도 있다.) 자세한 논의는 다음을 기약하기
로 한다.

2.2. 『다산학사전』의 특징

2.2.1. 내용상 특징

『다산학사전』은 '다산학'이라는 한정된 주제를 다루고 있지만 주제별 소사전 형태보다는 범위와 서술 방식에서 '백과사전성(百科事典性, encyclopedicity)'[8]을 지니고 있다.

다산학이 조선 후기 '실학(實學)'과 불가분의 관계에 있으며 실학의 포괄 범위가 고전학(古典學, classical studies)인 경학(經學), 현재의 정치학, 경제학, 행정학을 포괄하는 경세학(經世學, statecraft), 그리고 예술, 의학, 토목·건축학, 군사학(軍事學) 등의 실용적 학문을 모두 포괄하고 있음은 주지의 사실이다. 실학자로 분류되는 개개의 학자들이 앞에서 열거한 모든 학문 분야를 다룬 것은 아니었지만 정약용의 경우 '실학의 집대성자(集大成者)'라고 불리는 것이 당연하리만큼 열거한 학문 분야를 모두 섭렵했기에 『다산학사전』이 백과사

---

8) 이 용어는 주로 어학 사전편찬방법론(lexicography)에서 사용되는데 항목 설명이 포함한 정보(information)가 전문성, 포괄성, 풍부함 등을 가지고 있을 때 그 정보를 '백과사전적 정보(encyclopedic information)'라고 부르고 백과사전에 가까울수록 '백과사전성(encyclopedicity)'이 높은 것이라고 칭한다. 언어적 정보(linguistic information)와 백과사전 정보가 명확히 구분되는 기준이 무엇인가라는 질문에 명확한 답이 없지만 그렇다고 어학사전과 백과사전의 구분이 불가능하다고 생각할 수는 없다. Bo Svensén은 백과사전성의 정도에 의해 사전을 네 가지 종류로 나눈다. ❶ 엄격한 어학사전(Strictly linguistic dictionary), ❷ 약간의 백과사전적 모습을 가진 어학사전(Linguistic dictionary with some encyclopedic features), ❸ 백과사전적 어학사전(Encyclopedic dictionary), ❹ 백과사전 (Bo Svensén, A Handbook of Lexicography (Cambridge University Press, 2009), pp.289~297.) 필자가 이 글에서 사용하는 '백과사전성'이란 서술상 제공 정보가 어학적인가 더 확장된 정보인가라는 통상적 용법을 포함하여 주제별 소사전이나 용어해설집(terminological dictionaries)에 상대되는 포괄성을 지니고 있다는 의미로도 사용할 것이다.

전적 범위를 가지게 되는 것은 너무나도 자연스러운 현상이라고 할
수 있다.

　그러나 지적해두어야 할 사실은 『다산학사전』이 『여유당전서』에
서 추출한 단어들의 의미를 간략히 설명하는 단순한 용어 사전은 아
니며 표제어(標題語, lemma) 역시 『여유당전서』에 등장하는 것으로
만 국한되지 않는다는 사실이다.9) 다산학의 이해에 도움이 되는 것
이라면 『여유당전서』 이외의 전적과 사실에서도 표제어를 선정하였
다. 이러한 측면에서 『다산학사전』은 그 표제어 선정의 방식에서도
백과사전적 '포괄성(包括性, comprehensiveness)'을 지니고 있다고
할 수 있다. 또한 항목 서술 방식 역시 '통시적(通時的, diachronic)'
서술과 '공시적(共時的, synchronic)' 서술 모두를 시도하여 포괄적
이고 종합적인 기사(記事, articles) 작성 방식을 택하였다.10) 이러
한 항목 선정과 서술 방식은 불가피하다고 할 수 있는데 그 이유는
다산학과 그 언어는 단순한 축자적인 의미 해설만으로는 이해하기
힘들고 '맥락화(脈絡化, contextualization)'가 될 때에야 비로소 그
의미를 온전히 이해할 수 있기 때문이다.11) 『다산학사전』의 백과사
전적 특징 이외에도 내용적 측면에서 보이는 부수적 특징들은 다음
과 같다.

---

19) 사업 진행 초기부터 논의과정에서 『다산학사전』을 이러한 방식으로 이해하는
　경향이 있었고 이러한 연장선상에서 '용례사전(用例辭典, usage dictionary)'처
　럼 『여유당전서』에서 단어가 쓰이는 예문을 채취하여 제시할 것을 제안하는 연
　구자도 있었다.
10) 예를 들어, 한 개념을 서술할 때 [연원과 변천] 부분을 통해 그 개념의 역사적 서
　술, 즉 통시적인 서술을 시도하고, [내용] 부분에서 『여유당전서』 내에서의 용
　례의 종합적 설명과 앞선 경학가의 이해에 대한 정약용의 비판적 입장 등을 공
　시적으로 서술하도록 유도하였다.
11) 이러한 서술방식은 전통적 주제와 소재에 관련한 저술과 사전 편찬 작업 모두에
　적용 가능할 것이다. 국학(國學) 관련 용어집, 사전들이 정도의 차이는 있지만
　필연적으로 서술 방식 상 '백과사전성'을 가질 수밖에 없다고 생각한다.

정약용 학문의 토대가 되는 경학에 대한 내용적 연구는 현재 주로 동양철학 분야에서 수행되고 있으므로 『다산학사전』은 '(동양)철학사전(哲學事典)'의 면모를 보인다.12)

또한 정약용이 저술한 많은 시(詩, poetry)와 문(文, prose) 작품에 대한 개별적 해제 항목들과 다산 시경학(詩經學)을 중심으로 한 문학 용어 해설 항목들, 정약용의 문학에 영향을 준 문학자들에 대한 항목들을 포함하고 있으므로 『다산학사전』은 '문학사전(文學辭典)'의 면모도 가지고 있다.

더불어 정약용과 그의 학문을 이해하기 위한 당시의 정치·사회·문화 상황과 관련 사건 및 인물 등을 항목들로 설정하였고, 근현대의 다산학 연구 및 그 사회문화적 배경과 인물에 대한 항목들도 포괄하고 있으므로 『다산학사전』은 '역사문화사전(歷史文化事典)'으로서의 면모 역시 가진다.

2.2.2. 형태상 특징

『다산학사전』은 어학사전이나 범용 백과사전에서 주로 채용하는 '문자순 배열', 즉 '가나다 배열' 사전의 형태를 지양하고 '주제별 배열'을 통해 사전 차례 자체가 사전 전체의 정보 구조를 표현하도록 편집해왔다.13) 이러한 배열은 『다산학사전』을 검색, 확인을 위한 단순 참고서(reference)를 넘어 '계열적(系列的, systematic)' 독서가 가능한 학습서(學習書, textbook)의 기능을 하도록 한다. 이러한 계

---

12) 정약용의 경학 연구가 아무리 독특하다고 할지라도 이전의 경학연구와의 연관성을 부정할 수 없다. 따라서 정약용 이전의 경학가들과 그들의 저술에 대해서도 항목을 선정하고 집필하였다. 물론 정약용과의 연관성이 불투명한 경우는 제외되었다.

13) 그러나 '가나다순 색인' 역시 제공할 것이다.

열적 독서는 차례에 의해서도 가능하며(그림1 참고) 『다산학사전』
이 포함하고 있는 '시각 색인(視覺 索引, Visual Index)' 기능(그림2
참고)에 의해서도 가능해진다.

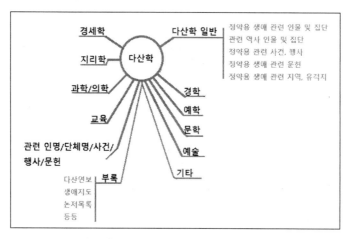

〈그림 1〉『다산학사전』의 개략적 구조(2013.7월 현재)

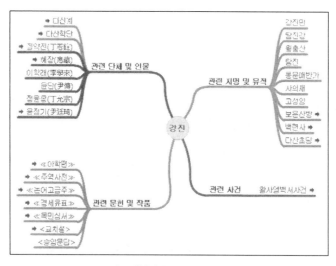

〈그림 2〉『다산학사전』시각 색인 예

2.3. 편찬 사업의 주체와 재원, 인력상황

『다산학사전』 편찬 사업은 (재단법인)한국연구재단의 '기초연구
지원인문사회(토대연구) 사업' 모집에 2009년 선정(KRF-2009-322-
A00039)되어 현재까지 지원되고 있으며 총 5개년(2009.7.1~2014.
6.31.) 간 진행되는 사업이다. 연구 협약 주체는 (재단법인)다산학술
문화재단이며 편찬 사업의 실질적 수행은 다산학술문화재단의 학술
연구부에 소속된 수탁과제 수행 팀인 '다산학사전편찬팀'에 의해 진
행되고 있다. 해당 편찬사업은 총 20,000매(200자 원고지 기준) 분
량의 원고를 집필하는 것으로 협약하였다.[14]

현재 다산학사전편찬팀의 인원 구성은 연구책임자 1인, (일반)공
동연구원 5인, 전임연구원 2인, 보조연구원 6인, 행정전담 1인으로
구성되어 있다. 일상적인 사전편찬 실무는 전임연구원(박사)과 보조
연구원(석·박사과정)들에 의해 수행된다.(그림3 참고) 당초의 희망
인력 구조는 전임연구원 4인제였으나 한국연구재단의 사업 선정 과
정에서 2인으로 감축되었다.

한국연구재단의 연구사업 형태에서 연구책임자와 공동연구원은
그 처우에서 일상적이고 지속적인 연구 의무를 지우기 힘들다는 사
실을 고려한다면 전임연구원 2인과 보조연구원 6인이 백과사전적인
『다산학사전』 편찬 업무를 수행하는 것은 다소 부담스럽다. 실제로
단계심사(3개년 간의 사업 실적 평가)에서 참여 심사위원들과 연구
재단 직원들 모두 현 인력구조가 부담하고 있는 과도한 업무량, 특히
전임연구원의 업무 부담에 대해 우려를 표시하였다. 사업 선정 당시
심사위원들이 사전편찬 기획들을 평가, 판단하고 조정할 경험이나

---

14) 예산에서 원고료는 원고지 1매당 1만 원으로 계상되었다. (총 원고료 2억 원)

자료가 부재한 상태에서 예산과 인력을 조정하였기에 일어났던 상황
이었다.15)

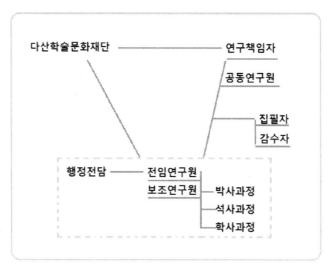

〈그림3〉『다산학사전』 편찬사업단의 구조(2013.7월 현재)

---

15) 사전편찬이 항목을 설정한 후 원고를 의뢰하고 수거하면 완료된다는 식의 인식
으로 인해 사업선정 당시 인건비가 대폭 삭감된 것으로 보인다.(사실 현재에도
이러한 인식을 가지고 있는 학계의 인원들이 많은 것으로 보인다. 사전은 집체
저작물이자 객관성, 정확성, 축약성 등을 중요한 지표로 삼고 있으므로 원고 수
거 이후 많은 후속 작업을 필요로 한다. 이러한 사실에 대한 학계의 공유가 선
행되어야 할 것이다.) 단계심사 당시 참여하였던 심사위원들 중 대규모 사전편
찬사업 참여자들이 일부 포함되었고 이들이 다산학사전편찬팀 현 상태의 인력
구조에 대해 우려를 표명하였다. 그러나 아쉽게도 한국연구재단 협약 연구 사
업들은 선정 당시의 사업비를 증액할 수 없다는 문제점이 있었다. 다만 전임연
구원과 보조연구원의 현 구성비를 바꾸는 것은 허용되었기에 심사위원들이 그
러한 조정을 공식적인 단계심사 결과에서 제안하기도 했지만 보조연구원의 편
찬원으로서의 기여도와 업무량이 상당히 인정되는 상황에서 전임연구원을 늘
리면 오히려 전체 인력수가 감축되는 결과가 초래되기에 받아들이기 힘든 제안
이었다.

III.『다산학사전』편찬 사업의 진행

3.1. 사전의 구체적 형태와 작업 방향의 설정 과정

『다산학사전』의 편찬 사업의 시작 단계에서 가장 큰 고민을 했던 것은 사전의 구체적인 형태와 편집 방향을 설정하는 일이었다. 사전의 구체적인 형태와 편집 방향이 결정되어야 표제어(標題語, headword, lemma)의 선정의 기술적 원칙[16], 그리고 서술과 교정·교열의 원칙 역시 결정할 수 있기 때문이다. 사전의 구체적인 형태를 설정하기 위해 우선 다양한 분야와 종류의 국내외 사전들을 조사·수집하여 각 사전의 전체적인 구조와 항목 서술의 구조와 특징 등을 분석하였다.

이러한 조사와 분석 작업을 통해『다산학사전』의 구체적 형태와 편집 방향을 설정하려는 목적뿐만 아니라 일종의 인문학사전 편찬방법을 간접적으로 습득하는 기회를 가질 수 있었다. 이러한 상황에서 『민족문화대백과사전(民族文化大百科事典)』 편찬팀과 한국브리태니커회사(Korea Britannica Corporation)에서 공개한 작업 매뉴얼 일부와 서류 양식, 오랜 경험을 지닌 편집책임자들의 조언과 교육은 매우 큰 도움이 되었다.[17] 하지만 이들의 작업은 범용 백과사전 편찬을 목적으로 대규모 재원과 인력에 기반을 둔 대규모 사업이었고, 상정하고 있는 작업의 설비와 기술적 환경 역시 본 사전편찬팀과는 큰 차이가 났으므로 그대로 따라 할 수 있는 것은 아니었다. 따라서

---

16) 선정 원칙에 따라 표제어는 한 단어(word)가 아닌 단어들(words)로 구성될 수 있을 것이다. 단어들로 구성된 경우, 표제어는 구(句, phrase)가 될 수도 있고 문장(文章, sentence)이 될 수도 있다.

17) 한국학중앙연구원의 강병수 박사님과 한국브리태니커회사의 장경수 상무님께 서 도움을 주셨다.

민족문화대백과사전팀과 한국브리태니커회사의 경험과 자료를 이어
받되 기존 사전들에 대한 조사와 분석 작업을 하면서 구체화시켜갔
던 편찬 방향을 적용하여 변용하면서 다산학사전편찬팀의 작업 공정
과 매뉴얼을 구체화시켜 나갔다.

3.2. 편찬 여건과 편찬 방식의 구체화 과정

작업 공정과 매뉴얼은 기획이나 회의에 의해서만 완성될 수 있는
것은 아니며 설령 그렇게 한다고 하더라도 실무 과정에서 문제에 부
딪힐 수밖에 없다. 물론 실무가 본격화되기 전에 공정과 매뉴얼을 마
련하는 것이 이상적이며 현실적으로도 필요하다. 하지만 그러한 공
정과 매뉴얼은 현실적 상황에 맞추어 지속적으로 수정, 보완시켜 나
갈 수밖에 없다.

다산학사전편찬팀 역시 예외가 아니며 현실적 조건에 맞추어 작업
의 방향을 수정하고 구체화시켜 나갔던 과정이 있었다. 편찬팀이 직
면했던 현실적인 여건에는 내용적 측면에서의 여건이 있었고 물질적
인 측면에서의 여건이 있었다.

먼저 내용적 여건에서는 항목선정 위원들과 공동연구원들 모두 다
산학에 대한 이해는 높았으나 사전 표제어의 선정과 형태에 있어 많
은 곤란을 겪었다는 문제가 있었다. 따라서 일부 분야를 제외하고는
표제어 간 통합, 분리 등의 조정과 매수 책정 등에 대한 최종책임이
모두 사전편찬팀 실무진에게 넘어 왔으므로 완벽한 단계별 업무 추
진이 실질적으로 불가능하였다. 따라서 집필 의뢰 시마다 편찬팀이
필자에게 의견을 제시하고 협의하에 조정을 진행하는 방식으로 추진
할 수밖에 없었다. 이러한 방식은 편찬팀에게 많은 부담을 준 것도
사실이지만 나름 긍정적인 효과도 있었다. 즉, 억지로 표제어 수와

형태를 고정시키고 집필을 강행하면 당초의 계획을 지킬 수는 있지
만 항목 간의 중복, 필요 항목의 누락, 그리고 불필요한 항목의 서술
등의 바람직하지 못한 결과를 초래할 수 있다는 점을 고려한다면 나
름의 긍정적 측면도 있었다.

다음 물질적인 측면에서의 편찬 사업 환경은 다음과 같다. 다산학
사전편찬팀의 인원은 행정전담 요원을 포함하여 보통 8~9명으로 구
성되어 있고 이 인원들이 후보 표제어 추출과 조정, 집필의뢰부터 교
정과 교열 모두를 감당할 수밖에 없다. 또한 대규모 사업단들이 사용
하는 사전편집기나 데이터베이스를 구축할 비용이나 인력에 대한 예
산 역시 전혀 없었다.

위에서 말한 내용적이고 물질적인 조건 속에서 정상적인 편찬사업
을 진행하기 위해서는 대규모 사업단이 취했던 '하향적(top-down)
방식'18)보다는 '상향적(bottom-up) 방식', 즉 게릴라(guerilla)적이
고 생성적인(generative) 편찬 방식19)을 택했다. 다시 말해서 다산
학사전편찬팀은 대규모 방식의 백과사전 편찬사업의 중앙관리부서
의 모델을 따르는 것이 아니라 필자와 더불어 항목을 개발하여 사전
을 채워나가는 방식으로 사업을 추진해나갔다. 이러한 상황에서도
사전편찬팀은 교정교열을 중심으로 한 후반작업을 수행해가는 책임
부서의 역할을 해야 했다.

---

18) 사전편찬의 영역과 항목의 수와 매수 등을 모두 중앙에서 미리 확정하여 집필
자에게 부과하는 방식을 뜻한다.
19) 하향식 편찬방식을 사용하기 위해서는 분야별 분류가 먼저 확고히 정해져야 하
는 다산학의 경우 그 하부 영역들의 현대적 분류나 그에 관한 논의는 거의 진척
되지 않았다. 『여유당전서(與猶堂全書)』의 시문집, 경집, 정법집 등의 '집(集)'
분류를 따르거나 다산학에 대한 논문을 한문학자가 쓰면 한문학, 경제학자가 쓰
면 주제와 관련없이 경제학으로 분류하기도 했다. 이러한 문제를 극복하기 위해
서는 상향식 편찬방식을 통해 점차 분야를 확정해 나가는 것이 더 합리적이라고
판단하였다.

상향적 방식의 편찬 방식
과 효율적인 원고 교정·교열
을 위해서 다산학사전편찬팀
은 위키피디아(Wikipedia)
시스템을 도입하였다.[20]
이 리눅스(Lunux) 기반의
위키소스(Wiki source)는
무엇보다도 무료일 뿐 아
니라 상향적 사전 편찬 시
스템을 상정하고 만든 것
이었으므로 본 사전편찬팀
에 잘 들어맞았다. 위키소
스 중에서도 본 편찬팀은
도큐위키(Doku Wiki) 소
스를 활용하여 사전편집기
로 사용하였다.[21] 이 웹

〈그림4〉 웹 편찬시스템

〈그림5〉 웹 사전 목차 (일부, 2013.7월 현재)

---

20) 이 위키소스의 존재를 알게 된 것은 고려대학교민족문화연구원의 신상현 박사
님 덕분이었다.

21) 도큐위키는 과학기술 분야를 제외한 모든 분야에서 사용하기에 적합한 리눅스
(Linux) 기반의 웹 구축용 소스이며 다수 사용자(multiple users)에 의한 지식
창출 및 공유, 혹은 '다중지성(多衆知性, Swarm Intelligence)' 모델을 염두에
두고 설계된 소스들 중 하나이다. 다른 소스와의 가장 큰 차이점은 데이터 처리
방식에서 ~SQL이나 Oracle, SQ방식의 관계형 데이터방식을 사용하지 않고 텍
스트 파일 시스템(Text File System)을 채용하고 있다는 점이다. 웹상에서 사전
을 편찬하고 운용할 때 관계형 데이터베이스는 조금만 실수해도 사전 전체의
운용에 큰 지장을 초래할 수 있을 뿐 아니라 데이터베이스 프로그램 자체가 이
미 웹 구동 및 운용에 커다란 하중을 줄 수 있어서 사고의 위험이 더 높다고 할
수 있다. 그러나 텍스트 파일 시스템을 이용할 경우 웹의 하중이 적을 뿐 아니
라 데이터베이스 프로그램의 오작동 염려가 없고, 큰 사고가 발생할 때에도 미
리 저장해 둔 백업 파일(Back-up file)만 있다면 단시간에 복구할 수 있다는 장

사전편집기를 통해 사전편찬의 용이함과 신속성, 통일성을 기할 수 있게 되었다.(그림4, 5 참고)

또한 사전편찬 사업은 많은 필자와 항목을 다루므로 많은 행정적 고려를 해야 한다. 필자 정보는 물론 마감일 관리와 원고료 지급 문제 등을 일괄적으로 파악 가능해야 한다. 또한 각 항목의 작업 진척도를 파악할 수 있어야 한다. 이러한 문제들을 총괄적으로 관리하기 위해 다산학사전편찬팀은 마이크로소프트(Microsoft) 사의 오피스(Office) 프로그램 중 하나인 '엑세스(Access)'를 활용하여 원고관리 데이터베이스를 구축하였다.22) 이러한 프로그램 활용을 통해 많은 노동력과 시간의 낭비를 줄일 수 있었다. 이 데이터베이스 시스템은 사전편찬팀의 원고관련 각 단계 작업들의 진행 상태 정보를 포함하고 있다. 이러한 기록은 향후 인문학 사전편찬 사업을 기획할 때 많은 참고가 되리라고 예상한다.(그림6 참고)

〈그림6〉 다산학사전팀 원고관리 시스템

점이 있다. (이 각주의 내용은 〈다산학사전편찬팀 4차년도 연차보고서〉 중의 일부인데 필자 본인이 작성하였기에 약간의 수정만을 하여 실었다.)

22) 한국고전번역원의 남지만 박사가 프로그램을 소개시켜 주고 기초교육을 맡아 주었다. 또한 본 편찬팀 보조연구원이었던 김여운 선생이 기초교육 이후 현재 사전편찬팀이 사용하는 엑세스 형태로 구축하는 데 많은 기여를 하였다.

3.3. 편찬팀의 원고 처리 과정과 현 인원의 업무 배분

앞에서도 이미 말했듯이 일상적인 사전편찬 실무는 전임연구원 (박사)과 보조연구원(석·박사과정)들에 의해 수행된다. 앞의 절에 서 설명했듯이 위키 시스템을 통해 웹 사전편찬기를 구축하여 사전 편찬의 용이함과 신속성, 통일성을 기할 수 있게 되어 비교적 적은 인원으로 많은 작업들을 할 수 있게 되었다. 현재『다산학사전』의 원고 처리 과정은 아래 그림과 같다.(그림7 참고) 전임연구원의 경우 원고가 들어오면 입고 여부를 결정해야 하는데 이 과정에서부터 원 고의 교정과 교열이 시작된다. 사전편집기에 탑재하면서, 그리고 1, 2차 검수, 마지막으로 최종검수 과정을 거치므로 내부에서 총 4회 이 상의 교정교열의 과정을 거쳐 원고의 완성도를 높이게 된다. 이후 감 수과정을 거쳐 다시 원고의 수정과 보완 과정을 거치도록 한다.[23)]

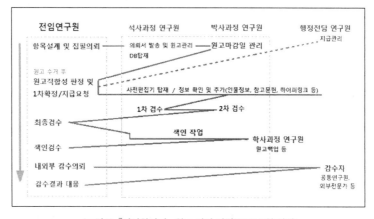

〈그림7〉『다산학사전』 원고 처리 과정(2013.7월 현재)

---

23) 자세한 사항은 기술적(technical) 논의를 요하므로 간단한 소개만을 하기로 한다.

　단순히 원고 처리 과정만을 보는 것만으로는 사전편찬 사업에서 개개의 연구원들이 감당하는 업무의 종류를 예상하기 힘들므로 현재의 시점을 기준으로 한 다산학사전편찬팀의 업무 배분 현황을 밑의 표로 제시하였다.(표1 참고)

		주요 업무	
전임연구원	1	(선임) 제반 행정 총괄, 업무 기획 및 조정, 편집회의 주관, 연구사검토회의 주관, 항목조정, 집필의뢰, 원고 1차 확정, 최종검수, 색인 검수, 감수의뢰 및 감수결과 대응	
	2	업무 기획 및 조정, 색인회의 주관, 항목조정, 집필의뢰, 원고 1차 확정, 최종검수, 색인 검수, 감수의뢰 및 감수결과 대응	
보조연구원		주 업무	부 업무
	1	(박사과정) 원고마감일 관리 및 안내메일 발송, 1, 2차 검수, 색인 업무 배분 및 색인어 추출	사전편집기 업로드 및 집필의뢰 서류 작업
	2	(박사과정) 1, 2차 검수, 색인어 추출, 사업관리 데이터베이스 관리 및 행정보조 업무	사전편집기 업로드 및 집필의뢰 서류 작업
	3	(박사과정) 1, 2차 검수, 색인어 추출	사전편집기 업로드 및 집필의뢰 서류 작업
	4	(석사과정) 1, 2차 검수, 색인어 추출, 사전편집기 업로드 및 집필의뢰 서류 작업	회의기록(서기)
	5	(석사과정) 1, 2차 검수, 색인어 추출, 사전편집기 업로드 및 집필의뢰 서류 작업	출장계획 및 장비, 업무진행(근무일지) 현황 기록
	6	(학사) 원고 백업, 시각 색인 초기 버전 작성, 각종 표기 통일 업무 등	
	7	(행정전담) 각종 행정, 예산관련 업무	

〈표 1〉 다산학사전편찬팀 업무 배분 현황(2013.7월 현재)

IV. 나오면서

앞에서 살펴보았듯이 『다산학사전』은 다산학 연구와 교육을 동시에 진흥하고자 기획, 추진되었다. 다산학은 그 영역이 매우 넓어 한국학 전반에 걸쳐있다. 따라서 곧 완성을 앞둔 『다산학사전』은 그 결과의 성패 여부와 관련이 없이 후속 한국학계의 인문학 사전 편찬 사업에 영향을 끼칠 것이다.

필자가 예상하기에 앞으로 학계에서 진행될 많은 사전편찬사업은 비교적 소규모의 인원을 통해 이루어질 것이다. 소규모 인원이 진행할 사전편찬 사업에서 가장 먼저 해결해야 할 과제는 사전편찬 방식의 확정과 그것을 현실화시키기 위한 작업 환경과 인원 활용일 것이다. 이러한 과제에 대해 다산학사전편찬팀은 '상향식(bottom-up)' 방식을 채택하여 사전을 편찬하여 왔다. 이러한 상향식 방식이 주어진 내외의 조건에서 가장 바람직한 결과를 산출하는 방법이라고 생각했기 때문이었다. 그리고 이러한 방식을 실현하기 위해 위키 소스를 활용한 웹 편찬시스템을 구축하였다. 위키시스템을 활용함으로써 한정된 연구 인력이 효율적으로 원고 수거 이후의 후반작업을 수행할 수 있었다고 생각한다. 또한 다산학사전편찬팀은 사업전반을 효율적으로 관리하기 위해 소규모이고 간단한 형태이지만 데이터베이스 시스템 역시 활용하여 시간과 인력을 효율적으로 활용해왔다고 할 수 있다.

글의 시작에서 말했듯 이 글은 후속 인문학사전 편찬 사업의 기획과 진행에 조금의 도움이나마 주기 위해 집필되었다. 인문학사전을 기획, 진행하고 있는 여러 단위에 도움이 되었길 바라며 자세하고 기술적인 논의는 다른 지면에서 논의하고 공유할 수 있게 되길 기대한다.

『한국전통연희사전』의
집필 현황과 방향성

송 준*

I. 『한국전통연희사전』 편찬 사업 개괄

『한국전통연희사전』(Korean Traditional Performing Arts Dictionary) 편찬 사업은 2010년 발주된 한국학진흥사업 중에서 한국학 기초사전 편찬 분야의 사업이다. 현재 2011년도(2차년도) 사업을 진행하고 있는데, 『한국전통연희사전』 편찬 사업의 총 연구기간은 3년(2010년 6월 25일 ~ 2013년 6월 24일)이다. 이 사업의 최종 결과보고서는 6개월 후 그리고 최종결과물은 2년 내에 제출하도록 되어 있다.

『한국전통연희사전』 편찬 사업은 가면극, 인형극, 발탈, 줄타기, 방울받기, 솟대타기, 땅재주, 대접돌리기, 환술, 동물재주부리기, 동물가장가면희, 나무다리걷기, 판소리 등 한국 전통연희의 조사 및 연

---

* 고려대학교 민족문화연구원 전통연희사전편찬실 선임연구원

구 성과를 총합적으로 정리하고, 정리된 자료를 체계적으로 소개하는 것을 목적으로 하고 있다.

따라서 본 연구는 한국 전통연희의 총체적 조망을 위해서 가면극, 인형극, 판소리, 잡기 종목 등 우리나라 전통공연예술 분야의 중요한 종목들을 모두 연구 대상으로 선정하였다. 아울러 한국 전통공연예술의 역사적 변천과정과 지역적 변화양상을 총체적으로 조명하기 위해서, 우리나라의 전통공연예술과 밀접한 관련이 있는 중국과 일본의 유사사례를 표제어의 범주에 포함시켰다.

1차년도 사업기간 동안 전통공연예술의 표제어 목록을 개별종목과 각 종목의 하위계층으로 범주화하여 정리하였다. 그리고 표제어 원고에 삽입될 사진과 문헌기록, 도상자료들을 문헌조사와 현지조사를 통해 종목별로 취합·정리하였다. 사진자료나 도상자료의 이용 시 발생 가능한 저작권 문제를 해결하기 위해서, 연구진이 직접 현지조사를 실시하여 공연현장의 사진촬영을 진행하였다. 단 시·공간의 문제로 직접 촬영이 불가능한 종목에 대해서는, 기존의 사진 및 도상자료를 사용하고 협의·추인을 통하여 저작권 문제를 해결하고 있다.

II. 편찬 사업 현황

1차년도(2010. 07-2011. 06) 『한국전통연희사전』 편찬 사업의 목표는 표제어의 선정·취합·정리였다. 본 연구는 1차년도 사업기간 동안 전통연희와 관련된 표제어를 선정하고, 선정된 표제어를 개별 종목과 종목의 하위계층으로 분류하여 정리함으로써, 전통공연예술 관련 표제어목록의 선정·취합·정리 목표를 달성할 수 있었다. 아울러 표제어 원고에 삽입될 사진과 문헌기록, 도상자료들을 문헌조사와 현지조사를 통해 종목별로 취합·정리했다.

이러한 성과를 바탕으로 2차년도 사업과제인 원고 집필에 필요한 집필지침을 조기 구축하였고, 분류체계의 구축을 통해서 대항목·중항목·소항목에 해당하는 중요표제어를 선정하였다. 2차년도 사업인 표제어 원고의 효율적 집필을 위해서, 1차년도 사업 기간 중에 대표표제어를 선정하였으며, 선정된 대표표제어의 집필을 조기 완료하였다. 집필이 완료된 대표표제어 원고는 2차년도 사업의 핵심과제인 각 범주별 집필원고의 모델로 활용하고 있다. 1차년도 계획 대비 성과와 2차년도 사업의 조기 달성 성과는 다음과 같다.

○ 1차년도 표제어 선정 현황
- 『한국 전통공연예술사전』의 집필을 위한 통합 엑셀 표제어 목록 완성 (총 2051개의 표제어를 선정, 선정된 표제어를 종목별·표제어별로 분류함)
- 가면극 표제어 823항목 선정
- 곡예와 묘기 표제어 288항목 선정 (나무다리걷기 15항목, 버나 63항목, 땅재주 55항목, 방울받기 48항목, 솟대타기 47항목, 줄타기 60항목)
- 인형극과 발탈 표제어 88항목 선정
- 환술 종목 표제어 122항목 선정
- 동물가장가면회 표제어 60항목 선정
- 동물재주부리기 표제어 70항목 선정
- 판소리 표제어 604항목 선정

○ 2차년도 표제어 원고 집필 현황
대·중·소항목별 표제어 원고의 집필지침과 모델로 활용할 원고를 완성하는 것이 2차년도 사업의 핵심과제이다. 이를 위해서 2차년도 사업의 초기에 주요 중요표제어의 선정과 집필 모델을 완성하였다. 특히 종목별·항목별 집필 모델을 구축하기 위해서 전통공연예술, 가면극, 인형극, 봉산탈춤, 연잎눈끔쩍이과장, 말뚝이, 줄타기, 나무다리걷기, 방울받기, 솟대타기, 땅재주, 환술, 동물재주부리기, 동물가장가면희, 판소리 등 전통공연예술분야 각 종목의 중요 표제어를 선정하고, 선정된 중요표제어의 원고 집필을 완료하였다. 가면극(과장)과 판소리를 제외한 잡기종목의 표제어 원고는 집필자 간 교차 검토를 통해 모두 1차 교열이 완료된 상황이다.

Ⅲ. 분류와 집필 체계

3.1. 분류체계

본 사업에서는 중요무형문화재로 지정되지 않은 전통연희종목도 집필의 범주에 포함하였다.

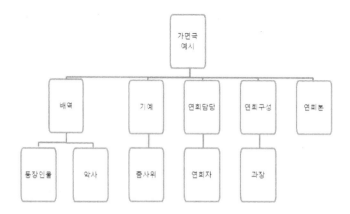

3.2. 대·중·소 표제어 원고의 집필 형식

1. **대표제어: 봉산탈춤(가면극) ─(사진 7장)**

   1) 정의 및 이칭

   2) 유래 및 역사

   3) 내용 (연회배경 : 시기, 장소, 제의적 맥락, 사회문화적 기능)

   　　　(연회내용 : 각 과장 설명)

   　　　(가면극의 특징)

4) 역대 명 연희자

5) 다른 지역 사례

6) 의의

7) 참고문헌(디지털 사전의 형식으로 꼭 필요한 참고문헌만 입력)

2. 중표제어: **연잎눈끔적이과장(과장)** —(사진 5장)

1) 정의(과장에 대한 정의, 이칭과 어원을 서술)

2) 유래와 역사적 전개과정

3) 내용(배경, 내용, 특징 서술)

4) 역대 명 연희자

5) 다른 지역 사례(송파와 비교)

6) 의의

7) 참고문헌

3. 소표제어: **말뚝이(등장인물)** —(사진5장 이내 : 북중남 1개씩+2개)

1) 정의

2) 유래와 역사적 전개과정

3) 가면극 중 말뚝이에 대한 전반적 개괄(북부, 중부, 남부 가면극의
   특징(전경욱), 영남 말뚝이의 특징, 말뚝이탈의 특징, 봉산, 양주,
   동래야류는 송석하 등 참조)

4) 봉산 등 각 가면극 사례
   (각 가면극별로 연희내용, 가면, 의상, 소도구, 춤사위, 특징, 해당
   배역의 명연희자를소개한다.)

5) 의의

6) 참고문헌(최소)

4. 대표표제어 집필 예
전통공연예술〉가면극
【정의 및 이칭】
가면극은 연희자들이 각 등장인물이나 동물을 형상화한 가면을 쓰고 나와 극적인 장면을 연출하는 전통연극이다. 가면극이라는 명칭 이외에 탈춤·탈놀이·탈놀음 등으로 부르기도 한다. 또 지역에 따라 서울과 경기도에서는 산대놀이, 황해도에서는 탈춤, 경남의 낙동강 동쪽 지역에서는 야류(野遊), 낙동강 서쪽에서는 오광대(五廣大)라 부르기도 한다.

한국 가면극은 크게 (1) 마을굿놀이 계통 가면극, (2) 본산대놀이 계통 가면극, (3) 기타 계통 가면극으로 나눌 수 있다. (1)과 (2)를 달리 서낭제탈놀이와 산대도감계통극으로 부르기도 한다.

【유래 및 역사】
그동안 한국 가면극의 기원에 대해 산대희(山臺戲)기원설, 기악(伎樂)기원설, 제의(祭儀)기원설, 산악(散樂)·백희(百戲)기원설 등이 제시되었다. 산대희기원설과 산악·백희기원설은 거의 동일한 내용이다. 산대희와 산악·백희는 동일한 연희들을 가리키는 명칭이기 때문이다. 그러나 산대희기원설이 한국적인 시각에서 가면극의 역사를 고찰하고 있다면, 산악·백희기원설은 동아시아적 시각에서 한국 가면극의 역사를 고찰하면서 산악·백희로부터 전문적 연희자가 공연하는 가면극이 성립되는 것이 동아시아의 보편적 현상임을 밝히고 있다. 기악기원설은 백제인 미마지(味摩之)가 612년 일본에 전한 기악이 한국가면극의 기원이라는 학설이다. 제의기원설은 가면극의 기원이 무당이 주재하는 고대의 제의나 마을굿에 있다고 보는 무속제의기원설과 풍요제의기원설(풍농굿 기원설)로 크게 나눌 수 있다. 풍농굿기원설에 의하면, 가면극은 농악대 주도의 풍농굿에서 출발했다고 한다. 마을굿에서 농악대의 가면을 쓰고 노는 무리가 잡색으로 따라다니며 이따금씩 허튼 수작을 하기도 하지만, 마을굿을 하는 원래의 행사가 끝난 다음에 기회를 얻어서 연희를 한바탕 따로 벌인 것이 가면극이라고 한다.

한국 가면극에는 산대회·기악·제의의 영향이 두루 남아 있다. 그래서 여러 학설이 일정한 설득력을 갖고 있다.(이상 각 기원설에 대해서는 별도의 항목으로 자세히 다루고 있으니 그곳을 참조할 것.)

【내용 및 특성】

서울의 본산대놀이나 초계 밤마리의 대광대패는 특정한 시기와 관계없이 전문적이고 연희자들이 흥행을 위해 관중을 상대로 공연을 펼쳤다. 그러나 다른 지방의 가면극들은 대부분 정월 대보름, 사월 초파일, 오월 단오, 팔월 추석 등에 세시풍속의 하나로 마을 주민인 농민들이 자족적으로 즐기기 위해 전승했다. 즉 세시 명절을 맞이하여 농민·하급관속 등 비직업적인 사람들이 원래 직업적 연희자들이 전승하던 가면극을 배워서 공연했거나, 마을굿이나 고을굿에서 자생적으로 생겨난 가면극을 공연했던 것이다.

한국의 가면극은 크게 (1) 마을굿놀이 계통 가면극,(2) 본산대놀이 계통 가면극, (3) 기타 계통 가면극으로 나누어 그 내용과 특성을 살펴볼 수 있다.

도판 1. 상임제주인 산주와 연희자들이 성황당에서 신이 내리기를 비는 장면. 하회별신굿탈놀이.
도판 2. 하회별신굿탈놀이에서 백정이 양반과 선비에게 우랑을 파는 장면.
도판 3. 강릉단오제에서 괫대를 앞세우고 이동하는 장면.

본산대놀이 계통 가면극들은 공통적인 연희 내용을 갖고 있지만, 지역에 따라 특징적인 과장도 갖고 있다. 별산대놀이의 연잎과 눈꿈쩍이과장, 해서탈춤의 사자춤과장, 야류와 오광대의 사자춤과장·영노(비비)

과장·문둥이춤과장 등이 그것이다. 이는 본산대놀이가 각 지역으로
전파되면서, 각 지역에서 나름대로 새로운 내용을 삽입한 결과이다.
실제로 김일출의 조사에 의하면, 봉산탈춤의 사자춤과장은 1913-1915
년경부터 비로소 놀기 시작한 것이라고 한다.

가면극에는 양반이나 유학자를 조롱하는 내용이 많고, 유가의 오륜과
경서 그리고 문자 등 양반층의 문화를 조롱의 대상으로 삼고 있다. 양
반의 가면은 대부분 추한 모습이고 의복도 비정상적인 경우가 많아서,
그 모습 자체만으로도 조롱의 대상이 되기에 충분하다.(도판 13-15)
그러므로 우희·유희와 가면극의 양반과장은 그 형식과 내용이 너무나
유사한 것이다. 양반과장 이외에 노장과장 가운데 먹중과 취발이의 대
사, 영감 할미과장 가운데 영감과 할미의 대사에 보이는 골계적인 내
용의 재담들도 우희의 전통과 일정한 관련이 있다. 이는 나례도감에
동원되던 연희자들이 이미 우희를 하고 있었고, 18세기 전반 본산대놀
이가 성립될 때 그 연희자들이 우희를 연희 내용에 적극 활용한 결과
인 것이다.

덧뵈기는 남사당패의 가면극이다. 남사당패는 원래 남자들로 구성된
떠돌이 놀이꾼, 즉 유랑예인집단이다. 1964년에 중요무형문화재 제3
호로 지정되었다. 남사당패는 꼭두쇠(우두머리, 모갑이)를 정점으로
풍물(농악), 버나(대접돌리기), 살판(땅재주), 어름(줄타기), 덧뵈기(가
면극), 덜미(꼭두각시놀음) 등 여섯 가지 연희를 가지고, 일정한 보수
없이 숙식만 제공받게 되면 마을의 큰 마당이나 장터에서 밤새워 놀이
판을 벌였다. 남사당패의 가면극인 덧뵈기는 각 지방의 가면극에 비해
의식성이나 행사성이 약해서, 그때그때 관중의 취향과 흥취에 영합했
다. 춤보다는 재담과 연기가 더 우세한 풍자극이다. 제1과장 마당씻이,
제2과장 옴탈잡이, 제3과장 샌님잡이, 제4과장 먹중잡이로 구성되어
있다. 다른 가면극에 반드시 나오는 벽사적인 의식무는 마당씻이의 고

사소리인 '비나리'로 대치되어 있다. 덧뵈기의 옴탈잡이, 샌님잡이, 먹중잡이는 각각 양주별산대놀이의 옴중·먹중놀이, 샌님놀이, 노장춤과 같은 내용이다. 덧뵈기의 등장인물과 내용이 양주별산대놀이와 매우 유사한 점으로 미루어 볼 때, 덧뵈기는 서울 본산대놀이의 영향 아래 생겨난 것으로 보인다.

【다른 지역 사례】

한국의 가면극은 지역에 따라 산대놀이(서울·경기), 탈춤(황해도), 야류(野遊, 경남), 오광대(五廣大, 경남) 등 여러 명칭으로 불린다. 이 가면극들은 전국적인 공통점과 함께 지역적인 차이점도 갖고 있다. 특히 본산대놀이 계통 가면극인가 마을굿놀이 계통 가면극인가에 따라 그 차이점은 더욱 크게 나타난다. 구체적인 지역 사례는 산대놀이, 해서탈춤, 야류, 오광대 항목 및 봉산탈춤·하회별신굿탈놀이 등 각 가면극 항목 참조.

【인접 국가 사례】

중국의 가면은 자생적 가면인 나례(儺禮)의 방상시(方相氏)와 외래 기원의 가면인 산악백희의 가면이 있다.

중국에서는 한국의 가면극과 같은 형식의 가면극을 나희(儺戲)라고 부른다. 나희는 원래 나례에서 기원한 것이다. 나례에서 연행되던 각종 연희와 가면들의 영향으로 인하여 가면극이 생겨났기 때문에 가면극을 나희라고 부른다. 그래서 중국 나희는 상연 중에 나제(儺祭)활동 즉 구나(驅儺)활동을 많이 삽입하는데, 그 목적은 잡귀와 역병을 몰아내고 상서로움과 길함을 불러오는 데 있다. 중국의 나희는 지역에 따라 나당희(儺堂戲)·지희(地戲)·관색희(關索戲)·제양희(提陽戲)·사공희(師公戲)·동자희(僮子戲)·선고잡희(扇鼓雜戲) 등 다양한 명칭을 갖고 있다. (도판 17-19) 그리고 중국 한족을 비롯하여 소수민족들에는 나례에서 유래한 가면극뿐만 아니라, 귀주성(貴州省) 이족(彝族)의 촬태길(撮泰

吉), 청해성(靑海省) 민화현(民和縣) 삼천(三川)의 축제인 납둔절(納頓節)에서 연행되는 장가기(庄稼其)처럼 다른 여러 토착적 제의에서 유래한 가면극들이 있다.

도판 17. 중국 안휘성(安徽省) 지주(池州)의 나희 〈유문룡(劉文龍)〉.
도판 18. 중국 운남성(雲南省) 징강현(澄江縣) 양종진(陽宗鎭)의 나희 〈관색희(關索戱)〉.
도판 19. 장가기에서 농부가 아들에게 쟁기 다루는 법을 기르치는 장면

다른 계통의 가면은 육조(六朝)시대 이후 산악·백희에 사용되던 것으로, 이는 서역악무(西域樂舞)의 영향을 받은 외래 기원의 가면극이다. 일본의 가면은 귀족이나 무사 등 지배계급에 의해서 육성된 가면과 서민층에 의해서 육성된 가면이 있다. 지배계급에 의해서 육성된 가면은 예술적인 경향이 두드러진데, 기가쿠멘(伎樂面)·부가쿠멘(舞樂面)·교도멘(行道面)·노멘(能面)·교겐멘(狂言面)이 여기에 속한다. 이 가운데 기가쿠(伎樂)와 부가쿠(舞樂)는 대표적인 외래 기원의 가면극이다. 기가쿠는 612년 백제인 미마지가 일본에 전한 불교가면극이다. 부가쿠는 인도·중국과 한반도 등 외국에서 유래한 가무희인데, 여러 종목에서 가면을 착용한다. 노와 교겐도 외래 기원의 산악·백희와 밀접한 관련 아래 성립된 것이다. 서민층에 의해서 육성된 가면은 향토적인 경향이 짙은데, 사루가쿠멘(猿樂面)·가구라멘(神樂面)·민간의 축제가면·신앙가면 등이 여기에 속한다.

현재 일본의 대표적 가면극은 노(能)와 가구라(神樂)이다. 노는 예전에 사루가쿠 노오(猿樂能)·덴가쿠 노오(田樂能)·교겐 노오(狂言能) 등으로 일컬어졌다. 노는 일본적 성격과 특징이 뚜렷한 가면극으로서 그 기원과 발전 과정이 잘 밝혀져 있고, 오랫동안 꾸준히 전승되어 왔다. 특히 노오는 간아미(觀阿彌)와 제아미(世阿彌) 부자(父子)에 의해 전문적 예술성을 획득하게 됨으로써, 일반적인 민속가면극과는 다른 모습

을 보인다.

한편 일본의 고유 신앙을 섬기는 신사(神社)에서 신에게 바치는 공연예술인 가구라(神樂) 중에는 자생적인 민속가면극의 예를 보여 주는 경우가 있다.(도판 20-21) 이는 한국의 마을굿놀이 계통 가면극과 유사하다고 볼 수 있는데, 지방마다 차이가 크며 그 종류도 매우 다양하다.

도판 20. 일본 구로모리가구라(黑森神樂).
도판 21. 일본 아이치현(愛知縣) 北設樂郡 本鄕町大字中在家 하나마쓰리(花祭)의 가면희.

중국과 한국의 나례에서는 산악·백희가 연행되었고, 그 연희자들이 후대에 가면극을 성립시켰다. 그래서 한국 가면극에 등장하는 인물의 성격과 연극적 형식은 나례에 등장하는 인물의 성격 및 귀신을 쫓는 구나(驅儺) 형식에서 크게 영향을 받은 것으로 나타난다. 현재 중국에서는 가면극을 나희(儺戱)라고 부르는데, 이는 중국 가면극들이 대부분 나례에서 연행되던 공연예술인 나희로부터 발전했기 때문이다. 일본의 경우도 산악·백희가 일본에 유입된 이후 변화·발전하여, 후대에 일본의 대표적 전통극인 노가쿠를 성립시켰다. 중국에서는 산악·백희를 담당했던 사람들이 이 공연예술을 발전시켜 나희(儺戱)라는 가면극을 성립시켰고, 일본에서는 사루가쿠(猿樂) 즉 산악을 담당했던 사람들이 노(能)라는 가면극을 성립시킨 것처럼, 한국에서도 나례와 중국 사신 영접 시에 동원되어 산악·백희에 해당하는 연희인 산대희를 펼치던 반인들이 본산대놀이를 성립시켰다.

한편 한국, 중국, 일본 모두 산악·백희 계통 이외에, 각 지방에는 마을 굿(동제)·나례 등 각종 제의로부터 생겨난 자생적인 전통의 가면극도 있다. 그러나 동아시아 각국의 가면극들은 그 기원이 자생적이든 외래적이든, 모두 일단 성립된 후에는 시대적·사회적 상황의 변화에 발맞추어 계속 새로운 내용을 수용하고 재창작하면서 발전해 온 것으로 나타난다. 특히 가면극의 연행을 직업으로 삼았던 전문적 연희자들에 의해 전승되어 온 가면극들은 놀이 내용을 다양하고 수준 높게 하기 위해, 시대의 변화에 따른 관중의 취향에 민첩하게 대응하기 위해 꾸준히 놀이 내용을 혁신하는 한편, 외국에서 전래된 가면극 등 새로운 내용을 수용하는 데 적극적이었던 것으로 나타난다.

【의의】

가면극은 사회 풍자의 희극이다. 가면극은 사회적 불평등으로 빚어지는 현실적인 문제들을 비판적으로 제시한다. 등장인물의 명칭에서부터 각 과장에서 다루고자 하는 주제를 암시한다. 노장·소무·신장수·양반·말뚝이·영감·할미 등 신분이나 부류를 나타내는 명칭이 대부분이고, 구체적인 개인의 이름은 드물다. 명칭을 통하여 가면극에서 다루는 것이 등장인물 개인의 문제가 아니라 신분이나 계층·부류 사이의 문제임을 드러낸다.

가면극 연구의 초창기부터 가면극의 주제를 ①벽사의 의식무, ②파계승에 대한 풍자, ③양반계급에 대한 모욕, ④일부(一夫) 대 처첩의 삼각관계와 서민생활의 곤궁상으로 보는 견해가 지배적이었다. 가면극의 첫 과장에서는 으레 상좌춤이나 오방신장무와 같은 벽사의 의식무가 거행되어 벽사진경을 기원하는 종교적 모습을 보인다. 이어서 노장·양반·영감 등 부정적인 인물이 계속 등장하며 극이 진행된다. 이런 측면에서 위에서 제시한 네 가지 주제는 설득력을 얻을 수 있다.

양반의 신분적 특권, 노장의 관념적 허위, 영감의 남성적 횡포는 봉건사회의 유물로서 상호 밀접한 관련을 갖고 있다. 이 부정적 유물이 청산되어야 한다고 주장하는 가면극의 주제를 통하여 새로운 사회의식의 발전을 엿볼 수 있다. 아울러 긍정적 인물인 취발이·포도부장·말뚝이·할미를 통하여 기존질서를 거부하고 새로운 가치관을 요구하는 민중의식을 보여 주는데, 이것은 동학농민혁명 등 중세에서 근대사회로 이행하는 역사적 운동과 맥락을 함께 하고 있다.

한편 대부분의 가면극이 정월 보름이나 오월 단오에 세시풍속의 하나로 즐거운 축제판에서 거행되었다는 점에 주목해 보자. 정월 보름이나 단오는 가면극·줄다리기·차전놀이·횃불싸움·지신밟기·씨름 등 민속놀이를 거행하며, 지역 주민들 사이의 단결과 화합을 도모하던 특별한 절기이다. 가면극 공연의 앞이나 뒤에 이런 민속놀이들이 결합되어 있는 지역이 많았다. 민중들은 해마다 이러한 시기에 가면극을 공연함으로써 일시적으로 기존 질서로부터 벗어나 해방을 구가했다. 일상세계에서라면 마땅히 금기시되던 문제들을 놀이판에 드러내어 다룸으로써, 평소 억압되었던 갈등과 불만을 발산하고 해소할 수 있는 기회로 삼았다. 그리고 가면극이 끝나면 다시 일상의 생활로 돌아가 정상적인 삶을 영위했다. 이는 가면극이라는 놀이를 통해 화합본능을 회복할 수 있었음을 의미한다.

가면극은 민족문화를 말살하고자 한 일제강점기와 민족 분단의 혼란시대를 거치면서 매우 위축되었다. 그러다가 1960년대에 이르러 정부에서는 근대화 내지 서양화 추진과 민족 주체성 확립이라는 과제를 추구하면서 유형문화재의 보존·복원, 그리고 무형문화재의 지정 사업을 펼쳤다. 1960년대와 1970년대에는 대학가에서 탈춤부흥운동이 크게 일어나 전국의 대학생들이 가면극을 배워 공연하는 일이 자주 있었고 그 열의도 대단했다.

그러나 1980년대에 접어들자 이런 열기가 식으면서, 대신 민속극에 기반을 둔 창작극인 마당극(마당굿) 또는 민족극이라 불리는 일단의 정치극이 새롭게 등장해 체제비판을 시도했다. 1980년대 초두에 이르러 기존문화 풍토에 하나의 문화적 충격으로 던져진 마당극은 가면을 사용했거나 안했거나 상관없이 전통가면극의 이념적 혁신이라고 해도 좋을 것이다. 처음에는 마당극 또는 마당굿이라 부르다가 점차 민족극이라는 용어로 통일되었고, 1988년 12월 '전국민족극운동협의회'가 결성되었다. 마당극은 민족 문제, 농촌 문제, 근로자 및 도시빈민 문제, 사회일반 및 시사 문제, 역사적 사실의 재해석 문제를 다루었다. 이는 당대 사회운동의 흐름과 긴밀히 결합해 들어가는 민족극운동의 작품 활동 경향을 여실히 반영하고 있는 것이라 하겠다.

한편 전문적인 연극단체 가운데도 가면극·판소리·인형극 등 전통공연예술을 현대적으로 계승한 창작극을 정립해 보려는 시도가 있었다. 대표적인 예가 1973년 연출가 허규를 중심으로 한 '극단 민예'와 손진책의 '극단 미추'이다. 극단 민예는 〈허생전〉·〈놀부전〉·〈서울말뚝이〉·〈다시라기〉 등을 공연했다. 허생전은 가면극의 장단·춤사위·등퇴장 동작과 판소리의 아니리를 활용했다. 놀부전은 창극인데, 등퇴장과 마임에 가면극의 춤사위를 활용했다. 서울말뚝이는 현대판가면극이고, 다시라기는 민속놀이였다.

극단 미추는 마당놀이로 유명하다. 〈허생전〉(1981년)을 시작으로 매년 〈별주부전〉, 〈놀부전〉, 〈이춘풍전〉, 〈방자전〉, 〈봉이선달전〉, 〈배비장전〉, 〈심청전〉, 〈구운몽〉, 〈춘향전〉, 〈흥보전〉, 〈신이춘풍전〉, 〈홍길동전〉, 〈심청전〉, 〈뺑파전〉, 〈옹고집전〉, 〈황진이〉, 〈애랑전〉, 〈봉이김선달〉 등을 공연했다. 이것들은 가면극·판소리·창극 등을 현대적으로 계승해 창작한 연극양식으로 관중 동원에 크게 성공했다.(도판 22)

도판 22. 극단 미추의 마당놀이 30년 기념 공연(2010. 12)

전통공연예술은 요즘 우리들이 자랑스럽게 생각하는 한류의 발전을 위해 그리고 현대공연예술의 한국화를 위해 창작자원을 제공할 수 있는 문화콘텐츠이다. 이는 이미 영화 〈서편제〉, 연극 〈爾〉와 영화 〈왕의 남자〉, 허규의 창극, 오태석(극단 목화)의 연극, 이윤택(연희단 거리패)의 연극, 손진책(극단 미추)의 마당놀이, 김덕수의 사물놀이, 국립창극단의 창극, 민족극 등을 통해 확인한 바이다. 그 중심에 바로 가면극도 함께 자리잡고 있다.

【참고문헌】

이혜구, 〈산대극과 기악〉, 《한국음악연구》, 국민음악연구사, 1957.

김일출, 《조선민속탈놀이연구》, 과학원출판사, 1958.

송석하, 〈오광대소고〉, 《조선민속》, 조선민속학회, 1933.

이혜구, 〈양주별산대놀이의 옴·먹중·연잎과장〉, 《예술논문집》8, 예술원, 1969.

이두현, 《한국의 가면극》, 일지사, 1979.

조동일, 《탈춤의 역사와 원리》, 홍성사, 1979.

박진태, 《탈놀이의 기원과 구조》, 새문사, 1990.

서연호, 《서낭굿탈놀이》, 열화당, 1991.

서연호, 〈고대연희사의 잔영을 찾아서〉, 《한국 가면극연구》, 월인, 2002.

전경욱, 《한국의 전통연희》, 학고재, 2004.

전경욱, 《한국의 가면극》, 열화당, 2007.

3.3. 집필분야별 상세 지침 예시

1. 복식·소도구·장단

- 가면극의 복식과 소도구는 등장인물 원고에서 간략하게 설명할 것.
- 장단은 개별 종목에서 다루지 않고, 사전 전체에서 총합적으로 한번만 소개한다.

2. 연희본·연희자

- 연희본은 하나씩 소개하지 않고, 각 가면극별로 '가산오광대 연희본' 식으로 합쳐서 소개한다.

- 대본 및 연희본을 소개해야 하는 종목은 대본을 쓸 것.(예: 줄타기)
- 연희자는 별도 항목으로 처리하지 않고, 내용 및 특성 부분에 포함할 것.

3. 기예

- 기예는 내용 및 특성 부분에서 기예의 명칭 위주로 간단히 설명하고, 기예에 대한 구체적인 설명이 필요한 경우에만 별도의 표제어로 뺄 것.
- 기예의 표제어 명칭은 모두 붙여서 쓰는 것을 원칙으로 한다. (예: 수레바퀴쳐올리기)

4. 용어

- 종목명에 놀음 대신 놀이를 사용할 것.(예: 꼭두각시놀이, 북청사자놀이)
- 죽방울치기는 방울쳐올리기, 죽방울받기는 죽방울놀리기로 표제어 통일.
- 무륜은 수레바퀴쳐올리기로 통일.
- 재담하는 사람은 '어릿광대'로 통일한다.

5. 기원설 및 연구이론

- 기원설은 간단히 소개하고, 각 기원설은 별도의 표제어로 뺄 것.
- 각 기원설 모두 다소간 설득력이 있다고 기술할 것.
- 최초(X) → 이른 시기의(O), 최신(X) → 현대(O) 등 향후 연구결과에 따라 내용이 달라질 부분에 유의하여 용어를 사용할 것.

6. 정의 및 이칭

- 정의 및 이칭, 유래 및 역사 부분, 내용 및 특성 항목에서는 한국 것
  만 기술할 것.
- 이칭설명은 간단하게 하고, 세부적인 설명이 필요하면 내용 및 특성
  에서 다시 다룰 것.
  (예: 도로심장의 '도로'에 대해서 내용 및 특성에서 설명)
- 문헌자료나 도판자료는 시대 순으로 정리하거나, 주제별로 정리한다.

7. 유래 및 역사

- 유래 및 역사는 현재의 시점까지 기술한다.

8. 내용 및 특성

- 본문에 각주처리 하지 말 것.

9. 인접국가사례

- 인접국가 사례에서 가능한 한 중국과 일본의 사례를 같은 비중으로
  다룰 것.

10. 의의

- 연구사적 의의.

11. 약물부호·도판캡션·참고문헌

- 약물부호 통일할 것(예: 작품이름은 〈 〉, 책은 《 》)
- 인용은 전부 " ", 인용문 안의 인용은 ' '를 사용할 것.
- 도판캡션의 형태를 통일하고, 도판의 출처를 명확하게 밝힐 것.
- 참고문헌은 최대한 간략하게 작성할 것.

3.4. 일반표제어 선정 작업과 추진계획

『한국전통연희사전』의 종목별 표제어의 범주를 초월하거나 각 종목의 사전적 이해를 위해 필요한 관련 일반표제어의 선정과 집필은 사전의 총합적 특성을 위해서 매우 중요한 작업이다. 현재 해서탈춤, 야류, 오광대, 유희, 우희, 봉사도, 감로탱 등 총 298여 개의 일반표제어를 선정하고, 3차년도 사업기간 중에 일반표제어의 집필과 교열, 집필자 간 교차검토를 완료할 계획이다.

한국학 사전 편찬의 현황

『조선왕조실록 전문사전』 편찬사업

원창애*

Ⅰ. 머리말

『조선왕조실록 전문사전』은『조선왕조실록』이라는 특정 텍스트를 위한 전문사전이다. 『조선왕조실록』은 1968년부터 1993년에 이르기까지 한문 원문이 한글로 번역되고, 이어 전자 매체인 CD-Rom으로 출간되었으며,[1] 2006년부터는 국사편찬위원회에서 인터넷을 통해서도 누구나 접할 수 있도록 서비스를 제공하고 있다.[2] 그러나 일반인이나 한국학과 관련 없는 연구자들이『조선왕조실록』을 읽어가다 보면, 해당 내용이 무엇을 의미하는지 정확히 이해할 수 없는 단어가 많음을 발견할 수가 있다.

---

* 한국학중앙연구원 책임연구원

1) 1995년에 문화체육부의 지원으로 서울시스템에서『조선왕조실록』 CD-Rom을 발행하였다.
2) 조선왕조실록 홈페이지 http://sillok.history.go.kr 참조.

"…서사는 매우 좋은 일이기는 하나 우리나라는 중국과 같지 않아 하기가 또한 어려우니 억지로 할 것은 없고, 만일 하는 사람이 있다면 금할 것이 없습니다."('중종실록' 중에서)

위의 예문에 나오는 '서사'란 단어는 '書肆'로 '조선시대에 책을 사고파는 점포', 요즘 말로 하면 서점을 가리키던 단어다. 그러나 '서사'가 전문적인 지식을 갖추지 못한 일반인이라면 정확하게 이해할 수 없는 것은 자명한데, 국어사전을 얼핏 살펴보아도 '서사'라는 발음을 가진 한자어로는 '敍事, 書司, 書史, 書師, 書寫, 徐事, 書士, 書辭, 敍賜, 筮仕, 暑邪, 署謝, 署事' 등 무려 19개나 있어 정확하게 어떤 단어를 가리키는지 도통 감을 잡을 수가 없다. 이것은 『조선왕조실록』이 매우 광범위하고 다양한 분야의 역사적 내용을 담고 있기 때문이기도 하거니와 각 분야마다 깊이 있는 연구의 집적이 이루어지지 않았기 때문이다. 또한 국한문이 혼용되던 시기의 번역문은 문장상 풀이해야 할 단어도 번역하지 않은 경우가 허다하였고, 어떤 경우에는 번역해야 할 단어인지 번역하지 않아야 할 개념어인지에 대한 기준이 없어 혼동을 가져오기도 하였다.

그러나 『조선왕조실록』이 번역된 이후 국내외 학계에서는 『조선왕조실록』 번역본을 바탕으로 수많은 학술적 성과가 축적되었으며, 최근에는 이러한 성과를 바탕으로 『조선왕조실록』 재번역 작업이 진행되고 있다. 『조선왕조실록』 재번역 사업을 보다 효과적으로 진행하고, 『조선왕조실록』을 한층 더 정확히 이해할 수 있도록 하기 위한 전문사전 편찬이 절실하게 요구된다. 중국의 경우에는 『사기』·『한서』·『삼국지』 등 주요 역사서를 현대 중국어로 번역할 때에 반드시 해당 사서의 사전도 함께 편찬하였으며, 북한도 『조선왕조실록』을 번역할 때 『이조실록난해어사전』을 편찬한 바 있다.

이와 같은 취지에서 『조선왕조실록 전문사전』이 기획되었으며, 2007년부터 한국학진흥사업단의 지원을 받아 편찬 작업을 진행하게 되었다. 전체 작업은 표제어 선정과 집필안 마련, 그리고 집필자 선정 등은 내부에서 진행하고, 법제·정책·의례·도구·음식·놀이 등 단어의 범주가 방대한 만큼 항목별 집필은 해당 분야의 전문가에게 의뢰하였다. 그리고 2017년까지 모든 작업을 완료하여 인터넷 사전으로 편찬할 것을 목표로 하고 있으며, 이에 앞서 2013년 말경에는 인터넷 검색 서비스를 시작할 계획이다.

이 글에서는 먼저 『조선왕조실록 전문사전』의 편찬 배경과 목적을 살펴보고, 실제 집필할 사전의 구성과 내용, 그리고 전반적인 편찬 과정을 소개하였다.

II. 편찬 배경 및 목적

2.1. 사업 배경

『조선왕조실록』을 이해하기 위한 텍스트 사전을 편찬하고자 하는 것은 다음과 같은 이유에서이다. 첫째, 『조선왕조실록』은 역사·문화적으로 가치 있는 세계기록문화유산이다. 『조선왕조실록』은 국보 151호이면서 UNESCO가 지정한 세계기록문화유산으로 등재되어 있다. 조선 500년의 역사를 체계적으로 이해할 수 있는 조선의 대표적 연대기 史書이다. 조선시대에 실록을 편찬하기 위해서 춘추관에서는 매년 시정기를 작성하고, 국왕이 사망한 이후 가장 먼저 하는 일이 실록을 편찬하는 일이었다. 실록은 史官이 기록한 사초와 각종 관서의 일기, 등록 등을 참조하여 당대에 만들어진 만큼, 당대의 정치, 문화, 사상 그리고 사회적 분위기 등이 그대로 반영된 사료이다.

그러므로 조선시대를 이해하고자 하는 이들에게는 필독서이다.

둘째, 『조선왕조실록』의 번역본이 국사편찬위원회 실록 사이트를 통해 제공되기 시작한 이후 역사 전공자 이외에 타 분야 연구자를 비롯하여 일반 대중들까지 실록에 관심을 가지게 되었다. 실록이 번역되고, 국사편찬위원회에서 원문과 번역문을 인터넷 서비스를 실시함으로써 실록에 대한 관심이 더욱 증폭될 수 있었다. 실록의 접근성이 용이하게 되자, 문화 예술 분야 종사자들은 조선시대 문화를 콘텐츠화하는 데 실록을 적극적으로 활용하고 있다. 실제 실록 번역서를 읽고 아이디어를 얻어 제작된 드라마가 한류의 중심이 되기도 하였다. 그러나 실록은 편년체 서술 방식으로 이루어져 있고, 분량이 방대하여서 주제별로 이해하기가 어렵다. 더구나 조선의 정치, 경제, 사회, 문화 등 다양한 내용을 담고 있을 뿐만이 아니라, 당시 관서나 관료가 사용하던 전문용어가 산재되어 있다. 실록 번역서에서조차 해결되지 못한 전문 용어가 많아서 내용을 이해하는 데에는 한계가 있다.

이러한 문제를 해결하고, 다양한 분야에 종사하는 전문인이나 일반 대중이 실록을 좀더 가까이하게 하려면 실록을 읽기 위한 공구서가 필요하다. 중국의 경우도 25史에 전문사전이 편찬되어 있다. 『한서』·『구한서』·『청사고』 등 각 시대에 편찬된 사서 텍스트의 전문사전이 편찬되어 있다. 현 실록 번역서에도 주석은 달려 있으나, 한계를 지닐 수밖에 없다. 실록의 내용이 매우 다양한 분야에 걸쳐 있기 때문에 주석보다 좀더 깊이 있는 해설과 역사적 이해를 도울 수 있는 공구서가 필요하다.

2.2. 사업 목적

『조선왕조실록』은 연구자들에게만 중요한 사료가 아니라 조선시대에 관심이 있는 일반 대중에게도 널리 활용되고 있다. 조선시대를 배경으로 하는 영화나 드라마가 방영될 때 실록에서 관련 자료를 검색하여 나름대로 타당성 있는 스토리를 만들어가는 사례까지 나타나고 있다. 이처럼 연구에만 활용되던 실록이 연구 이외에도 다양한 이유로 사용되고, 그에 따라 실록을 찾는 사람들도 점점 늘어가고 있다.

본 사업은 첫째, 축적된 조선시대사 연구를 반영한 『조선왕조실록』 전문사전 편찬을 목적으로 한다. 실록 번역서는 1968년부터 25년에 걸쳐 번역이 진행되었기 때문에 많은 문제를 안고 있다. 잘못 번역된 부분뿐만 아니라, 번역 용어에도 문제가 있다. 한글과 한문을 혼용하던 시기에는 굳이 번역하지 않아도 되었던 용어들이 한글 전용 세대에게는 이해되지 않기 때문이다. 이러한 문제 제기로 사실 한국고전번역원에서 『조선왕조실록』 재번역 사업이 시작되었다. 현 번역서에서 범한 오류를 줄이기 위해서는 현재까지의 연구 성과가 반영된 실록전문사전 편찬이 필수적이다. 실록전문사전이라는 공구서를 활용함으로써 역사 전문용어와 현대어로 번역해야 할 용어를 명확히 구분할 수 있어 실록 재번역에 도움이 될 것이다.

둘째, 실록과 관련된 인문학 정보를 총체적으로 담은 실록전문사전을 편찬하고자 한다. 실록 용어는 역사 전공자라고 해서 다 이해되는 것은 아니다. 전통시대의 다양한 분야 전문가가 집필진으로 참여하여서 어느 특정 분야에 치우지지 않는 사전을 편찬함으로써 국내외 조선시대 연구자들이 활용할 수 있는 공구서를 제공하며, 더 나아가서는 문화 산업 종사자나 일반 대중들의 실록에 대한 이해를 심화시킬 수 있을 것이다.

셋째, 세계의 한류 열풍과 관련하여 문화산업 분야와 연계하고 응용이 가능할 수 있는 사전을 편찬하고자 한다. 실록전문사전이라는 공구서를 활용하여 실록을 통해서 조선의 사회, 문화 등을 온전히 이해할 수 있다면, 한류 열풍이 지속될 수 있는 기반이 될 것이다. 조선 사회에 대한 깊은 이해는 단발적인 한류 열풍이 아니라 한국 전통 문화가 국제 사회에 한 맥락으로 자리 잡을 수 있게 될 것이다. 또한 이것은 우리나라 기록문화유산의 활용 모델을 제시하게 될 것이며, 실록에 대한 국제적 관심도 제고하게 될 것이다.

2.3. 사업의 독창성

실록전문사전은 국내에서 처음으로 시도하는 사료 專書事典(Encyclopedia for Sillok Text)이다. 우리나라에도 특정 텍스트만을 위한 사전이 있다. 예를 들면 『토지』와 같은 특정 문학 작품을 대상으로 한 사전이 편찬되었다. 그러나 연대기 사료를 대상으로 한 전문사전은 없었다. 연대기 사료에 대해서는 역주가 이루어지기는 했으나, 전문사전이 편찬된 적은 없다.

연대기 사료에 대한 전문사전은 특정 작품의 전문사전과는 다른 측면이 있다. 작품을 텍스트로 하는 사전은 전문사전에 텍스트의 내용이 100% 반영이 되어서 그 작품의 소스북(Source Book)의 성격을 띤다. 그러나 연대기 사료를 대상으로 한 전문사전은 상황이 다르다. 연대기 자료 내용만으로는 항목의 내용을 작성할 수는 없다. 연대기 내용으로 항목을 설명할 수 있는 것도 있지만, 그러하지 못한 경우가 더 많다. 物名은 사용 빈도는 높지만, 용도나 쓰임을 전혀 알 수 없는 것들도 있다. 이러한 단어는 학계의 연구 내용을 충분히 반영해야만 한다.

따라서 실록전문사전에서 지향하는 것은 단어에 대한 단순한 語義 풀이나 문맥 설명이 아닌 기존 연구 성과를 반영한 전문적인 해설이다. 또한 어떠한 단어는 조선시대뿐만 아니라 다른 시대에도 사용된 것들도 많다. 이러한 경우에는 어원은 간단히 설명하고, 조선시대를 중심으로 한 설명함으로써 실록의 내용을 심도 있게 이해할 수 있도록 하려고 한다. 시기마다 의미나 내용이 변천되는 제도나 기구에 관련된 단어는 시기에 따른 변천 과정을 반영하여 서술을 하려고 한다.

III. 편찬 내용과 구성

3.1. 사전의 특징

(1) 실록기사 이해를 위해 상세하고 폭넓은 설명이 필요한 용어에 대해 관련사료와 연구성과를 반영하여 집필하였다.

예) 고립(雇立)의 경우

실록 번역본 주석	대리인(代理人)을 보내 공역(公役)에 근무하게 함.
실록 전문사전	**[정의]** 남의 집에 기식(寄食)하며 그 집주인(雇主)의 부림을 받던 사람 및 임금노동자의 한 형태로 단기간 다른 사람의 집에 고용된 사람. **[개설]** 고공에는 크게 두 가지 유형이 있다. 노동력을 제공하는 대가로 품삯을 받으며 신분적으로도 자유로웠던 임노동자, 흉년 등 특수한 사정을 통해 신분적 예속을 감수하면서 의식주만을 제공받는 앙역고공(仰役雇工)·수양고공(收養雇工) 등 무임(無賃)의 사역인구(使役人口)가 그것이다. 호적대장에 등재된 고공은 후자이다. 호적대장에 등재된 고공은 다시 지역에 따라서 상당한 성격 차이를 보인다.

	[내용 및 특징] 고공은 대체로 양인 신분을 주축으로 형성되었으며, 여기에 다소의 외거노비가 포함되어 있었다. 이들은 생산수단인 토지를 소유하지 못했거나 매우 빈약하게 소유한 상태에서 스스로 고공에 투신하였다. 대체로 경제적인 요인에 의해서 고공이 된 것이다. 임노동자로서의 고공은 신분적 예속관계 아래 놓여 있지 않았다. 그러나 남의 집에 기식하며 그 집주인의 부림을 받던 앙역고공이나, 부모를 잃어버린 어린아이로서 고공이 된 수양고공의 경우는 강한 인격적 예속관계 아래 있었다. 관권이나 권세가의 권력에 의해서 양인이 자신의 의지와는 관계없이 고공으로 전락한 유형, 곧 특수고공은 함경도 지방에 많았는데, 역시 강한 예속 관계 아래 있었다. 앙역고공·수양고공·특수고공은 모두 무임의 사역인구에 속하였다. 임노동자 고공은 신분적으로 자유로우며, 품삯을 받는 조건으로 고용노동에 종사하였다. 반면 신분적으로 자유롭지 못한 앙역고공·수양고공·특수고공은 의식주만을 제공받을 뿐, 품삯을 제공받지 못했다. 호적대장에 등재된 고공은 후자, 곧 무임의 사역인구로서의 고공이었다. 무임의 사역인구로서의 고공은 신분상으로는 대체로 양인에 속했다. 따라서 이들은 고주(雇主)에 의해서 양여 또는 매매, 상속될 수 없었다. 원칙적으로 군역의 의무도 지녔다.
실록 전문사전	**[변천]** 노동력을 제공하는 대가로 품삯을 받으며 신분적으로도 자유로웠던 임노동자 고공은 조선후기 농업 생산력이 발전하고, 농민층 분화가 이루어진 가운데 그 비중이 점차 늘어났다. 이들은 호적대장에 반영되지 않았다. 호적에 등재된 고공은 18세기 중반 이후 대체로 여성화·연소화의 경향을 보였다. 단시 농촌사회에서 노동력이 집중적으로 필요한 시기에는 단기간 임노동자 고공을 단기간 고용할 수 있었을 것이다. 영농 이외의 잡역에서는 여성 고공이 효율적이어서, 이처럼 고공의 여성화가 이루어진 것으로 보인다. **[의의와 평가]** 고공의 노동력은 노비의 노동력을 대체·보완하는 기능을 하였다. 조선후기 들어 노비노동이 점차 해체의 길에 들어섬으로써, 점차 고용노동의 비중은 증대하였다. 그 과정에서 임노동자 고공으로부터 신분적 예속성을 지닌 무임의 사역인구로서의 고공에 이르기까지 다양한 유형의 고공층이 과도기적으로 존재한 것이나, 결국 고용노동으로의 발전과정에 흡수되었다. **[참고문헌]** 金容燮, 『朝鮮後期農業史硏究-農業變動·農學思潮-』, 일조각. 1971. 朴成壽, 「雇工硏究」, 『史學硏究』8, 1964. 韓榮國, 「朝鮮後期의 雇工」, 『歷史學報』81, 1979. 朴容淑, 「18, 19세기의 雇工-慶尙道 彦陽縣戶籍의 分析」, 『釜大史學』7, 1983.

	姜勝浩,「朝鮮前期 雇工의 類型과 그 性格」,『實學思想研究』5·6, 1995. 이정수·김희호,「17-18세기 雇工의 노동성격에 대한 재해석」,『경제 사학』47, 2009.

(2) 조선시대 사실에 집중하여 설명하였다.

예) 낙양춘(洛陽春)의 경우

	고려 때 중국 송나라에서 들어온 사악(詞樂)의 하나. [개설] 〈기수영창지곡 其壽永昌之曲〉이라고도 한다.《고려사》악지(樂志) 당악조(唐樂條)에 가사가 실려 있다. 　사창 아직 밝아오지 않았는데 　꾀꼬리소리 들려온다 　혜초 피우는 향로에 남은 향줄기 다 타 버렸다 　비단 병풍 깁방장으로 봄 추위 겪어 왔는데 　간밤중 삼경에 비가 내렸다……. (차주환 역) 그러나 조선 후기에 편찬된 것으로 추정되는《속악원보 俗樂原譜》에 는 가사는 없이 악보만 실려 있다. 이처럼 오랫동안 가사가 빠진 기악곡으로 전해 오다가 1960년 이혜구 (李惠求)의〈낙양춘고 洛陽春考〉에서 그 악보에 가사가 붙여진 이후 대규모의 기악 반주 합창으로 종종 연주되고 있다. 가사는 5언이나 7 언의 일정한 자수(字數)로 되어 있지 않고 한 구가 7언·5언·6언·7언 으로 이루어진 불규칙한 시형으로 되어 있으며, 이런 시를 사(詞) 또 는 장단구(長短句)라고도 부른다. 《속악원보》권4에 실려 있는〈낙양춘〉악보의 경우, 가사의 한 구는 정간보(井間譜) 8행에 쓰여 있고 절반인 4행마다 규칙적으로 박(拍)이 들어가지만,《속악원보》권6의〈낙양춘〉악보와 현행〈낙양춘〉의 경우에는 장단이 불규칙한 무정형(無定形) 절주로 연주된다. [음악적 특성] 이 곡의 음악적 형식은 후단 첫째 구만이 환두(換頭)라고 칭하고 후단 둘째 구 이하는 전단 둘째 구 이하와 같은데, 그 부분을 환입(還入)이 라 칭하는 까닭에 도드리형식이라고 할 수 있다. 즉,〈낙양춘〉은 A· B·C·B의 형식으로 되어 있다. 현재의〈낙양춘〉은 첫머리부터 환두 까지가 43마루(슘)로 구성되어 있고, 각 마루의 길이는 일정하지 않 다. 편성 악기는 당피리·대금·당적·해금·아쟁·장구·좌고·편종·
실록 전문사전	

	편경 등이다. 현행 〈낙양춘〉의 음계는 7음계로 황(黃 : c)·태(太 : d)·고(姑 : e)· 중(仲 : f)·임(林 : g)·남(南 : a)·응(應 : b)이다. 첫머리에서 환두가 지의 연주 소요 시간은 약 7분이며, 곡의 속도는 전체적으로 느려서 (♩ = 45) 가사의 내용이 애절한 데 비하여 음악은 장중한 편이다. [참고문헌] 洛陽春考(李惠求, 韓國音樂序說, 서울大學校 出版部, 1967).
실록 전문사전	[정의] 고려시대에 송나라에서 들어온 사악(詞樂)의 하나. [개설] 〈낙양춘〉은 송나라의 구양수가 지은 산사(散詞)이며, 11~12세기에 고려에 전해졌다. 이후 조선시대에는 우방(右坊)에서 당악(唐樂)으 로 연주되었으며, 『속악원보』에 그 악보가 전한다. [내용 및 특징] 『고려사』「악지」에 전하는 송나라의 사악 중 산사는 가무희에 편입 되어 노래로 불린 것이 아니라 관현악 반주에 한시를 노래하는 성악 곡이었다. 사(詞)음악은 각 싯구의 길이가 불규칙하기 때문에 '장단 시(長短詩)'라고도 하며, 미전사(尾前詞)와 미후사(尾後詞)로 이루어 져 있다. 〈낙양춘〉의 시 역시 그러하다. ##도표1_00001175_낙양춘 시어의 구조(생략) 〈낙양춘〉의 시를 보면, 미전사와 미후사 모두 1구와 3구는 일곱 글 자로 구성되었고, 2구는 다섯 글자, 4구는 여섯 글자로 글자 수에 규 칙성이 없으나, 음악적으로 볼 때 4글자마다 박이 규칙적으로 들어 가 있기 때문에, 8박으로 구성된 시 1행의 음악은 일정한 길이로 연 주되었다. 따라서 8박의 틀 안에 모자라는 글자는 음을 다음 박까지 길게 끌어 노래하게 된다. 그러나 조선시대에는 〈보허자〉와 달리 별 다른 향악화 과정을 거치지 않았으며, 가사 없이 관현악곡으로 연주 되었다. 조선시대에 조회와 연향에서 사용된 〈낙양춘〉의 악기편성을 살펴보 면, 우선 그 곡이 당악이기 때문에 주선율은 당피리가 담당하며, 편 종·편경·대금·당적·해금·아쟁·좌고·장고로 편성되므로, 황종 의 음고는 향악의 것과 달리 C음에 가깝다. 『속악원보』 권4에 실려 있는〈낙양춘〉 악보를 살펴보면, 그 음계는 황종·태주·협종·중려· 임종·남려·응종의 7음계이며, 협종(仲→夾)과 응종음(南→應)은 한 번 씩만 출현한다. 협종과 응종음을 빼면 황종-태주-중려-임종-남려 의 5음음계 황종 평조로 보이나, 한번이라도 출현하는 협종음과 응 종음으로 인해 당악적인 맛을 느끼게 한다. 『조선왕조실록』에서의 〈낙양춘〉은 두 가지 용도로 사용되었다. 그

**실록
전문사전**

중 하나가 바로 중국 사신을 위한 잔치에서 사용된 경우이다. "지금부터 중국 사신에게 위로연[慰宴]을 베풀 때에 정재(呈才)가 없고 술만 마실 때는, 낙양춘·환궁악(還宮樂)·감군은(感君恩)·만전춘(滿殿春)·납씨가(納氏歌) 등의 곡조(曲調)를 서로 틈틈이 바꿔가면서 연주하도록 하라."[『세종실록』 24년 2월 22일]고 한 것처럼 조선에 온 중국 사신을 위로하기 위해 중국 스타일의 음악을 연주하게 한 것으로 보인다.

또 다른 하나는 고취악으로 사용한 것이다. 고취악으로 사용된 〈낙양춘〉은 조회와 연향에서 보인다. 조회에서 사용한 경우는, 세자가 조참을 받을 경우이다. 즉, 세자가 출궁할 때에는 당악인 〈오운개서조(五雲開瑞朝)〉의 미후사 부분만을 연주하고(『세종실록』 27년 2월 2일) 신하들이 배례할 때에는 당악 〈수룡음(水龍吟)〉을 연주하며, 입궁할 때에 당악 〈낙양춘〉을 연주하게 하였다. 또한 악기는 방향(方響) 2, 당비파(唐琵琶) 4, 통소(洞簫)·아쟁(牙箏)·대쟁(大箏) 등이 각각 2, 피리[觱篥]가 4, 당적(唐笛) 2, 대금(大芩) 2, 장고(杖鼓) 4, 북[鼓] 1이며, 악공의 수는 악기의 수에 따라 25인이 배치되었다. 그러나 이러한 악대의 수는 조선 후기에 조금 변화가 있었다. 즉, 순조대의 기록에는 방향·당비파·통소·아쟁이 각 2, 피리 4, 당적 2, 대금 2, 장고 4, 북 1로 당비파의 수가 반으로 줄고, 대쟁이 빠진 21개의 악기로 연주되었다.

##도표2_00001175_조선 전기와 후기의 〈낙양춘〉 연주 악기 비교(생략)

[의의와 평가]

〈낙양춘〉은 고려시대에 들어온 중국의 사악 중 하나이며, 〈보허자(步虛子)〉가 향악화의 과정을 거치면서 조선식으로 변한 것과는 달리 〈낙양춘〉은 향악화되지 않은 채 연주되는 당악이다. 또한 정작 중국에서는 사악이 문헌으로만 존재하는 데 비해, 조선에서는 연주되었던 음악의 실체를 악보를 통해 확인할 수 있기에 그 의의는 더욱 크다고 하겠다.

[참고문헌]

『世宗實錄』, 『純祖實錄』, 『高麗史』, 『俗樂源譜』
송방송, 『증보 한국음악통사』, 민속원, 2007.

(3) 시기에 따른 변천을 통시적으로 반영하여 서술하였다.

예) 제마수(齊馬首)의 경우

고전 용어사전	3관 곧 성균관·예문관·교서관의 諸員이 까닭 없이 두 번 결석했을 때에 그 사람을 말머리와 나란히 서서 나아가게 하던 벌의 일종.
실록 전문사전	[정의] 잘못을 저지른 관원에게 말고삐를 쥐고 말머리와 나란히 가게 함으로써 모욕을 주는 관청의 벌. [개설] 제마수(齊馬首)는 글자 그대로 말머리와 나란히 한다는 뜻인데, 두 사람이 말을 나란히 타고 가는 상황일 때에 동행의 의미를 갖고, 한 사람이 말을 몰고 갈 때는 행제마비(行齊馬轡), 즉 노비처럼 말고삐를 쥐고 말머리와 나란히 간다는 뜻이 함축되어있기 때문에 모욕감을 주는 벌의 종류임을 나타낸다. 회마수(回馬首)는 두 사람이 제각기 다른 방향에서 말을 타고 오다가 서로 만나면 벼슬자리가 낮은 사람이 말머리를 돌려 길을 비켜서는 것을 말한다. 양반들의 통행 수단이 주로 말이었기 때문에 이와 관련한 예의와 풍속이 생겨났다. 제마수 역시 이러한 배경에서 생겨난 벌칙이지만 쓰임에 따라 ①잘못을 저지른 관원에게 말고삐를 쥐고 말머리와 나란히 가게 함으로써 모욕을 주는 관청의 벌, ②생원진사 입격자 중 재력이 있는 집에서 장원한 자와 동행(同行)으로 유가(遊街)하는 조건으로 입격자들을 집으로 초대하여 베푸는 잔치, ③향촌에서 향약을 어긴 상계원(上契員)에게 말머리와 나란히 가게 하여 모욕을 주거나 아니면 이를 대신하여 계원들에게 음식 등으로 향응을 베풀게 하는 벌 등으로 서로 다른 의미를 가졌다. 이 중 두 번째와 세 번째의 의미는 첫 번째에서 변화된 것으로 볼 수 있다. 『추관지』「잡의(雜儀)」중 낭관청헌이란 항목에 "정랑과 좌랑이 길에서 만나면 좌랑이 말을 피해야 하고, 그렇지 않으면 예의를 담당한 서리가 공사를 담당한 정랑에게 고하여 말머리와 나란히 나아가게 한다."라고 하였고, "공식적인 모임에서 정랑이 들어온 다음 좌랑이 뒤늦게 들어왔을 때 그날로 말머리와 나란히 나아가게 한다[馬頭齊進(마두제진)]."라고 하였다. 걷는 사람을 말머리와 나란히 나아가게 하는 것은 말몰이꾼처럼 행동하게 하여 수치감을 주기 위해서다. 향촌 공동체에서 제마수라는 벌을 내릴 때는 모욕을 주기 위한 것이지만, 대개는 제마수연(齊馬首宴)이라고 하여 이를 음식 향응으로 대신할 수 있는 장치를 마련하였다. [연원 및 변천] 제마수 벌칙은 이미 조선 초기에 관청에서 행해졌다. 1407년(태종 7)

| | 11월 25일에 삼관(三館), 즉 성균관·예문관·교서관 유생들이 의정부에 잡과 출신자들과의 차이를 인정해 달라고 건의한 기사 내용의 일부다. "제원(諸員)이 까닭 없이 한 번 불참한 자는 치부(置簿)하여 과(過)를 기록하고, 두 번 불참한 자는 벌로서 가볍게 제마수를 행하고, 세 번 불참한 자는 중하게 제마수를 행한다고 하였으니, 이것은 진실로 권학하는 훌륭한 방법입니다."[『태종실록』 7년 11월 25일] 이 기사에서는 위의 세 가지 정의 중 두 번째나 세 번째 정의로 변형되었을 가능성은 없어 보인다.

다음의 중종 때와 명종 때의 기사는 제마수에 관한 두 번째 정의, 즉 재력이 있는 집 출신의 입격자가 장원한 자와 말머리를 같이하고 유가하는 조건으로 함께 입격한 자들을 집으로 초대하여 베푸는 잔치의 사례다. 1535년(중종 30) 3월 19일에 조정을 비방한 신급제자 유경인(柳敬仁)과 진우(陳宇)의 공초(供招) 내용 중 "진우가 사적으로 장임중이란 자를 다그쳐 허항(許沆)의 하인 집에서 거의 예닐곱 번에 이르도록 벌레연을 행하였고, 후에 이로 해서 함께 입격한 자들끼리 행하는 제마수연 행사를 면하였으니 사풍(士風)에 크게 관계된다."[『중종실록』 30년 3월 19일]는 기사는 과거와 관련한 제마수연 관행을 나타낸다.

다음날, 즉 1535년(중종 30) 3월 20일에 대사헌 허항 등이 유경인 등의 일에 자신들이 연루된 것을 해명하면서 자신이 홍문관의 관원으로 있을 때 동료들 간의 사습(士習)으로 처음 생원이 되면 제마수연을 방중(榜中)의 집에서 베푸는 것이 상례였다고 하였다.[『중종실록』 30년 3월 20일]

1548년(명종 3) 2월 12일의 기사에도 덕옹이란 사람의 신은(新恩), 즉 처음 과거 급제 때 그 집에서 제마수를 행한다기에 그의 집에 한 번 갔다 왔을 뿐이라고 하여 이것 역시 과거 급제자들 간에 행해졌던 향응 관행이었음을 알 수 있다.[『명종실록』 3년 2월 12일]

정극인(丁克仁)의 『불우헌집』(권 1)에는 태인현에 사는 유학자들에게 부치는 [寄泰仁諸儒(기태인제유)] 시가 있다. 그 중에 "古縣宜乎齊馬首 人問甲子誤相知(고현차호제마수 인간갑자오상지)."라고 하여 유서 깊은 고을에서 제마수를 행하는 것은 서로의 나이를 잘 모르기 때문이라는 구절이 나온다.

이에 대해 이재(頤齋) 황윤석(黃胤錫)은 "每生員進士之新榜也 必擇其中家力有裕者 使之供饌與同榜人 出街得與壯元並行 故稱以齊馬首(매생원진사지신방야 필택기중가력유유자 사지공찬동방인 출가득여장원병행 고칭이제마수: 생원·진사 입격자 발표가 나면 그중 세력과 재력이 있는 집을 택하여 함께 입격한 자들에게 음식을 베풀게 하고 거리를 돌 때 장원과 나란히 하게 하는 것을 제마수라 불렀다)"라고 주를 달았다.

[내용]
『성호선생전집』(권 65)에 좌의정춘성부원군남공묘지명(左議政春城府院君南公墓誌銘), 즉 남이웅(南以雄)의 묘지명이 실려 있다. 남이웅은 의령남씨 집안으로 1575년 3월 25일에 태어났다. 1606년에 진사 시험 |
|실록
전문사전| |

실록 전문사전	에 일등을 하여 잔치를 열었는데 속칭 이것을 제마수회(齊馬首會)라고 하였다고 한다. 『율곡선생전서』(권 16)의 「잡저」 중에 조선 후기 향약의 기간이 되는 해주일향약속(海州一鄕約束)이 있다. 이 향약 조목 중 과실상규(過失相規)에 4가지 등급의 벌목이 나온다. 그중 상벌(上罰)은 손도(損徒)인데, 이것은 상벌이 내려진 사람에 대해 공동체나 조직에서 일정 기간 향원 자격을 정지시키고 일체 말을 건네지 않고 도움도 주고받지 않는 등 기본적인 사회 교류를 하지 않음으로써 따돌리는 중한 벌이다. 그러나 손도라는 상벌이 내려졌지만 만약 당사자가 잘못을 뉘우치면 사연(謝筵)을 열 수 있도록 허가한다고 하였다. 손도를 면해 줄 사연에 제공할 음식으로는 과일 5가지 이상, 탕 3가지 이상을 내야하며 모임 참가자는 10명이 넘어야 해손(解損), 즉 손도에서 풀려나도록 허락한다는 조건이다. 이 역시 해손의 사례처럼 10명 이상이 모임에 참가해야 하고 향헌유사(鄕憲有司)가 날을 잡으며 향중선생(鄕中先生), 즉 지방관으로 덕이 있고 존경할 만한 사람이거나 70세 이상인 성원이 있으면 주인이 직접 나아가 청하고 그 외에는 통문을 돌려 빠진 자가 없도록 알린다. 그밖에 중벌(中罰)은 만좌(滿座)한 가운데 면책(面責)을 하고 이때 타이르는 말을 하여 잘못을 깨우친다. 하벌(下罰)은 모임 때 술 한 동이와 별미 일색을 제공하는 것이다. [생활·민속 관련 사항] 1741년(영조 17) 2월 14일 『조선왕조실록』기사를 보면 제마(齊馬), 즉 말머리를 같이하는 것이나 회마(回馬), 즉 말머리를 돌리는 것 등이 일상생활에서 중요한 예의의 기준임을 알 수 있다. 즉 의정부의 관속이 "宗臣不可與大臣齊馬首(종신불가여대신제마수: 종신은 대신과 말머리를 나란히 할 수 없다)"라고 하자 종신이 이에 반발한 것이나, 교자(轎子)를 멈추고 근신하자 말머리를 돌려 길을 양보하였다는 등의 내용이 그러하다. 즉 제마수는 일상에서 일어날 수 있는 상황이 동급(同級), 또는 동항의 의미로, 또는 굴욕의 의미로, 나아가서는 굴욕을 행하는 대신 베푸는 향응이란 뜻으로 변형되어간 것이다. [참고문헌] 『朝鮮王朝實錄』, 『秋官志』, 『不憂軒集』(丁克仁), 『栗谷先生全書』, 『星湖先生全書』 김용덕, 『향청연구』, 한국연구원, 1978. 정구복, 「고문서 용어풀이 -제마수(齊馬首), 손도(損徒)-」, 『고문서연구』5, 1994. 정승모, 「조선후기 지역사회구조 연구」, 한국학중앙연구원 학위논문, 2007.

(4) 제도, 사건 등과 같이 변천이 중요한 항목의 경우 실록의 전거
를 제시하였다.

예) 인수부(仁壽府)의 경우

실록 전문사전	**[정의]** 조선 초기 태종이 세자였을 때와 상왕이 되었을 때 그를 위해 설치한 관서. **[개설]** 인수부는 1400년(정종 2) 정종이 아우인 방원(芳遠)을 세자로 책봉하고 세자를 위한 관서로 설치되었다가[『정종실록』2년 2월 4일] 방원이 태종으로 즉위함에 따라 혁파되었다. 그 후 세종이 즉위하면서 상왕으로 물러난 태종의 지대를 위해 세자부(世子府)였던 순승부(順承府)가 인수부로 개칭되면서 복구되었다[『세종실록』즉위년 8월 18일]. 태종이 홍서한 후에도 폐지되지 않고 존속되다가 운영되다가 세조말에 혁거되었다. **[설립 경위 및 목적]** 고려시대부터 왕이 양위하거나 세자가 책봉되면 부(府)를 설치하여 퇴위한 왕이나 세저를 봉공(奉供)하는 일을 맡겼다. 그 중 인수부는 세자로 책봉된 정안공 이방원을 지대하기 위한 세자부로 설치되었다. 인수부는 세자와 관련된 전령·거마·의복·공궤뿐만 아니라, 토지·노비 등의 재산까지 관리하였다. 인수부는 태종대에 혁파되었다가 태종이 세종에게 양위하고 상왕으로 물러난 뒤에 다시 설치되어 상왕부로 기능하면서 상왕의 전명과 지대제사를 관장하였다. 이때에는 특히 상왕 태종과 세종 사이의 의견 전달이 중요한 임무였다. 아울러 상왕의 비인 태종비(太宗妃)를 위해 별도로 경창부(慶昌府)가 설치되어 운영되었다. **[조직 및 역할]** 태종이 세자였을 때의 인수부 조직은 알 수 없다. 그러나 태종이 상왕이었을 때의 인수부에는 부윤(府尹) 2명, 소윤(小尹)·판관(判官)·승(丞)·부승(副丞) 각 1명이 설치되어 있었다. 이후 승 1명과 겸승(兼丞) 1명, 그리고 영사(令史)로 실직 5명과 예비직 5명을 늘렸고, 반면에 부윤 1명이 감축되었다. **[변천]** 세종 즉위와 함께 설치된 인수부는 그 기능은 변화가 없었지만 관직은 승 1명과 겸부승 각1직이 증치, 부윤 1직이 감소, 겸소윤 1직이 각각 증감되는 개변능 겪으면서 운영되었다. 일반적으로 인수부와 같은 특별 관서는 해당 인물이 사망하거나 신분 변동이 생기면 혁파

실록 전문사전	하는 것이 관례였다. 그러나 인수부의 경우는 태종의 사후에도 그대로 존치되다가 1455년(세조 1)에 단종이 세조에게 양위하고 상왕이 되자 인수부는 덕녕부(德寧府)로 개칭되어 단종에게 공상(供上)하는 일을 담당하였다. 그 2년 후 단종이 노산군(魯山君)으로 격하되어 영월에 유배될 때 덕녕부가 다시 인수부로 바뀌면서 계승되었다가 1465년 용관혁거 등 관제개변 때에 혁거되면서 소멸되었다. 태종 사후 인수부의 기능은 명확하지 않지만 세종대에는 관아성격이 변질되면서 내자시(內資寺)·내섬시(內贍寺)와 같이 왕실의 어고(御庫) 역할을 했던 것으로 보인다. 그리하여 인수부가 소유한 토지와 노비 등을 관리하고, 소유한 미포(米布)를 팔기도 하였다. 또한 외국에서 사신이 오면 이들에 대한 판비를 담당하거나, 중국에 진헌할 세마포(細麻布)와 면주(綿紬)를 직조하는 경우도 있었다. 이 같은 일을 담당하기 위해 선상노비(選上奴婢)가 배치되어 사역하였는데, 기록에 의하면 세종대에 인수부에 속한 선상노비가 80명에 이르기도 하였다[『세종실록』8년 11월 5일]. 세종대 이후 인수부는 세종대와 마찬가지로 왕실의 어고 역할을 담당했을 것으로 생각된다. 한편 태종 사후 인수부의 관직은 그 변천상을 알 수 없다. 그런데 1465년에 혁거된 인수부의 관직과 재물을 모두 군자감(軍資監)으로 이속하였고[『세조실록』11년 2월 22일], 다음해의 관제 개변시에 종5품 판관 1직이 증치되었음에서[『세조실록』12년 1월 15일] 부윤과 소윤은 이미 관아기능의 변질과 함께 혁거되고 판관 이하 만 존치되어 계승된 것으로 추측된다. [참고문헌] 최정환, 『역주『고려사』백관지』, 경인문화사, 2006. 한충희, 『조선초기의 정치제도와 정치』, 계명대학교출판부, 2006.

(5) 용어의 중요성과 연구 성과를 반영하여 집필 매수는 차등 적용
하였다.

실록전문사전의 집필 매수는 소항목, 중항목, 대항목으로 구분되
며, 집필 매수는 5매~30매 내외로 하였다. 소항목인 경우 5매~10매,
중항목 10매~20매, 대항목인 경우에는 20매 이상으로 하였다. 현재
집필된 항목은 평균 10매 내외가 주류를 이루고 있으며, 대항목이라
도 인터넷 사전이란 점을 감안하여 최대한 25매 이하로 집필하도록
제한하고 있다.

3.2. 작업내용

3.2.1. 실록전문사전 항목 집필

내용 \ 단계		1단계(3년)	2단계(3년)	3단계(4년)	합계
집필 후보 항목 개발	전문 용어	33,000항목			33,000항목
	고유 명사	65,000항목			65,000항목
콘텐츠 생산 (집필·교열·태깅)	전문 용어	20,000매 (2,300항목)	약 40,000매 (약 3,600항목)	약 51,000매 (약 4,800항목)	약 111,000매 (약 10,700항목)
	고유 명사	6,500매 (590항목)	약 12,600매 (약 1,000항목)	약 16,800매 (약 1,200항목)	약 35,900매 (약 2,790항목)
집필 분야	전문 용어	정치, 경제, 문화, 생활민속, 교육출판	정치, 경제, 문화, 사회, 왕실	정치, 사회, 문화, 생활 민속	
	고유 명사	인물, 연호	인물	인물, 지명, 작품	

　실록전문사전은 백과사전 편찬을 다년간 수행해 온 한국학중앙연구원과 실록사전 인물 색인집을 편찬한 바 있는 세종기념사업회가 컨소시엄 형태로 협업을 하고 있다. 한국학중앙연구원에서는 정치, 경제, 사회, 문화 등 전반에 걸친 전문용어에 대한 항목 생산을 담당하고, 인물, 연호, 지명, 작품 등과 같은 고유명사 항목은 세종기념사업회에서 항목 생산을 담당하고 있다.

　1단계 3년은 사전 후보 항목을 개발하고, 항목 집필을 수행하기 시작하고, 2단계와 3단계에는 원고 생산에 주력하여 전문용어는 약

10,000항목 111,000매 정도를, 고유명사는 약 3,000항목 35,900매 정도를 생산하는 것을 목표로 작업하고 있다.

3.2.2. 연계응용기술 개발

실록전문사전은 인터넷사전으로 편찬될 예정이다. 그러므로 인터넷사전의 체제에 맞는 분류체계와 템플릿을 개발하고, 실록원문, 국역문 및 『한국민족문화대백과사전』 등을 유기적으로 결합시킨 하이퍼텍스트 기반의 종합적 연구편찬물을 사이버공간상에 구축·운영하고자 한다. 작업 내용은 1단계 3년 동안 인터넷사전의 프레임 워크를 개발하고, 사전편찬지원 시스템을 개발하였다. 2단계에서는 개발된 사전편찬지원 시스템을 사용하면서 효율성을 높이기 위해서 시스템을 지속적으로 수정·보완하였다. 또한 인터넷서비스 시스템을 개발하여 인터넷서비스 환경을 마련하고, 최적의 서비스를 위한 개선작업을 추진하고 있다. 3단계에서는 관련 항목을 링크시키기 위한 기초 작업, 국사편찬위원회의 실록사이트와의 양방향 연계, 그리고 다른 사전과의 연계도 시도하여 이용자의 편이를 제공할 예정이다.

단계 내용	1단계(3년)	2단계(3년)	3단계(4년)
전문사전 전자텍스트 프레임 워크 개발	분야분류 체계 유형별 집필 형식		
편찬지원 시스템 개발	- 전문사전 　편찬지원시스템 - 전문사전 　통합관리시스템	- 실시간 편찬체제 강화 * 콘텐츠 생성, 수정기능 보완 * 항목간 연계정보 관리기능 강화 * 분류, 시소러스를 위한 　메타데이터 관리 기능 강화	편찬지원 시스템 관리

단계 내용	1단계(3년)	2단계(3년)	3단계(4년)
서비스 시스템 개발	테스트 서비스	– 인터넷서비스 시스템 * 검색, 디렉토리 서비스, 　색인서비스 등 일반기능 구현 * 쌍방향 콘텐츠 연계 　Open API 표 준개발 * 테마 서비스 시범 구축 * 이용자 편의를 위한 　포털 사이트 검색 결합 * 실록 원문 및 번역문 활용을 　위한 연계 서비스 강화	인터넷서비스 시스템 관리

1) 분야별 분류 체계

대분류		중분류	소분류
1	정치 (政治)	행정(行政)	관청(官廳)
			관직(官職)/관품(官品)
			관속(官屬)
			문서(文書)/행정용어(行政用語)
			정책(政策)
			인신(印信)/패(牌)/표(表)
			행정구획(行政區劃)
		인사(人事)	선발(選拔)
			임면(任免)
			관리(管理)
			녹훈(錄勳)
		사법(司法)	법제(法制)
			재판(裁判)
			행형(行刑)
			치안(治安)
			죄목(罪目)

대분류	중분류	소분류
	군사(軍事)/국방(國防)	병참(兵站)
		방어시설(防禦施設)
		통신(通信)
		병법(兵法)/훈련법(訓練法)
		병기(兵器)
		전쟁(戰爭)
		편제(編制)
	외교(外交)	사행(使行)
		접빈(接賓)
		외교문서(外交文書)
		외교사안(外交事案)
	정치운영 (政治運營)	정쟁(政爭)
		정론(政論)
		통치행위(統治行爲)
	언로(言路)	
2 경제 (經濟)	재정(財政)	전세(田稅)
		공물(貢物)/진상(進上)
		역(役)
		잡세(雜稅)
		창(倉)/늠(廩)/고(庫)
		군자(軍資)
	물가(物價)/금융(金融)	
	산업(産業)	농업(農業)
		상업(商業)/무역(貿易)
		수산업(水産業)
		광업(鑛業)
		수공업(手工業)
	무역(貿易)	
	전제(田制)	

대분류	중분류	소분류
	교통(交通)	육운(陸運)
		수운(水運)
		마정(馬政)
	도량형(度量衡)	
3 사회(社會)	친족(親族)	
	향촌(鄕村)	취락(聚落)
		지방자치(地方自治)
		사회조직(社會組織)
		계(契)
	사회구성원(社會構成員)	양반(兩班)
		중인(中人)
		평민(平民)
		천민(賤民)
	호구(戶口)	호적(戶籍)
		호패(號牌)
	보건(保健)/복지(福祉)	구휼(救恤)
		의료정책(醫療政策)
4 문화(文化)	인문학(人文學))	역사(歷史)
		지리(地理)
		어문학(語文學)
		유학(儒學)
		서학(西學)
		율학(律學)
	과학(科學)	천문(天文)
		역법(曆法)
		산학(算學)
		재이(災異)/기상(氣象)
	의학(醫學)/약학(藥學)	병명(病名)
		병세(病勢)
		약재(藥材)
		처방(處方)

대분류	중분류	소분류
	예술(藝術)	음악(音樂)
		미술(美術)
		연극(演劇)
		정재(呈才)
		건축(建築)
	종교(宗敎)	민간신앙(民間信仰)
		불교(佛敎)
		도교(道敎)
		천주교(天主敎)/기독교(基督敎)
	의례(儀禮)	길례(吉禮)
		흉례(凶禮)
		군례(軍禮)
		빈례(賓禮)
		가례(嘉禮)
		예기(禮器)
5 생활(生活)/풍속(風俗)	의생활(衣生活)	의복(衣服)
		관모(冠帽)
		대(帶)
		이(履)
		직물(織物)
		제구(諸具)
	식생활(食生活)	음식(飮食)
		식기(食器)
	주생활(住生活)	이동수단(移動手段)
	교화(敎化)	
	풍수(風水)	
	풍속(風俗)	놀이
		(행사行事)
6 교육(敎育)/출판(出版)	교육기관(敎育機關)	성균관(成均館)
		사부학당(四部學堂)
		향교(鄕校)
		서원(書院)

대분류	중분류	소분류
		교과내용(教科內容)
		인적구성원
	출판(出版)	인쇄(印刷)
		서책(書冊)
		종이
7 왕실 (王室)	왕실구성원 (王室構成員)	왕(王)
		세자(世子)
		비(妃)
		빈(嬪)
		종친(宗親)/의친(儀親)
	왕실의례 (王室儀禮)	길례(吉禮)
		흉례(凶禮)
		군례(軍禮)
		빈례(賓禮)
		가례(嘉禮)
		예기(禮器)
	왕실건축 (王室建築)	능(陵)/원(園)/묘(墓)
		궁궐건축물(宮闕建築物)

2) 유형별 집필형식(상세정보 및 본문 소표제)

① 개념용어

유형별 상세정보	
본문	1. 정의 2. 개설 3. 내용 및 특징 4. 변천 5. 의의

② 법제/정책

유형별 상세정보	1. 시행시기 2. 시행기관
본문	1. 정의 2. 개설 3. 제정 경위 및 목적 4. 내용 5. 변천 6. 의의

③ 사건

유형별 상세정보	1. 발생시기 2. 발생장소 3. 관련인물/집단
본문	1. 정의 2. 개설 3. 역사적 배경 4. 발단 5. 경과 6. 의의

④ 물품/도구

유형별 상세정보	1. 용도 2. 재질 3. 관련 의례
본문	1. 정의 2. 개설 3. 연원 및 변천 4. 형태 5. 생활·민속 관련 사항

⑤ 의식/행사

유형별 상세정보	1. 시작 시기 2. 시행시기 3. 시행기관 4. 시행장소
본문	1. 정의 2. 개설 3. 연원 및 변천 4. 절차 및 내용 5. 생활·민속 관련 사항

⑥ 놀이

유형별 상세정보	1. 시기 2. 장소 3. 관련 의례·행사
본문	1. 정의 2. 개설 3. 연원 및 변천 4. 놀이도구 및 장소 5. 놀이 방법 6. 생활·민속 관련 사항

⑦ 음식

유형별 상세정보	1. 재료 2. 관련 의례·행사 3. 계절
본문	1. 정의 2. 개설 3. 연원 및 변천 4. 만드는 법 5. 생활·민속 관련 사항

⑧ 의복

유형별 상세정보	1. 용도 2. 시기 3. 관련 의례·행사
본문	1. 정의 2. 개설 3. 연원 및 변천 4. 형태 5. 용도 6. 생활·민속 관련 사항

⑨ 인물

유형별 상세정보	1. 이칭(자, 호, 봉작호, 시호) 2. 성별 3. 생년/일 4. 몰년/일 5. 본관 6. 출신지 7. 관력 8. 가족관계(부, 조, 외조[모], 장인[처], 형제)
본문	1. 정의 2. 개설 3. 가계 4. 활동 사항 5. 학문과 사상 6. 저술 및 작품 7. 묘소 8. 상훈 및 추모

⑩ 지명

유형별 상세정보	1. 이칭 2. 관할지역 3. 형성 시기
본문	1. 정의 2. 개설 3. 명칭 유래 4. 자연 환경 5. 형성 및 변천 6. 위치 비정 7. 관련 기록

⑪ 건축/능·원·묘

유형별 상세정보	1. 건립시기/일시 2. 장소 3. 규모(정면/측면/칸수) 4. 양식 5. 관련 인물
본문	1. 정의 2. 개설 3. 위치 4. 변천 5. 형태 6. 현황

⑫ 약

유형별 상세정보	1. 약재 2. 약효
본문	1. 정의 2. 개설 3. 제조법 4. 효능 5. 생활·민속 관련 사항

⑬ 문헌

유형별 상세정보	1. 저/편자 2. 간행처 3. 간행년/일 4. 권/책수 5. 사용활자 6. 표제 7. 소장처
본문	1. 정의 2. 개설 3. 편찬/발간 경위 4. 서지 사항 5. 구성/내용 6. 의의와 평가

⑭ 작품

유형별 상세정보	1. 유형 2. 작가 3. 제작 시기 4. 제작 지역 5. 소장처
본문	1. 정의 2. 개설 3. 내용 및 특징 4. 의의와 평가

⑮ 집단/기구

유형별 상세정보	1. 설치 시기 2. 소속 관서
본문	1. 정의 2. 개설 3. 설치 경위 및 목적 4. 조직 및 담당 직무 5. 변천 6. 의의

⑯ 자연(현상)

유형별 상세정보	1. 발생 지역 2. 관할 기관 3. 관련 의식
본문	1. 정의 2. 개설 3. 내용 및 특징

⑰ 고사

유형별 상세정보	1. 출전 2. 사건 3. 관련 인물
본문	1. 정의 2. 개설 3. 내용

⑱ 관습

유형별 상세정보	1. 의식 시기 2. 의식 장소 3. 성격
본문	1. 정의 2. 개설 3. 연원 및 변천 4. 내용 5. 생활민속 관련 사항

⑲ 동물/식물

유형별 상세정보	1. 성격 2. 학명 3. 생물학적 분류 4. 원산지 5. 서식지/자생지역/재배지역
본문	1. 정의 2. 개설 3. 형태 및 생태 4. 역사적 관련 사항 5. 생활민속 관련 사항

⑳ 직역

유형별 상세정보	1. 제정 시기 2. 폐지 시기 3. 소속 관서 4. 관품
본문	1. 정의 2. 개설 3. 담당 직무 4. 변천 5. 의의

3.3. 편찬 과정

사전 항목의 생성은 해마다 항목선정→집필→검수→교정, 교열→
검수→태깅→DB 저장 관리의 순으로 진행된다. 사전 편찬 업무는
특정 분야를 전공한 박사 전임연구원이 담당하고 있다. 이들의 업무
는 적정한 항목을 선별하고, 항목과 관련된 전공자에게 집필을 의뢰
하고, 각 단계별 철저한 검수를 담당한다.

전임연구원이 선별하여 선정된 항목은 다시 전공자에게 자문을 구
해서 항목의 적정성, 집필 매수, 집필진 추천을 받는다. 자문 내용을
바탕으로 추천된 집필진의 연구 업적을 검토하여 적임자에게 집필을
의뢰한다. 집필된 원고는 전임연구원의 검수를 거쳐서 실록전문사
전의 체제에 맞도록 수정되고, 적절치 못한 원고는 재집필을 의뢰하
여 항목의 완성도를 높인다.

집필 검수가 끝난 원고는 1차적으로 전문 교정자에게 교정을 의뢰
한다. 전문 교정자란 일반 출판 업무를 담당한 경험이 있는 사람을
말한다. 이들의 업무는 기본적인 교정은 물론 지나치게 어려워서 일
반 대중이 이해하기 어려운 부분은 쉬운 표현으로 바꾸게 하는 것도

포함된다. 전문 교정자의 수정 부분은 다시 담당 전임연구원들의 검
수를 통해서 확정된다. 그 후 다시 전공자에게 교열을 맡겨서 내용의
오류나 문제점을 확인한다. 교열된 원고는 다시 전임연구원이 검수
하여 태깅을 의뢰하게 된다. 태깅이 된 원고는 DB에 저장하고, 관리
한다.

3.3.1. 전체과정

3.3.2. 과정별 세부 업무

집필후보항목선정	• 1. 항목 추출 2. 항목 선정 3. 항목 자문
집필	• 1. 집필항목검토: 자문 2. 집필자 POOL 구성 3. 집필자 선정 4. 집필 의뢰
1단계 검수	• 1. 원고 수합 2. 원고검토 3. 원고 수정 4. 교열 or 재집필 의뢰
교열	• 1. 형식교열 2. 내용교열
2단계 검수	• 1. 교열 원고와 집필 원고 대조 검토 2. 수정 보완 3. 태깅 의뢰
태깅	• 1. XML형식변환 2. 인명, 지명, 서명, 관청, 관직 태깅
DB 저장 및 관리	

IV. 맺음말

이상에서 실록전문사전의 편찬 배경, 목적, 그리고 편찬 내용에 대해서 살펴보았다. 실록전문사전이 10년간의 작업을 거쳐서 인터넷 사전으로서 기능을 할 경우 『조선왕조실록』을 기반으로 한 공구서로서 여러 가지 기대효과를 창출할 것으로 여겨진다.

첫째, 교육적 측면에서 생각한다면, 실록전문사전은 『조선왕조실록』에 담긴 각종 지식과 정보에 대하여 높은 신뢰도를 갖춘 도구서로 기능하여서 청소년들의 전통 문화 이해를 위한 학습서로 활용될 수 있으며, 전통시대에 관한 평생교육 교재로도 이용될 수 있다.

둘째, 연구 측면에서는 기존 조선시대사가 집대성되어 다양한 학문 분야들이 전통문화에 접근할 수 있는 통로가 마련될 수 있다. 또한 이를 통하여 전통문화를 현대화하는 기반이 구축될 수 있으며, 조선시대 관계망이 구축될 것으로 기대된다(인맥, 혼맥, 학맥, 지방 행정 연계망 등).

셋째, 문화적으로는 실록전문사전이라는 완성도 높은 고급 교양물의 제공으로 국가 브랜드가 제고될 수 있다. 그리고 문화산업 분야의 체계화된 원천자료의 제공으로 한국 문화의 세계화가 가속될 수 있을 것이다. 실록전문사전으로 생산된 콘텐츠를 테마별로 서비스할 것 경우 다양한 문화 콘텐츠의 소스도 제공될 수 있다.

『브리태니커 백과사전』의 편찬사와 전망[*]

장경식^{**}

I. 머리말

사전류의 두 가지 큰 갈래인 백과사전과 언어사전은, 각각 인류의 문명사와 함께 개발되어, 사실의 전달과 지식의 집적을 통한 계몽의 도구로 활용되어 왔다. 인쇄술의 발달과 근대정신의 전개에 따라, 전통적인 의미의 백과사전은 기록의 정수로 인정받았고, 서적 편찬에 있어서도 일종의 대표성을 띠기도 했다. 그러나 20세기 후반에 급속도로 확산된 디지털 문화의 발달에 따라, 지식의 집적물인 사전류는 급격한 사용자 환경의 변화를 맞았고, 정체성과 효용에 대한 심각하

---

* 이 글은 졸고, 「브리태니커 백과사전의 구성과 특징」, 『한국사전학』11, 한국사전학회, 2008을 기반으로 하되, 이 모임의 취지에 맞추어 불필요한 부분은 요약 혹은 삭제하고, 전망에 대한 내용을 보완한 글임을 밝힌다.
** 한국브리태니커회사 상무

고 본질적인 고찰이 필요하게 되었다. 이 글은, 이러한 상황의 변화에 따라, 전통적 백과사전 가운데 일정한 역사성과 현재성을 담지하고 있는 『브리태니커 백과사전』의 편찬사를 개괄하고, 변화하는 환경에서 어떠한 전망을 갖고 있는가를 살펴보고자 하는 의도로 씌었다. 이 글에서는 1768년에 처음 간행된 이후 판을 거듭하며 현대까지 이어져 발간되고 있는 『브리태니커 백과사전Encyclopaedia Britannica』, 특히 1974년에 간행되고 1985년에 전면 개정된 15판과, 이 백과사전의 한국어판으로 1994년에 완간된 『브리태니커 세계 대백과사전』의 특징과 구성을 살펴보려 한다.[1] 이 글의 목적에 따라, 브리태니커의 편찬사[2]를 제외하고는, 전통적인 백과사전과 언어사전의 일반적인 특징이나 편찬에 대해서는 논의를 피하고, 되도록 디지털 환경에 의하여 민감하게 영향 받는 특성들에 대해 논구하고자 한다.

II. 『브리태니커 백과사전』

2.1. 편찬 약사

『브리태니커 백과사전』은 1768년 첫 권이 나온 이래, 지속적으로 판[3]을 거듭하면서 가장 최근까지 편찬되었던 백과사전이다.[4]

---

1) 이 글을 쓰기 위해서, 영어판 『브리태니커 백과사전』 및 한국어판 『브리태니커 세계 대백과사전』의 편찬 관련 내부 자료 및 관련 항목, 한국브리태니커회사 (1988) 등의 도움을 받았다.
2) 이 글에서 '브리태니커'는 『브리태니커 백과사전』을 펴내었던 발행의 주체, 혹은 현재 미국 시카고에 본사를 두고 있는 엔사이클로피디어브리태니커사Encyclopaedia Britannica Inc.를 의미한다.
3) 브리태니커의 자체 기준에 의하면, '판edition'은 백과사전의 전체적인 구조의 변화 및 대폭적인 항목의 재집필이 이루어졌을 경우에만 적용한다. 이 밖에 매년 전체

『브리태니커 백과사전』의 초판은 발간 당시에『엔사이클로피디어 브리태니커 예술 과학 사전』이라고도 불렸다. 스코틀랜드 에든버러의 앤드루 벨, 콜린 맥파쿠하가 기획하고, 윌리엄 스멜리가 편찬하여 펴냈다. 1768년 12월에 첫 권이 나오기 시작하여 1771년에 3권으로 완간되었으며, 총 2,689쪽이었고, 인체해부도와 대륙별 세계지도 등 동판화 160점이 수록되었다. 중요한 주제들은 길고 범위가 넓은 논문들로 묶어 정리하고, 전문용어와 그 밖의 주제들에 대해서는 사전 형식의 짧은 항목들로 처리했다. 1777~84년에 출간된 제2판에서는 초판보다 설명이 길어지고, 인명 항목이 추가되었으며, 역사와 지리 항목이 늘어나면서 '예술과 과학'의 범위를 벗어나 본격적인 백과사전으로 편찬되었다. 10권 8,595쪽으로 늘어났다. 1788~97년에 출간된 제3판은 18권 14,579쪽으로 늘어났고, 제4판은 1801~09년에 걸쳐 총 20권 16,033쪽으로 간행되었다. 1830~42년에 출간된 제7판에 이르러 21권 17,101쪽이 되었으며, 이후 중요한 특징이 된 전체 색인이 이때부터 특별부록으로 따로 간행되었다. 1875~89년에 제9판이 간행되었는데, 총 24권에 특별부록이 딸렸으며, 미국의 70여 명, 유럽 각국의 60여 명 등 1,100여 명의 학자들이 기고하여 '학자들의 백과사전'이라고도 불렸다. 1901년 미국의 출판업자인 호레이스 후퍼가 이 백과사전의 소유권을 완전히 사들여서, 미국인의 소유가 되었다. 제10판은 1902~03년에 간행되었으며, 제9판에 증보판 11권

분량의 15~20%에 해당하는 내용을 개정하거나 새 항목을 보충하여 출간하는데, 이런 경우에도 '쇄printing'라고 한다. 이와 별도로『브리태니커 연감』을 매년 간행하여, 이미 출간된 책을 보유하고 있는 독자들을 위한 보유편으로 제공한다. 이 글에서는 구성과 특징을 설명하기 위한, 최소한의 사실만을 요약한다.

4) 독일의 브로크하우스 백과사전은 1796년에, 프랑스의 라루스 백과사전은 1866년에 초판이 간행되었다.『브리태니커 백과사전』은 2012년 3월, 인쇄본의 출간 중단을 발표했고, 이후 디지털 판으로 계속 제공되고 있다.

을 추가한 것이었다. 제11판은 케임브리지대학교 출판사가 독자적
으로 편찬하여 1910~11년에 29권으로 발행했는데, 전통적으로 내려
온 길고 범위가 넓은 논문들을 짧게 나누어 더 전문적인 항목으로 처
리했다. 항목이 짧아지면서 제11판은 본문의 양이 9판보다 별로 늘
지 않았으나 항목 수는 9판의 1만 7,000항목보다 2배 이상이나 되는
4만 항목에 이르렀다. 제11판의 느긋하고 매끄러운 산문체 문장은
『브리태니커 백과사전』 문체의 절정을 이루었다는 평가를 받았다.
이 11판에는 마리 퀴리와 프로이트 등 당대의 석학들이 필자로 참여
했다. 제12판은 11판에 3권의 증보판이 추가되어 1922년에 간행되
었고, 1926년에 또 다른 증보판 3권이 추가되어 13판이 간행되었다.
1929년에 24권과 부록 1권, 아틀라스 1권으로 간행된 14판에서는
3,500여 명에 이르는 세계 각국의 석학들로부터 글을 기고 받아 수
록했다. 이 무렵부터 해마다 내용을 개정하여 개정쇄를 펴내는 규칙
이 마련되었다. 1938년부터는 『브리태니커 연감*Britannica Book of the
Year*』을 발행하기 시작했다. 1941년에 시카고대학교 부총장이었던
윌리엄 벤턴이 『브리태니커 백과사전』의 모든 권리를 갖게 되었으
며, 시카고대학교의 총장이었던 로버트 허친스가 편집위원회 위원장
에 임명되었다. 시카고대학교의 여러 학자들과 브리태니커의 오랜
협력관계가 이 무렵부터 시작되었으며, 그 결과 1952년에 브리태니
커에서 출판한 『서양의 위대한 책들*Great Books of the Western World*』에서
는 철학자 모티머 애들러가 중요한 역할을 맡았다. 이후 허친스에 이
어 편집위원회의 위원장이 된 애들러를 비롯한 시카고학파의 협력으로
전면적으로 개정된 15판이 1974년에 간행되었다. 이는 흔히 『브리태
니커 III』이라고 불렸다. 15판은 각각 다른 역할을 하는 3부분, 즉 '마
이크로피디어*Micropaedia*'(소항목사전)·'매크로피디어*Macropaedia*'(대
항목사전)·'프로피디어*Propaedia*'(지식의 개요)로 이루어졌다. 15판은

대대적인 개정작업을 통해 1985년에 다시 발간되었는데, 2000여 개로 이루어졌던 매크로피디어의 체제를 재구성하고 수백 항목을 합병하거나 다시 나누어서 700여 개의 항목으로 개편하였으며, '인덱스 *Index*'(색인)를 '마이크로피디어'에서 떼어내어 따로 2권의 부록으로 만들었다. 또한 '마이크로피디어'와 '프로피디어'를 다시 디자인하고 재조직하여 전집 32권으로 새롭게 개정했다.[5]

2.2. 특징과 구성

『브리태니커 백과사전』의 편찬에 있어 가장 큰 특징은, 채택된 항목은 반드시 '사실에 대한 정보'를 포함하고 있어야 한다는 점이다. 단순한 '어의 풀이'는 다루어지지 않으며, 풀이에는 구체적 사실이 동반된다. 또한 당대의 어느 시점에서 그 개념이 보편적으로 확정되어야 항목으로 등재하며, 이에 대한 엄격한 세부 지침을 따로 유지한다. 언어사전과 구분되어 백과사전이 갖추어야 할 이러한 일반 원칙과 함께『브리태니커 백과사전』의 오랜 역사를 통해, 초판 발행 당시의 기획자이며 편찬인이었던 앤드루 벨, 콜린 맥파쿠하, 윌리엄 스멜리의 편찬 이념이 대체로 유지되어 왔다. 쉽게 정보를 찾아보기 위해 도입되어 크게 유행했던 알파벳 순 배열의 백과사전은, 대부분의 독자들에게 어떤 '사실'에 대한 단편적인 지식밖에 제공하지 못한다는 결점을 갖고 있었다. 그들은 이러한 결점을 보완하기 위해서, 백과사전 전체를 45개의 중요한 주제로 구성하고, 해당 부분의 모든 페이지에 주제어 제목을 달아주어 구별이 쉽도록 했다. 또한 이 주제들

---

5) 브리태니커의 각국 지사들에서는『브리태니커 백과사전』과 그 데이터를 토대로, 여러 나라의 사정에 따라 여러 형태와 규모로, 해당 국어로 된 백과사전을 발간했다.

을 대항목으로 보충하고, 그 사이사이에 많은 소항목들을 배치하여, 전체 주제에 대한 관련 항목을 늘렸다. 당시의 유행에 따라 알파벳 순으로 배열하였으나, 심층적인 주제와 간단한 지식들이 잘 어우러 진 이러한 편집 원칙은 이후 영어권 국가 백과사전의 좋은 모델로 기 능했다. '참조'와 '학습'을 병행하도록 한 이러한 편집 방식은 『브리 태니커 백과사전』의 15판을 구성하는 방식에도 가장 깊은 철학으로 반영되었다.

『브리태니커 백과사전』 15판의 구성은 네 부분으로 이루어진다. 알고 싶은 항목의 내용을 간추려 알게 해주는 '마이크로피디어', 하나 의 항목이 보통 일반적인 단행본 한 권 이상의 분량으로 기술되어 있 는 '매크로피디어', 지식의 갈래에 따라 개별 항목을 찾아볼 수 있도 록 안내하는 '프로피디어', 그리고 전권에 걸쳐 퍼져 있는 정보가 있 는 곳을 '용어'를 중심으로 체계적으로 찾게 도와주는 '인덱스'이다. 이 체계는, 책자의 형태로 개발된 어떤 전집에서도 보기 어려운 독특 한 구조로, 수록된 정보를 최대한 다양한 각도와 관점에서 입체적으 로 활용할 수 있도록 하는 기능을 수행하고 있다.

2.2.1. 매크로피디어

'심화학습knowledge in depth'의 기능을 위해 구성되었다. 전문가나 학자의 집필로 이루어지며, 현재 760여 개의 항목이 2단 조판의 형 태로, 17권에 수록되어 있다. 매크로피디어의 모든 항목에는 목차가 있고, 주요 개념을 여백주기로 넣으며, 참고문헌6)을 밝히고, 필자명

---

6) 백과사전의 참고문헌은 일반적인 논문에 수록되는 참고문헌과는 의미가 다르다. 논문에 수록되는 참고문헌이, 해당 논문을 집필하는 데 전거가 된 문헌을 밝히는 목록이라면, 백과사전에서의 참고문헌은 해당 항목을 읽은 독자들이 그 정보를

을 해당 부분마다 약자로 밝힌다.7) 국가의 경우 지도와 지도 색인이
포함된다. 이 모든 항목들은 '상호 참조cross reference' 기능을 통해, 백
과사전 전체의 관련 항목들과 연결되어 있다.

2.2.2. 마이크로피디어

'참조ready reference'의 기능을 위해 구성되었다. 한 항목의 길이는 한
두 쪽을 넘지 않으며, 작은 항목의 경우에는 10행 정도인 경우도 있
다. 사진이나 삽화도 공간의 절약을 위해, 대체로 단에 맞추어 작게
넣는다. 전 12권에 85,000여 개의 항목이 3단 조판의 형태로 수록되
어 있다.

2.2.3. 프로피디어

특정 분야를 집중적으로 학습하기 위한, 또는 어떤 개념으로부터
출발해서 백과사전의 특정한 항목을 찾을 때 사용하도록 만든 지식
의 갈래 체계이다. 세상의 모든 지식을 열 개의 갈래8)로 나누고, 그
갈래에서 출발해서 지식의 영역을 탐색할 수 있도록 구성되었다. 각
각의 갈래는 해당 분야의 학자가 기술한 서론, 해당 갈래의 하위 갈
래인 장division 및 항section으로 확장되며, 항의 하위 갈래의 끝에는

확장, 심화하는 데 도움을 주기 위해 필요한 관련 문헌의 목록을 말한다.
7) 필자의 본디 이름과 약력은 따로 프로피디어 권에 넣는다.
8) 열 개의 갈래는 다음과 같다. 이 분류는 아마도 프랜시스 베이컨이 『인스타우라
티오 마그나 Instauratio magna』에서 시도한 지식의 분류법인 '자연계; 인간; 인간의
활동'에서 유래했을 것이다.
  물질과 에너지; 지구; 지구 위의 삶; 인간; 인간 사회; 예술; 기술; 종교;
  인류의 역사; 지식의 갈래.

백과사전의 항목명 또는 색인 항목명으로 구성되어 있는 말단 정보
들이 포함된다. 즉, 우주와 인간의 모든 지식을 큰 범주부터 조망하
여 출발하여, 개별 항목까지 찾을 수 있도록 함으로써 일정한 관심
분야에 해당하는 정보를 체계적으로 학습할 수 있도록 구성한 지식
의 안내 지도이다.[9]

2.2.4. 인덱스

깊이 있는 학습을 위한 매크로피디어와, 참조를 위한 마이크로피

---

9) 두 번째 갈래인 지구Earth의 경우를 예시한다. 이 구성은 구조를 보기 위해 실제
구성의 일부를 부분 발췌한 것이다. 편의상 원문을 번역해 수록한다.

제1부 서론 : 거대한 지구 -피터 윌리
　　　인간 존재의 터전으로서의 지구, 우주에서의 지구, 지구의 역사와 지구과
　　　학 등에 대한 지식과 정보가 어떻게 소용되는가에 대한, 개괄적인 글
제2부 지구
　　1장. 지구의 성질, 구조, 조성
　　　　211항 행성 지구
　　　　　　A. 지구의 궤도 운동
　　　　　　　1. 지구의 공전과 자전
　　　　　　　2. 지구의 자전과 관련된 힘과 동역학적 효과
　　　　　　　　a. 코리올리 힘
　　　　　　　　b. 원심력 효과
　　　　　　　　　…
　　　　212항 지구의 물리적 성질
　　　　　　A. 지구의 중력장
　　　　　　　1. …
　　　　　　　2. …
　　　　　　　3. 중력 자료의 해석 : 지구 내부에 대한 추정
　　　　　　　　a. 지각평형설 : 지표면의 융기와…
　　　　　　　　b. 중력이상
　　　　　　　　　…
　　2장. 지구의 외피 : 기권과 수권

디어에는 수많은 항목들이 존재한다. 특히 매크로피디어에는 체계
적으로 서술된 단일 항목 안에 무수하게 많은 '사실'들에 대한 정보
가 숨어 있다. 인덱스는 이러한 정보들을 백과사전 전체적으로 조망
하여, 독립적으로 추출한 색인 항목명들을 통해 해당 정보를 새롭게
구성해서 참조할 수 있도록 하는 기능을 수행한다. 2권으로 구성되
어 있으며, 40여만 개의 참조항목을 포함한 18만여 색인항목이 수록
되어 있다.[10]

2.2.5. 브리태니커 연감

1938년부터 발행되어 지금까지 매년 간행되고 있는 브리태니커
연감은 이미 백과사전을 구입한 독자들을 위해 발행된다. 매년 전 세
계 각국의 정보를 수집하여 만들어지는 이 연감에는, 그해의 주요 인

---

[10] 색인항목 '한국Korea'의 앞부분을 예시한다. 편의상 표제어를 번역해 수록한다.

　Korea 한국, 또는 '조선', 또는 '한국Hankuk' 또는 '대한' (표제어의 별칭, 발음, 이
칭 등을 제시)
　　Micropaedia 마이크로피디어 6:958:1a ('한국'이라는 항목이 마이크로피디
어 6권 958쪽 1단 위쪽에서 시작한다는 의미)
　　Macropaedia 매크로피디어 22:494:1a ('한국'이라는 항목이 매크로피디어
22권 494쪽 1단 위쪽에서 시작한다는 의미)
　　Map 지도 22:500 ('한국'의 지도는 22권 500쪽에 있다는 의미)
　　　art and architecture 예술과 건축 : see 한국 예술 ('한국'의 '예술과 건축'
에 대해서는 독립 항목인 '한국 예술' 항목을 참조하라는 의미)
　　　coin and coinage 화폐와 화폐 주조 16:550:1b ('한국'의 '화폐와 화폐 주
조'에 대해서는 16권 550쪽 1단 아래쪽에 관련 내용이 들어 있다는 의미)
　　　customs and traditions 풍습과 전통 (하위 색인어를 묶어주는 중간제목)
　　　dietary laws and food customs 식사의 법도와 음식 문화 26:822:1b
　　　dress 의복 17:500:1a, 503:1a, illus. (의복에 대해서는 17권 500쪽 1단
위쪽과 503쪽 1단 위쪽에서 관련 내용이 시작하고, 같은 항목에서 삽화를 볼 수
있다는 의미)

물, 사망 인물, 각 분야별 동향, 각 국가별 동향, 각 국가별 통계, 분
야별 비교 통계, 색인 등이 수록되어 있다.

2.3. 전자 매체

브리태니커에서는 이미 1970년대에 백과사전 편찬과정이 전산화
되어 있었고[11], 1980년대에는 디지털 매체에 탑재하는 방안을 연구
했다. 1989년에 본격적인 백과사전으로서는 처음으로 『콤프턴 백과
사전*Compton Encyclopedia*』[12]을 시디롬으로 개발하였고, 이어 『브리태
니커 백과사전』 및 세대별 백과사전 데이터 전체를 시디롬, 디브이디,
온라인과 같은 디지털 매체로 개발했다. 시디롬과 디브이디판 백과사
전은 매년 새 버전을 내고 있다. 『브리태니커 온라인*Britannica Online*』
은 1995년경부터 개설되었으며, 유료로 기관 및 개인 가입자들에게
제공되고 있다. 1997년에는 『브리태니커 온라인*Britannica Online*』을
기반으로 한 검색 포털 사이트 『이블라스트*E-Blast*』을 개발, 시범 서
비스를 운영하다가 중단했다. 현재는 『브리태니커 온라인 스쿨 에디
션*Britannica Online School Edition*』을 각급 학교 학습 참고 자료용으로 따
로 제공하고 있다.

---

11) 현재는 NPS(New Publishing System)이라는 이름으로 1990년에서 1997년까
   지 새롭게 개발되고, 이후 계속 확충된 편찬 시스템을 사용하고 있다. 텍스트와
   미디어 데이터가 모두 일관된 시스템에서 관리되도록 설계되어 있다.
12) 브리태니커에서 발행하는 고등학생용 백과사전이다.

Ⅲ. 한국어판 『브리태니커 세계 대백과사전』

3.1. 편찬 약사

『브리태니커 백과사전』의 한국어판인 『브리태니커 세계 대백과 사전』이 한국브리태니커회사에서 완간된 것은 1994년 3월이다. 『브 리태니커 백과사전』의 해외판 중 8번째로 개발된 것으로, 그 밖에 지금까지 개발된 것으로는 프랑스어, 스페인어, 포르투갈어, 그리스 어, 터키어, 일본어, 중국어(중국, 타이완), 헝가리어, 폴란드어 판 등 이 있다. 이들은 『브리태니커 백과사전』의 내용을 토대로 개발되었 으나, 각각 그 나라 사정에 따라 권수와 규모가 다르고, 내용과 구성 도 다양하다.

한국어판의 개발이 한국브리태니커회사에 의해서 처음 추진된 것 은 1971년이었다. 1968년 설립된 한국브리태니커회사에서 수입하 여 판매하던 영문판 『브리태니커 백과사전』이 예상을 뛰어넘은 판 매 실적을 올리면서, 급속하게 성장하고 있는 한국 교육 환경에서 필 수적으로 한국어판이 요청될 것이라는 예측에 근거하여 개발을 추진 했다. 백과사전의 편찬에는 막대한 개발 비용이 요청되기 마련이므 로, 일반 기업의 입장에서는 시장의 규모와 성장의 가능성이 출판을 결정하는 중요한 요소이다. 그러나 첫 번째 제안은 브리태니커에 의 해 반려되었다. 1970년대 후반에 한국어판의 개발이 다시 추진되어 브리태니커에서 승인되었고, 이어 구체적인 개발 계획이 수립되었으 나, 1980년 당시 한국브리태니커회사의 자회사였던 출판사 뿌리깊 은나무에서 펴내던 잡지 『뿌리깊은나무』가 정부에 의해 폐간되면서 개발 계획이 취소되었다. 이후 1987년에 다시 한국어판의 개발 계획 이 수립되어 사전 연구 작업을 진행하고, 1989년부터 편집 위원회

구성 및 항목 선정 작업과 같은 편찬 실무 작업에 착수하여, 1992년 9월에 첫 3권이 출간되었으며, 1994년에 27권으로 완간되었다.

1988년에, 한국어판의 간행을 위해 브리태니커의 편집위원회 부위원장이던 프랭크 기브니의 주도로 스터디그룹이 구성되었다. 김준엽, 곽소진, 손세일, 한승주, 데일 호이버그, 이사오 자모토, 쑤웨이젱, 이연상, 천재석 등으로 구성된 이 그룹에서 준비한 자료를 바탕으로, 1989년 브리태니커에서 개발 승인을 받았고, 이어 편집자문위원회와 책임감수위원회가 구성되었다. 편집자문위원회의 명예위원장은 김준엽, 위원장은 프랭크 기브니였으며, 김경원, 이만갑, 한승주, 대니얼 부어스틴, 데일 호이버그, 허버트 패신, 로버트 스칼라피노가 위원으로 위촉되었다. 책임감수위원회는 김용준, 김원룡, 김철수, 류우익, 민석홍, 여석기, 이광린, 이기백, 이호왕, 임희섭, 전해종, 최정호, 홍원탁으로 구성되었다.

편집의 기본 지침으로, 영문판 『브리태니커 백과사전』의 마이크로피디어 항목을 저본으로 하고, 매크로피디어 항목을 축약하여 보충하되, 모든 항목을 한국인의 입장에서 다시 검토, 선별하고, 필요한 경우 재집필이나 보완 집필을 하도록 했다. 한국과 중국, 일본 등 동양 관련 항목을 전체의 30% 분량으로 증강하였으며, 동양 관련 항목은 중국어판과 일본어판 브리태니커 백과사전을 참고하였고, 한국 관련 항목은 전면적으로 국내에서 집필하였다. 또한 국내에서 집필된 원고는 편집자문위원회의 감수를 받으며, 필요한 경우 분야별 원고들을 브리태니커에 보내어 브리태니커의 편집기준에 합당한지 검증을 받았다. 기획 과정에서 영문판 『브리태니커 백과사전』의 체계를 따를 것인가에 대한 논의가 있었으나, 시장 조사 결과 한국의 독자들에게는 그러한 구조가 적합하지 않다는 판단에 따라, 매크로피디어와 마이크로피디어 구분을 하지 않고, 가나다 순으로 배열하는 방식을 취하였다.

　1989년 10월부터 본격적인 개발 작업에 착수했으며, 동아일보사가 편찬 과정에 동참하여 공동출판의 형태로 진행되었다. 동아일보사에서는 보유하고 있는 각종 자료와 사진 자료를 제공하였으며, 전 편집국장인 이대훈을 파견하여 편집주간을 맡도록 했다.[13]

　편집개발실은 편집주간, 편집장, 전문위원, 편집관리, 인문과학, 자연과학, 한국학, 한국문학, 한국사, 한국지리, 미술, 사진, 색인, 참고문헌, 행정지원 등의 영역으로 구성되었다. 편집 기획단계에서는 영어판의 항목명과 색인항목명, 중국어판과 일본어판의 항목명을 참고하고, 국내 관련 전문 사전들을 조사하여 분야별 항목명 목록을 작성하고, 책임감수위원회에서 전문 분야별로 이 목록에 대한 검토와 보완 작업을 시행했다. 이후 이 목록을 전산 데이터베이스로 구축하였다. 책임감수위원회에서는 전문 분야별로 번역자와 필자를 추천하고, 이를 바탕으로 편집개발실에서 원고의 번역과 집필을 청탁했다. 접수된 원고는 전산 데이터베이스를 기반으로 관리하여 이후 행정 지원 부문에서 원고량과 진도의 통계 관리 및 원고료의 집행 등의 관리를 맡았다.

　원문의 검토와 번역, 매크로피디어 항목의 축약 번역이 끝난 원고는 해당 영역의 편집자에 의해 원문대조, 사실 확인, 편집 지침에 따른 체제 조정과 문장 교열, 용어 및 표기 통일 등의 과정을 거쳐 가나다순 배열 단계로 이관되었다. 집필 원고의 경우에는 원고 검수 담당자에 의한 유사서 내용와의 대조 확인, 집필 품질의 점검을 통해 원고를 확정하고, 분량의 조절, 사실의 확인, 편집 지침에 따른 체제 조정, 문장 교열, 용어 및 표기 통일 등의 과정을 거쳐 가나다순 배열

---

13) 동아일보사와의 공동출판 제휴는 1999년에 종료되었다.

단계로 이관되었다.[14]

가나다순으로 배열된 원고는, 전문위원들이 통독하여 항목 간의 비중, 서술 방식의 일관성, 유사 항목의 중복, 번역 항목과 집필 항목 간의 이질성 등의 문제점들을 도출하고, 이를 각 영역별로 전달하고 수정 보완하도록 하여, 전체 항목의 균형을 잡았다. 이후 면 편집 작업을 거쳐 몇 차례의 교정 작업이 진행되었다. 이러한 편찬 공정을 개발 기간 내내 일관성 있게 진행하기 위해 전권을 2~3권 단위로 나누어 진행하였다.

색인과 참고문헌 작업은 본책과 별도로 진행되었다. 색인부가 브리태니커에서 파견된 색인 편집책임자의 지도 아래 색인 편집 지침을 수립하여, 브리태니커 색인 기준에 맞추어 진행하였다. 색인 작업을 통해 총 20만 이상의 색인항목을 추출했으나, 분량 문제로 이 중에서 중요 10여만 항목을 추려서 1권으로 묶었고, 남은 색인항목은 디지털 버전에 반영하였다. 참고문헌은 필자가 원고에 첨부한 참고문헌 외에, 일반 독자에게 도움이 될 국내 각 문헌자료를 조사하고 항목 순으로 정리하여 별권으로 수록했다. 참고문헌 권에는, 한국인

---

14) 이러한 과정 각각에 해당되는 편집 지침은, 내부적으로 다양한 토의와 합의를 거쳐서 편찬 기간 내내 다듬어졌다. 한정된 공간 안에서 최대한 적은 설명으로 다양한 의미를 전달하기 위해서는 부호의 사용에 있어서도 세밀한 규칙을 만들어야 한다. 또한 이 규칙이 사용자에 의해서 직관적으로 이해되어야 할 필요가 있다. 아래와 같은 사례가 그 하나이다.

　　인물 항목의 생몰년 표기 지침
　　　생몰년월일과 장소를 모두 알 때 : 1908. 10. 13 서울 ~ 1953. 8. 6. 평양.
　　　생존인물일 때 : 1901. 3. 1 경기 연천 ~.
　　　사망장소를 모를 때 : 1901. 3. 1 서울 ~ 1961. 3. 1.
　　　출생지와 사망연월일을 모를 때 : 1901. 3. 1. ~ ?
　　　생몰년 및 생몰장소를 모를 때 : ? ~ ?
　　　연월일 중 날짜가 확실하지 않을 때 : 1912. 3. 5(?) 경북 달성 ~ .
　　　생몰년을 모르고 출생지는 아는 인물일 때 : ? 평양 ~ ?

독자를 위하여 브리태니커에는 없는 외국 인지명 색인을 별도로 수록하여 편의성을 높였다.[15]

1994년 3월, 한국어판 『브리태니커 세계 대백과사전』이 전 27권, 18,768쪽, 본책 25권, 참고문헌 및 외국 인/지명 색인 1권, 색인 1권으로 완간되었다. 초판 개발 당시의 수록항목은 총 108,084항으로 브리태니커 원전의 번역이 78,355항목, 국내 집필이 29,729항목이다. 그림 및 시각자료는 총 35,000여 컷으로 사진 24,000컷, 그림 7,000컷, 지도 1,000컷, 도표 3,000컷으로 구성되어 있다. 편집장 천재석 외에 180여 명의 편집자와, 교열위원 66명, 번역자 185명, 집필자 650여 명 등이 편찬 과정에 참여했으며, 시카고 브리태니커사의 관련 편집자들이, 편집 지침과 기술의 교육, 성과의 감리, 외국의 사진 저작권자들과의 저작권 사용 협상과 같은 대외 업무 지원 등을 담당했다.

3.2. 특징

한국어판 『브리태니커 세계 대백과사전』의 편찬에서 가장 중점을 둔 것은 '한국인을 위한 백과'라는 점이었다. 따라서 영문판의 단순한 번역을 벗어날 필요가 있었다. 한국인의 입장에서 영문판의 원고를 선정하고, 선정된 항목에서도 한국인의 입장에서 받아들이기 어려운 부분은 삭제하거나 개고하는 방식을 택했으며, 동양 관련 항목들은 중국어판과 일본어판의 해당 부분을 참고하여 새로 집필하도록 해서 서양인 중심의 시각을 보정하도록 노력했다. 이렇게 해서 추가

---

15) 예컨대, 로마자로 된 인명이나 한자로 된 인명의 경우, 원어로 된 정보에서 우리말 항목을 찾는 독자를 위한 검색 보조 장치이다. 외래어 표기 기준을 정확하게 알고 있기 어려운 독자를 위한 편의 장치였다.

로 집필한 항목이 전체의 30% 정도를 차지하고 있다.

또한, 외국 인지명의 표기를 찾기 좋도록 별도로 외국 인지명 색인을 넣어 정확한 한국어 표기와 함께 해당 항목을 바로 찾아갈 수 있도록 구성했다. 1992년 당시 유엔 남북 동시 가입을 계기로, 북한 관련 항목은 북한전문가의 감수 및 집필로 당시 사실과 상황을 그대로 살려서 수록했다.16) 특히 지리항목의 경우는 해당 지역에 대한 추적을 통해 해방이전의 지명, 그 이후 지명과 강역이 변동되어가는 과정, 그리고 현재의 상황(유치원이나 초급학교에서 해당 지역의 문화재에 이르기까지)을 일목요연하게 수록하였다. 그 외에 특수 인쇄한 '다층적 인체해부도'를 수입해 수록했으며, 수록된 모든 시각자료의 저작권 사항을 밝혔다. 정보 참조의 편의를 위해서, 별도로 된 색인 권 외의 본문 중에도 각종 형태의 상호 참조cross reference를 달았다. 이 상호 참조는, 본문 가운데에서 그 해당 부분에 해당되는 다른 참조 항목을 안내하거나, 항목 끝에 붙여 전체적으로 관련되는 항목을 안내하는 기능을 수행한다.

1996년부터 1998년까지는 매년 간행되는 영문판 연감을 저본으로 하여, 한국에서 새로 개발한 한국어판 『브리태니커 세계연감』을 발행해 시의성을 보충했다. 이 밖에, 해마다 백과사전 자체의 개정작업을 2,000~4,000쪽 규모로 시행해왔으나, 2002년 이후 인쇄본 백과사전의 수요가 급감하면서 2008년 현재 인쇄본의 출간 및 개정작업은 중단된 상태이다. 다만, 시디롬과 온라인 서비스를 위한 디지털 데이터17)의 유지 보수 작업을 매년 일정한 규모로 시행하고 있다.

---

16) 당시 출판되어 있던 한국의 모든 백과사서류는 1945년 이전 상황으로 행정지명을 수록하고 있었다.

17) '코어 데이터core data'라고 한다. 이 코어 데이터는 한국어판 『브리태니커 세계 대백과사전』인쇄본을 기반으로 1999년에 개발되었으나, 이후 인쇄본과는 별도로 관리되어 왔다. 코어 데이터의 유지 보수에는, 시의성의 보충, 신규 항목의 집

3.3. 전자 매체

한국어판『브리태니커 세계 대백과사전』역시, 1994년에 완간된 인쇄본을 저본으로 하고, 멀티미디어 자료와 각종 특집, 통계 자료와 연감 기사 등을 보충하여 1999년에 시디롬과 온라인으로 개발된 바 있다. 시디롬과 디브이디판 백과사전은 필요에 따라 1~2년 간격으로 새 버전을 내고 있다. 『한국어판 브리태니커 온라인*Korean Britannica Online*』은 1999년부터 개설되었으며, 고객 기관 및 개인 가입자들에게 한정적으로 제공되고 있다. 『한국어판 브리태니커 온라인*Korean Britannica Online*』의 데이터는 계약에 의해 국내 유수의 포털 사이트에 백과사전 데이터로 제공하는 한편, 각종 전자 매체의 기능과 가독성에 따라 항목의 분량과 수량을 조절하여 전자사전, 휴대전화, 스마트폰, 앱스토어 등에 공급하고 있다.

IV. 매체의 특성에 따른 백과사전의 변화 방향

4.1. 매체의 특성

인쇄 매체를 기반으로 한 전통적인 백과사전과, 전자매체를 기반으로 한 백과사전의 양상은 거의 극단적으로 다르다고 볼 수 있다.

전통적 의미의 백과사전은 태생적으로 교육과 학습/정보 검색이

필 보강 등의 일상적인 품질 관리뿐 아니라, 디지털 데이터 활용의 여러 효용에 맞춘 다양한 부가 작업이 요청된다. 이에는 검색 효율을 높이기 위해 색인 항목의 증강, 항목 간 하이퍼링크의 생성, 디지털 환경에 맞는 멀티미디어 자료의 보충, 매체의 특성에 따른 활용도를 높이기 위한 데이터의 다중 구조화 같은 작업들이 포함된다.

라는 두 가지 큰 효용을 갖고 있다. 이 중에서 인쇄매체 백과사전은 신뢰성이라는 측면에서 교육과 학습의 측면이 가장 강조된다. 전체 내용의 일관성을 확보하기 위해서는 특정한 시점을 집필의 기준으로 삼아야 한다. 또한 한정되고 고정된 수록공간이라는 특성 때문에, 한정된 공간 안에 많은 데이터를 넣기 위한 다양한 방법이 활용되고, 그 안에서 완결된 구조를 이루기 위해 항목의 분량을 통제하는 기준이 필요하게 된다. 정보의 중요도와 형평의 적절성은 그 백과사전의 신뢰도를 측정하는 척도가 된다. 즉, 인쇄본 백과사전에서 어떤 항목의 '분량'은 대체로 그 정보의 상대적 중요도를 의미한다. 그러나 그 기준을 과연 어디에 둘 것인가에 대해서는 다양한 관점이 가능하다. 대체로 특정 백과사전의 편찬기준은 결국, 주 독자집단의 기준에 맞추어지게 될 것이다. 예컨대, 영어판『브리태니커 백과사전』매크로피디어에는 한국 관련 항목으로, '한국Korea'이 21쪽, '한국문학Korean literature' 6쪽, '한국전쟁*The Korean war*' 7쪽이 수록되어 있다. '한국'과 같은 권에 들어 있는 '일본' 항목은 53쪽, '일본문학'항목은 11쪽이며, '이탈리아' 항목은 82쪽, '이탈리아 문학'은 10쪽에 이른다. 반면 '이스라엘'은 16쪽, '레바논'은 11쪽에 불과하다. 마이크로피디어에는 '한국Korea'은 1단, '북한Korea, North'이 4단, '남한Korea, South'이 4단, '한국문학Korean literature'이 1단 1/3 정도이다. '일본Japan'은 9단이고, '일본문학Japanese literature'은 2단이다. 백과사전에서 정보의 형평이라는 객관적 기준은 사실상 존재하지 않는다고 보아야 할 것이다. 있다면, 발행한 나라를 중심으로 그 관심의 폭에 따라 서술의 관점과 중요도가 달라진다고 추정할 수 있다. 이것이 백과사전을 다른 언어로 옮길 경우에, 모든 항목의 분량이 조절되고, 때로 전면적으로 내용이 다시 쓰여야 하는 이유이다.

　이렇게 그 형평의 기준이 독자 집단에 따라 영향을 받는다 하더라도, 일단 그 기준이 확정된 후에는 그 기준은 백과사전 전체에 대해 일관성을 갖고 적용되어야 한다. 이를 위해 항목 구성의 체계를 표준화할 필요가 있고, 중요도를 분량의 척도로 바꾸어 놓는 기준을 마련할 필요가 있게 된다.

그러나 전자매체의 경우, 그 효용은 인쇄매체와 다른 양상을 보인다. 교육과 학습보다는 정보 검색에 더 많은 비중이 주어지며, 그에 따라 정보의 신뢰도, 특히 형평성과 일관성의 비중은 크게 약화되어 보이는 양상이다. 전자매체는 기본적으로 열린 구조를 갖고 있으며, 저장 공간에 있어서도 인쇄매체에 비해서 상대적으로 제한을 거의 받지 않는 편이다. 매체별 플랫폼과 검색엔진에서 제공되는 다양한 검색 기능으로 대단히 자유롭고 다중적인 하이퍼링크가 가능하므로, 결과의 유의미성은 인쇄본에 비해 떨어진다 하더라도 검색 편의성 자체는 비할 수 없이 높다. 인터넷 환경의 경우, 아웃 링크 등의 기능을 통해 백과사전 데이터 외부의 데이터와도 실시간으로 링크되므로 백과사전이 독자에게 노출되는 환경 자체가 극단적으로 달라지는 양상을 보인다.

4.2. 유사 백과사전의 등장과 효용의 변화

이와 같은 환경의 변화에 따라, 독자 환경에서는 전통적 백과사전과 유사한 기능을 수행하는 유사 백과사전이 등장하게 된다. 정보의 집적이라는 의미에서는 검색 포털 사이트와 집단 지성을 기반으로 이에 탑재된 '지식인'과 같은 정보 커뮤니티 플랫폼이 해당되고, 이보다 더 진화한 양상으로 백과사전 형태를 추구하는 위키 백과와 같은 서비스가 등장한다. '교육과 학습'에 필요한 '신뢰성'보다는 가독성, 편의성, 시의성을 더 중요한 요소로 보는 전자 매체 시대의 독자의 경우, 전통적 백과사전이 갖고 있는 정보의 한계와 늦은 시의성, 닫힌 구조에 대한 반발과 이러한 유사 백과사전에 대한 강한 편향성을 보이는 것이 현실이다. 이러한 유사 백과사전의 열린 구조는 항목의 중요도를 가늠하게 해 주었던 상대적 크기의 의미가 증발되는 현상, 항목 집필 수준의 일관성과 표준화가 결여되는 양상을 낳게 된다.

4.3. 편찬 기준의 변화

따라서, 전통적인 백과사전 데이터의 편찬자는 신뢰성/중립성/형평성이라는 전통적인 기준과, 가독성/편의성/시의성이라는 새로운 기준 사이에서 선택을 요구받는다. 사실상, 실질적인 수익 구조를 초과할 수밖에 없는 엄청난 인적/물적 구조가 뒷받침되지 않는다면, 이 두 가지를 동시에 만족시킬 수 있는 방법은 없을 것이다. 그러나 이 두 가지는 현실적으로는 모순적이어서, 유사 백과의 특징을 따라서 신뢰성/중립성/형평성을 배제할 경우 그나마 전통적 백과의 고유 영역 자체를 잠식하게 될 우려가 있고, 고유 영역을 유지하기 위하여 가독성/편의성/시의성을 배제할 경우 일반적 자본주의 시장에서 생존할 수 있는 시장 자체가 심각하게 줄어들어, 결국은 신뢰성/중립성/형평성을 유지할 수 있는 최소 비용 자체를 감당하지 못하게 될 우려가 있다.

따라서 이를 위한 적절한 절충 방안을 강구하여야 한다. 항목의 모듈화, 하이퍼링크의 활용, 가변 정보와 불변 정보의 구분, 웹 2.0을 이용한 시의성 반영 방법, 매체에 따르는 가변적 데이터베이스 운용, 연관 항목 통일성 원칙의 최소화 등이 그 실천안에 해당 될 것이다.

V. 맺는 말

이 글에서는『브리태니커 백과사전』과 한국어판『브리태니커 세계 대백과사전』의 편찬 약사, 구성과 특징, 그리고 지금의 미디어 환경에 따른 백과사전의 미래에 대해 간략하게 살펴보았다.『브리태니커 백과사전』은 1768년 발간된 이후 240년 동안 간행되어 온, 세계에서 가장 오랫동안 신뢰를 받아 온 백과사전이다. 오랜 기간 신뢰를 받아왔다는 것은, 이 백과사전이 추구해 온 가치기준과 편찬 방식이 독자에게 끊임없이 인정받아왔음을 의미한다.[18] 이는 백과사전이 갖는 사회적 효용을 그 스스로 증거하고 있다고도 볼 수 있다.

여러 이유로 백과사전에 대해 본격적으로 연구한 국내의 학술 문헌들이 많지 않은 가운데, 이 글은 브리태니커라는 특정한 백과사전에 대한 개괄적인 사항을 다루고, 매체의 변화에 따라 시디롬이나 온라인 서비스로 구현된 백과사전의 현재와 미래에 대하여 논의하고자 했다. 즉, 백과사전을 둘러싼 근래의 급격한 변화, 즉 인쇄본에서 디지털 매체로의 변화 양상과 집단 지성의 대두가, 오히려 백과사전의 근본적 의미와 효용에 대한 다양한 시사점을 던져주고 있음을 지적

---

[18] 인쇄본 백과사전의 평가요소를 분석한 박준식·김문영(1999)에 의하면, 학자들에 의해 강조된 백과사전의 주요 평가요소는 아래와 같다.

1. 목적과 범위 : 편찬 목적이 지식의 체계적 전달에 있는가, 단편적 정보 제공에 있는가, 양자의 조합인가 등
2. 권위 : 편집진, 집필진, 출판사의 권위, 백과사전 출판의 역사와 계보, 후원기관의 명성 등
3. 접근성 : 항목 채택(대, 중, 소항목)의 적절성, 항목 형식과 배열 방법, 색인, 상호 참조의 형식과 다양성 등
4. 기술형식 : 표현의 명확성과 전체적인 일관성, 최신성과 연감의 발행 등
5. 형태적 특징 : 인쇄본, 시디롬과 같은 다매체 여부, 책의 물리적 형태의 견고성, 디자인과 시각자료의 풍부성, 삽도와 지도의 일치와 위치의 적절성 등.
6. 특징과 가격 : 개정의 정도, 경쟁사와의 가격 정도, 연감과 보유판의 가격 등.

하고자 했다. 계몽주의 시대 이후 오랜 기간 축적되었던 백과사전의 의의와 편찬 기술은, 어느 시대에서든, 당대에 생성되는 급격한 정보를 가장 효율적이고 구조적으로 정리하는 당대 최선의 방식으로 존재해왔다. 따라서 그 내면에는 공시적인 효용성 뿐 아니라, 통시적으로도 의미가 있을 인간의 보편적 정서에 대한 이해가 잠재해 있을 것이라고 믿는다. 이에 대한 보다 깊은 연구는, '디지털 정보'의 구축과 활용에 있어, 심층구조의 적실성을 높이는 데 많은 도움을 줄 것이다.

참고문헌

강혜영(1986), 「서양백과사전의 역사적 고찰」, 『도서관학논집』 13.

고정일(2002), 「백과사전 출판의 현황과 전망」, 『출판연구』 14.

김문영(1999), 「한국의 현행 백과사전에 관한 분석적 연구」, 계명대 대학원 석사논문.

김문영·박준식 (2000), 「한국의 현행 인쇄본 백과사전에 관한 분석적 연구」, 『한국 도서관·정보학회지』 34(1).

김현주(2004), 「국내 전자백과사전의 분석적 연구」, 계명대 대학원 석사논문.

박준식(1983), 「백과사전고」, 『도서관』 265.

박준식·김문영(1999), 「인쇄본 백과사전의 평가요소 분석」, 『한국문헌정보학회지』 33(2).

박준식·문정순(2000), CD-Rom 「백과사전의 평가기준 설정」, 『한국문헌정보학회 지』 34(1).

베르나르 베르베르, 이세욱 역(1996), 『상대적이고 절대적인 지식의 백과사전』, 열 린책들.

임채욱(2002), 『백과사전 편찬』, 극동문제 24(6).

한국브리태니커회사(1988), 『한국브리태니커회사 20년사』.

한국브리태니커회사(1992~4), 『브리태니커 세계 대백과사전』.

Encyclopaedia Britannica Inc.(2006), *"Encyclopaedia Britannica 15th edition"*, Encyclopaedia Britannica Inc.

中國大百科全書出版社(1985), 『簡明不列顚百科全書』.

中華書局株式會社(1988~9), 『簡明大英百科全書』.

한국학 사전 편찬의 현황

『겨레말큰사전』의 성격 및 편찬 경과

한용운[*]

Ⅰ. 들어가는 말

남과 북의 우리 겨레는 60여 년의 긴 세월을 서로 다른 체제 속에서 왕래 없이 살아 왔다. 그동안 양측의 생활 방식과 문화, 그리고 사유 방식도 많이 달라졌다. 그 결과, 어휘 면에서도 적지 않은 차이가 생겼다. 왜냐하면, 언어는 그 언어를 사용하는 사회의 체제·문화·의식 등의 전반을 반영하는 거울이라 할 수 있기 때문이다. 남북에서 각기 새로운 낱말이 태어나기도 하였고, 낱말의 뜻이나 형태가 각기 다르게 변화하기도 하였으며, 있던 낱말 중 일부가 각기 소멸하기도 하면서 점진적으로 남북의 어휘에 차이가 생긴 것이다. 그나마 다행스러운 것은 이러한 어휘의 차이가 언어의 차이(음운 체계, 문법 체계 등을 아우르는 언어 전반의 차이)로까지 진행되지는 않았다는 점

---

[*] 겨레말큰사전 남북공동편찬사업회 편찬실장

이다. 그러나 낱말이 문장을 이루고, 문장이 단락을 이룬다는 점을 고려하면, 이러한 어휘의 차이는 곧 문장의 차이로 이어질 것이고 종내에는 언어 체계의 차이로까지 이를 수도 있다는 점에서 걱정스러운 상황이라 할 수 있다.

이러한 시점에서 남북의 사전편찬 전문가들이 2005년 2월 19일에 금강산에 모여 "우리말과 글의 민족적 특성을 높이 발양시키고, 통일의 시대적 요구를 반영하며, 오랜 역사를 통하여 창조된 우리 민족어 유산을 총집대성한 겨레말 총서를 편찬한다."는 공동보도문을 발표하였다. 이 내용이 언론에 보도되면서 일부에서는 '한글 창제 이래 대사건'이라 하기도 하였고, 또 다른 일부에서는 '현재 상황에서는 불가능한 일'이라고 일축하기도 하였다.

이 글에서는 이러한 상반된 평가를 받고 있는 『겨레말큰사전』 편찬 사업의 의의를 간략히 소개하고, 그동안의 편찬 경과를 보고하고자 한다.

II. 『겨레말큰사전』의 성격

『겨레말큰사전』의 성격은 제2차 남북공동편찬위원회 회의(2005. 7.)에서 합의한 '공동편찬요강'에 잘 나타나 있는데 이를 제시하면 다음과 같다.

■ 『겨레말큰사전』 공동편찬요강

1) 사전의 성격

① 『겨레말큰사전』은 우리 겨레가 오랜 기간에 걸쳐 창조하고 발전시켜 온 민족어 유산을 조사 발굴하여 총 집대성한 사전이다.

② 『겨레말큰사전』은 사전 편찬에서 제기되는 여러 가지 문제들을 남과 북이 공동으로 합의 해결한 통일 지향적인 사전이다.

③ 『겨레말큰사전』은 수집한 어휘 자료 가운데서 남과 북이 공동으로 쓰는 것은 우선 올리고 차이 나는 것은 남과 북이 있는 힘껏 합의하여 단일화한 약 30만 개의 올림말을 가진 대사전이다.[1]

④ 『겨레말큰사전』은 정보화 시대의 요구에 맞게 전자사전을 동시에 발행할 수 있도록 여러 가지 언어 정보를 주는 현대 사전이다.

2) 사전의 편찬 원칙

① '6.15 남북공동선언' 정신에 맞게 민족 공조의 원칙에서 모든 문제를 풀어나간다.

② 남과 북의 언어적 차이를 한꺼번에 다 없앨 수 없는 조건에서 단계를 설정해 놓고 하나하나 해결해 나가는 방법으로 사전을 완성하되 이를 지속적으로 보충하도록 한다.

③ 남과 북의 언어적 차이를 줄이며 우리말의 민족적 특성을 높이 발양시키는 방향에서 사전을 편찬하기 위하여 부문별 작업 요강 3~5개를 만들어 사전 편찬 작업의 공통된 지침서로 삼는다. 작업 요강은 '원고 집필 요강', '언어 규범 단일화 요강', '어휘 조사 요강', '남북 국어사전 비교 요강', '사전 자료 정보화 요강' 등이다.

3) 사전의 올림말과 뜻풀이

ㄱ. 사전의 올림말

① 20세기로부터 오늘에 이르기까지 우리 민족이 쓰고 있거나 썼던 말 중에서 올림말로 올릴 가치가 있는 어휘를 수록한다.

---

1) 2006년도에 남북공동편찬위원회에서는 『겨레말큰사전』의 올림말을 최소한 30만 개 이상 올리기로 합의하였다.

② 기존 사전 (『조선말대사전』과 『표준국어대사전』)에 있는 올림말에
서 『겨레말큰사전』에 올릴 어휘를 우선 합의, 확정한다.

③ 방언, 민속 어휘, 동식물 이명, 직업 어휘, 문학 작품에서 뽑은 말,
새말 등 광범한 분야의 문헌 자료와 생산 현장에서 어휘 조사 사업
을 진행하여 민족 고유의 어휘 표현을 많이 올리도록 한다.

④ 현시대 과학 기술 발전의 요구에 맞게 전문 용어를 어느 정도 올리
되 일상생활에서 널리 쓰이는 말을 영역별로 선별한다.

ㄴ. 사전의 뜻풀이

① 언어학적인 뜻풀이 방식을 기본으로 하며 전문 용어를 비롯한 일부
올림말에 대해서는 백과사전적인 뜻풀이 방식을 적용한다.

② 뜻풀이 문장 구성에서는 어떤 격식에 얽매이지 않으며 보다 친절하
고 알기 쉬운 방식으로 서술하도록 한다.

③ 될 수 있는 한 단어의 밑뜻이나 어원 및 유래를 밝히기 위하여 노력
한다.

④ 올림말에서 발음, 원어, 문법 정보, 뜻풀이, 용례, 관련어 등의 폭넓
은 정보를 주되 남과 북이 합의하여 처리한다.

4) 작업 방식과 제품의 완성 형식

① 남과 북의 공동편찬위원회는 각기 자기 산하에 3-5개의 작업조를
구성하여 사전 편찬 사업을 밀고나간다.

② 공동편찬위원회는 사전 편찬 요강과 작업 요강들의 심의, 사전 초
고 심사 검토, 사전 편찬과 관련한 국제 토론회 조직, 매개 작업조
에서 제기된 학술적인 문제들을 심의 결정하며, 작업조에서는 작업
요강 작성과 자료 조사, 초고 집필 등 사전 편찬 작업을 직접 집행
한다.

③ 남은 『표준국어대사전』, 북은 『조선말대사전』을 모체로 제각기 올

림말 선정과 뜻풀이 작업, 새말 보충 작업을 진행한다.

④ 언어 규범의 남북 단일화 문제와 사전 원고 집필에서 생기는 언어
학적인 문제는 양측 부문별 작업조(언어 규범 단일화조, 원고 집필
조)들이 편찬위원회 모임과는 따로 지속적인 협의를 거쳐 완성하는
방법으로 진행할 수 있다.

⑤ 남과 북에서 제각기 만든『겨레말큰사전』의 원고를 합쳐 완성할 때
에는 몇 개 부분으로 나누어 집중적으로 진행하며 단계적으로 편찬
위원회의 심사를 받아 편집 완성한다.

⑥ 완성된 원고는 남과 북의 합의 아래에서만 출판할 수 있으며 합의
된 원고는 표현 하나도 자의로 고칠 수 없다.

2005년 7월 10일

『겨레말큰사전』남북공동편찬위원회, 평양

* 본 사전편찬공동요강은『겨레말큰사전』이 완성될 때까지 양측이 반
드시 지켜야 할 기초적인 사전편찬 지침이며 이 요강에 근거하여 작
업 요강이 작성되고 세부적인 문제들이 해결되어야 한다.

이 '공동편찬요강'을 기초로 하여 2009년 7월까지 '올림말 선별(2
차)', '종합 집필요강 작성', '새어휘 조사 및 집필요강 작성' 등의 작업
을 마쳤다. 이후부터는 이 편찬요강을 바탕으로 하여 원고 집필 작업
을 진행하고 있다.

Ⅲ.『겨레말큰사전』의 편찬 경과2)

2012년 현재 남북의 편찬실에서는 앞서 살펴본 공동편찬요강을 바탕으로 하여 집필 작업에 매진하고 있다. 집필은 자모별로 남측에서 'ㄱ, ㅁ, ㅇ, ㅈ, ㅊ' 부분을, 북측에서 'ㄴ, ㄷ, ㄹ, ㅁ, ㅂ, ㅅ, ㅋ, ㅌ, ㅍ, ㅎ, ㄲ~ㅉ' 부분을 맡아서 작업하고 있다. 또한 어휘 부류별로 '문법형태소'와 '언어학용어'는 남측에서, '의성의태어'는 북측에서 맡아 집필 작업을 진행하고 있다. 이 과정에서 제기되는 여러 문제들은 1년에 4회 개최되는 남북공동편찬위원회에서 논의하여 합의하고 있다. 남북공동편찬위원회를 중심으로 그동안의 사전 편찬 경과를 간략히 보이기로 한다.

3.1. 남북공동편찬위원회 회의 일정 및 내용

- 제1차 남북공동편찬위원회(금강산, 2005. 2. 19~21):『겨레말큰사전』남북공동편찬사업회 결성식 개최.
- 제2차 남북공동편찬위원회(평양, 2005. 7. 9~12):『겨레말큰사전』공동편찬요강 합의.
- 제3차 남북공동편찬위원회(서울, 2005. 8. 14~17):『겨레말큰사

---

2) 『겨레말큰사전』 편찬 사업은 고 문익환 목사가 1989년 평양을 방문하여 김일성 주석에게 '통일국어대사전' 편찬을 제안하면서 태동하였다. 그 이후 여러 사정으로 진척이 없다가 박용길 장로(문익환 목사의 부인)가 2004년 1월에 김정일 위원장에게 보내는 친서에서 다시 '통일국어대사전' 편찬을 요청하여 사업 승인을 받으면서 사전편찬 사업이 점차 가시화되었다. 이후 2005년 2월에 남북공동편찬위원회가 결성되었고, 2006년 3월에 '겨레말큰사전 남북공동편찬사업회'가 출범하면서 편찬 사업이 본격적인 궤도에 오르게 되었다. 편찬사업회 조직과 관련된 구체적인 사항은 『겨레말큰사전』남북공동편찬사업회 홈페이지(http://www.gyeoremal.or.kr)를 참조하기 바람.

전』남북공동편찬사업 보고회의 개최,『겨레말큰사전』세부 작
업요강 발표(컴퓨터 정보화 작업요강/올림말 선정 작업요강/문
헌 및 지역어 조사 작업요강 등).

- 제4차 남북공동편찬위원회(개성, 2005.11.24~27): 세부 작업요
  강(단일어문규범작성 요강/올림말 선정 작업요강/어휘 조사 작
  업요강) 합의.
- 제5차 남북공동편찬위원회(베이징, 2006.3.17~21): 새어휘 선
  정 방식 논의, 어문규범 세부 사항(자모 배열순서와 명칭/사이시
  옷/띄어쓰기/형태의 표기) 논의, 올림말 선정 방식 합의, 남북이
  조사한 새어휘 500항목 교환.
- 제6차 남북공동편찬위원회(금강산, 2006.5.27~30): 'ㄱ' 부분 올
  림말 선별 결과 검토 및 교환, 새어휘 조사 양식 합의, 남북이 조
  사한 새어휘 500항목 교환, 어문규범 세부 사항(사이시옷, 띄어
  쓰기, 형태의 표기, 문법용어) 논의.
- 제7차 남북공동편찬위원회(평양, 2006.9.20~23): 'ㄴ~ㄹ' 부분
  올림말 선별 결과 검토 및 교환, 새어휘 선별 방식 논의, 남북이
  조사한 새어휘 500항목 교환, 어문규범 세부 사항(두음법칙, 외
  래어표기법, 형태의 표기, 문법용어) 논의.
- 제8차 남북공동편찬위원회(베이징, 2006.11.27~30): 'ㅁ~ㅂ' 부
  분 올림말 선별 결과 검토 및 교환, 집필 방식 및 집필요강 논의,
  어문규범(외래어 표기, 형태표기, 문법용어, 두음법칙) 논의.
- 제9차 남북공동편찬위원회(금강산, 2007.4.27~30): 'ㅅ' 부분 올
  림말 선별 결과 검토 및 교환, 풀이항의 속구조 논의, 새어휘 선
  별 방식 논의, 어문규범 세부 사항 논의.
- 제10차 남북공동편찬위원회(평양, 2007.8.8~11): 'ㅈ' 부분 올림
  말 선별 결과 검토 및 교환, 풀이항의 속구조 논의, 새어휘 조사

요강 논의, 새어휘 500개 교환, 어문규범 세부 사항 논의.

- 제11차 남북공동편찬위원회(심양, 2007.10.14~17): 집필 세부 요강 논의, 새어휘 조사 세부 요강 논의, 새어휘 500개 교환, 어문규범 세부 사항 논의, 전자사전 개발 방식 논의.

- 제12차 남북공동편찬위원회(금강산, 2007.12.7~10): 1차 올림말 선별 완료, 관용구·속담 선정 방식 논의, 계열어휘 처리 방식 논의, 집필요강 논의, 새어휘 500개 교환, 새어휘 조사 과정에서 '검토'로 처리한 1,000개에 대한 논의, 어문규범 세부 사항(형태표기·사이시옷 표기·외래어 표기) 논의, 전자사전·집필프로그램·폰트 개발 논의.

- 제13차 남북공동편찬위원회(개성, 2008.2.19~21): 제1차 시범 집필 결과 논의, 어문 규범 세부 사항 논의, 제2차 시범집필 원고 교환, 새어휘 500개 교환, 통합자료 관리 방안 논의.

- 제14차 남북공동편찬위원회(베이징, 2008.5.12~15): 올림말 재검토 방식과 일정 논의, 계열어 목록·유의어 목록 정리 방식 논의, 통합자료 정비 방식 논의, 용례검색자료 구축 논의, 집필원고 배분 방식 논의, 새어휘 500개 교환, 어문규범 세부 사항(형태표기·띄어쓰기·외래어표기) 논의.

- 제15차 남북공동편찬위원회(개성, 2008.10.29~31): 올림말 재검토 방식 논의, 계열어 목록·유의어 목록 정리 방식 논의, 어문규범 세부 사항(형태표기·띄어쓰기·외래어표기) 논의, 시범원고 2,000개 교환, 새어휘 500개 교환, 문학 작품의 판본 확정 문제 논의.

- 제16차 남북공동편찬위원회(평양, 2008.12.13~16): 올림말 재검토 결과물 교환, 새어휘 500개 교환, 새어휘 집필 방식 논의, 어문규범 세부 사항(띄어쓰기·외래어표기) 논의.

- 제17차 남북공동편찬위원회(평양, 2009.3.28~4.4): 올림말 재검토 결과물 논의, 계열어휘 선정 기준 논의, 원고 교환 형식 및 원고집필프로그램 설계 방식 논의, 풀이항 속구조의 형식 논의, 새어휘 500개 교환, 새어휘 세부 집필 방식 논의, 어문규범 세부 사항(사이시옷 표기·의존 명사의 띄어쓰기·형태표기·외래어 표기) 논의, 제1차 집필회의 개최(총 3,099개의 원고를 검토하여 2,655개 원고를 확정함).

- 제18차 남북공동편찬위원회(심양, 2009.6.21~30): '문제 어휘' 선정 기준 논의, 계열어휘 선정 기준 합의, 원고집필프로그램 수정 사항 논의, 종합집필요강 합의, 새어휘 500개 교환, 새어휘 세부 집필 방식 논의, 어문규범 세부 사항 논의, 제2차 집필회의 개최(총 11,367개의 원고를 검토하여 8,714개 원고를 완성함).

- 제19차 남북공동편찬위원회(개성, 2009.10.27~11.3): '문제 어휘 선정 기준 논의, 추가 계열어휘 선정 기준 합의, 집필프로그램 수정 사항 논의, 종합집필요강 합의, 새어휘 500개 교환, 어문규범 세부 사항 논의, 제3차 집필회의 개최(17,978개의 원고를 검토하여 12,897개의 1차 합의원고를 완성함).

- 제20차 남북공동편찬위원회(심양, 2009.12.17~23): 문제 어휘 선정 기준 논의, 추가 계열어휘 선정 기준 합의, 〈통합자료〉 정비 방안 논의, 〈원고보기프로그램〉의 교열 기능에 관한 논의, 종합집필요강 합의, 새어휘 500개 교환, 『표준국어대사전』과 『조선말대사전』의 지역어 집필 방식 논의, 어문규범 세부 사항 논의, 제4차 집필회의 개최(7,098개의 원고를 검토하여 6,048개의 1차 합의원고를 완성함).

3.2. 『겨레말큰사전』 편찬 사업 진척률(2012.11.30)

업무＼항목	내용	업무 비중	업무별 진척률	전체 대비 진척률
올림말 사업	올림말 선별 요강 합의, 올림말 선별 작업 진행 중(2차 완료) 계열어휘 목록 선정	20	92	18.4
새어휘 사업	새어휘 조사 요강 합의, 새어휘 선별 및 조사 작업 진행 중	10	92	9.2
집필 사업 — 기존 올림말 집필	집필요강 합의, 예비 집필 완료, 본 집필 진행 중	30	50	15.0
집필 사업 — 새어휘 집필	집필요강 합의, 예비 집필 완료, 본 집필 진행 중	10	50	5.0
형태표기 단일화 사업	자모 명칭, 자모순 논의 완료, 두음법칙, 사이시옷, 띄어쓰기, 외래어 표기 등에 대한 단일화 논의 진행 중	10	90	9.0
편찬 프로그램 개발/운용	용례검색 프로그램, 원고입력 프로그램 등 개발	10	90	9.0
교정·교열 및 출판		10	0	0
계		100	-	65.6

구분	2006	2007	2008	2009	2010	2011	2012	2013~2014
올림말	1차선별		2차선별		올림말 관리			
새어휘	새어휘 조사 및 집필				새어휘 관리 및 집필			
집필	집필요강 작성 및 시범집필			본 집필				

구분	2006	2007	2008	2009	2010	2011	2012	2013 ~ 2014
편찬 프로그램 개발	사전 편찬 관련 각종 프로그램 개발 (용례 검색기, 원고 집필기 등)							
형태표기	어휘 형태, 표기							
교정 교열 출판								교정 교열 출판

* 2010년부터 남북 공동회의가 개최되지 않아 편찬 일정 연기가 불가피한 상황임.

　남북공동편찬위원회에서는 '올림말 분과', '새어휘 분과', '정보화 분과', '집필 분과', '어문규범 분과'의 5분과로 나누어 편찬 과정에서 발생하는 문제점들을 논의하고 있다. 제16차 회의(2008)까지 『겨레말큰사전』 '편찬요강', '올림말 선정 기준 및 원칙', '세부 집필요강' 등 사전 편찬에 필요한 원칙과 기준들을 남북이 합의하였다.

　이를 바탕으로 하여 제17차 회의(2009)부터는 공동편찬회의를 이틀로 줄이고, 연이어 7-8일 동안 '집필회의'를 개최하기로 하였다. 현재 'ㄱ', 'ㄴ', 'ㄷ' 부분의 원고에 대한 교차 검토 작업을 진행하여 약 4만여 어휘에 대한 1차 합의원고를 완성하였다.

　2010년 이후부터 남북 관계가 경색되면서 남북 공동 회의가 전면적으로 중단되었다. 이에 남측 편찬사업회에서는 남측 작업 분량을 마무리하는 데 전력을 기울이고 있는 상황이다.

Ⅳ. 맺는 말

사회의 체제·문화나 사람들의 사고방식 등의 변화가 하루아침에 갑자기 일어나지 않듯이, 남북의 언어 차이도 한순간에 획기적으로 극복되지 않는다. 남북의 언어 차이는 60여 년의 긴 시간 동안 점진적으로 진행되어 온 것이므로, 그 차이를 극복하는 일도 점진적으로 이루어질 수밖에 없다.

남북의 언어 차이를 단번에 극복할 수 있는 방안이 없다고 해서 체제 통일 이후까지 마냥 기다릴 수는 없다. 우리 앞에 반드시 건너야 할 개울이 있다고 가정했을 때, 한 번에 건널 수 없다고 하여 그 개울이 메워질 때까지 마냥 기다릴 수는 없는 것이다. 개울을 건너기 위해 개울의 중간 중간에 돌을 놓고 하나하나 디뎌 가며 건너듯이, 우리가 열망하는 언어 통일도 디딤돌을 놓는 작업처럼 하나하나 준비하지 않을 수 없다. 설령 그 디딤돌이 잘못 놓이거나 쓸모없는 것이 될지라도 이러한 작업을 하지 않고서는 언어 통일로 가는 징검다리를 놓을 수 없기 때문이다. 언어 통일을 위한 아무런 준비 없이 체제가 통일된다면, 남북의 겨레는 의사소통에 적지 않은 불편을 겪게 될 것이고, 이는 또 다른 사회 갈등을 유발하여 진정한 통일을 이루는 데 막대한 지장을 초래할 것이다. 『겨레말큰사전』 편찬의 의의는 바로 여기에 있다.

엄밀히 말하면, 『겨레말큰사전』은 '통일사전'이라기보다는 '통일 지향적인 사전'이다.[3] 『겨레말큰사전』은 지난 60여 년간 진행된 어

---

3) '통일사전'은 체제가 하나로 통일된 상태에서 편찬될 수 있는 사전이다. 양측 정부 차원에서 최소한 어문 규범이라도 단일화를 해 놓아야 '통일사전'을 편찬할 수 있을 것인데, 아쉽게도 남북의 현 상황은 그렇지 못하다. 이에 남북 공동 편찬사업회에서는 단일어문규범위원회를 별도로 두어(남측의 국어학 전문가들과 '국립국어원' 소속 위원, 그리고 북측의 '조선사회과학원' 소속 위원들로 구성), 어문

휘 이질화의 실태를 남북 사전편찬가들이 함께 검토하여, 대화를 통해 차이를 극복할 수 있는 것은 극복하고, 당장 극복할 수 없는 것은 그 차이를 그대로 안고 가면서 만드는 사전이다.

『겨레말큰사전』이 그동안 남과 북에서 각기 만들어진 사전과 다른 점은 '남북이 함께 만들고', '남북이 함께 이용할 사전'이라는 점이다. 남북이 함께 사전을 만들면 '남북의 어휘 전반에 대한 검토'와 '남북의 어문 규범 및 어휘 차이에 대한 논의'를 자연스럽게 하게 된다. 이러한 과정에서 남북의 차이가 낱낱이 밝혀질 것이고, 그 차이를 극복하기 위한 방안도 자연스럽게 찾게 될 것이다. 그리고 남북이 함께 편찬한 사전을 남북의 겨레가 함께 이용하게 되면, 서로의 말에서 느끼는 이질감을 자연스럽게 줄여 나갈 수 있을 것이다. 더 나아가, 『겨레말큰사전』은 일본·중국·러시아·중앙아시아 등에서 우리 동포들이 실제 사용하고 있는 입말도 수록할 예정이므로, 명실공히 '온 겨레의 말'을 집대성하는 사전이 될 것이다.

그런데 남북이 함께 사전을 만든다는 것은 생각보다 간단하지 않다. 사회 제도나 문화가 달라 올림말 선정부터 뜻풀이까지 모두 하나하나 합의해서 결정해야 하기 때문이다. 올림말을 '노인'으로 올릴 것인지, '로인'으로 올릴 것인지, '의식주(남)'와 '식의주(북)' 가운데 어느 것을 올릴 것인지(아니면 모두 올릴 것인지), (북에서는 쓰지 않는) '비디오', '노트북' 등의 외래어를 인정할 것인지도 합의해야 한다. 그리고 뜻에 차이가 있는 낱말, 즉 '동무'의 뜻으로 '늘 친하게 어울리는 사람' 외에, (북에서만 통용되는) '혁명위업을 이룩하기 위하

규범 단일화 작업을 진행하고 있다. 이 위원회에서 합의한 단일어문규범은 『겨레말큰사전』 편찬에만 적용될 뿐, 현행 남북 어문 규범을 대체하는 규범은 아니다. 이런 점에서 『겨레말큰사전』은 통일사전이라기보다는 통일을 지향하는 사전이라 할 수 있을 것이다.

여 함께 싸우는 사람'을 인정할 것인지도 합의해야 한다. 이처럼 합의해야 할 사항이 산적해 있지만 왕래가 자유롭지 못하고 상시 의논할 수 있는 상황도 아니어서 어려움이 많다. 이러한 어려운 상황에서도, '겨레말큰사전 남북공동편찬사업회'는 1년에 4차례 열리는 정기회의를 지속해 왔고, 전체 사전 편찬 일정에 맞추어 편찬 작업을 차질 없이 진행하고 있다.

'겨레말큰사전 남북공동편찬사업회'는 2006년 3월에 꾸려졌다. 이 사업회가 꾸려지기까지 여러 곡절이 있었고, 많은 분들의 성원도 있었다. 사전 편찬이 완료될 때까지 이런 어려움이 계속되겠지만, 그 어려움이 사전 편찬 외적인 것이 아니길 간절히 바란다. 그리고 남과 북의 편찬원들이 동요 없이 올림말을 선정하고 뜻풀이하는 작업에 매진할 수 있도록 겨레 여러분의 기대와 응원을 부탁드린다.

『한국 현대 장편소설 사전』 편찬의 실제와 의미[*]

황경 · 최성윤 · 김영애^{**}

Ⅰ. 『한국 현대 장편소설 사전』 편찬의 목적

1.1. 연구의 목적

본 연구팀의 연구 목적은 『한국 현대 장편소설 사전』을 편찬하는 데에 있다. 『한국 현대 장편소설 사전』이란 한국 근대 장편소설의

---

* 이 글은 2011년 한국연구재단에 제출한 '『한국 근대 장편소설 사전』 결과보고서'(과제번호 KRF-2008-322-A00069)의 내용을 편집 · 수정하여 2012년 8월 18일 '한국학 사전 및 공구서 모임'에서 발표한 것을 다시 일부 수정한 것이다. 『한국 현대 장편소설 사전』은 2013년 2월 고려대학교 출판부에서 단행본으로 출간되었다. 이는 근대 장편소설 가운데 이른바 '본격소설'로 분류된 작품들을 우선 정리한 결과물이다.
** 황 경, 한경대학교 강사
   최성윤, 고려대학교 강사
   김영애, 고려대학교 강사

태동기부터 한국전쟁이 발발하기 이전인 1950년에 이르기까지 장편소설 작품을 총망라하여 개별 작품의 서사 개요 및 서지사항(첫 발표지면·연재지면·단행본 출간 내역 포함), 문학사적 의미 등을 체계적으로 기술한 사전을 말한다.

한국 현대 장편소설을 본 연구의 대상으로 삼은 이유는 다음과 같다. 우선 한국 현대문학 연구에 있어서 100여 년의 긴 기간 동안 작품의 정리와 수집이 본격적으로 진행된 바 없다는 점이다. 특히 근대소설의 태동부터 안정기까지 많은 작품들이 존재했으나 연구에서 소외되었던 것이다. 본 연구는 이와 같은 작품들을 발굴하고 정리함으로써 한국 근대소설의 연구 대상을 확대하는 데에 일차적인 목표가 있다. 둘째, 한국 현대 장편소설은 한국 근대문학에 있어서 다양한 매체와 단행본으로 출간된 바 있다. 일부 언론 매체만을 중심으로 발표된 단편소설에 비하여 장편소설은 그 수록된 매체별 특징과 변모 양상을 살펴보기에 적합하다는 점이다. 특히 신문 혹은 잡지에 발표된 후 단행본으로 출간된 많은 장편소설들을 정리함으로써 작품의 변모 양상을 폭넓게 살펴볼 수 있다는 장점이 있는 것이다.

이 같은 목표를 바탕으로『한국 현대 장편소설 사전』편찬을 위해서는 자료 수집을 통한 데이터베이스 구축이 선행되어야 한다. 본 연구진은 신소설, 번역·번안소설, 정치소설, 농촌소설, 역사소설, 영화소설, 어린이소설, 통속소설 등 모든 장편소설을 총망라하여 작품의 목록을 조사·수집하여 왔다. 그 유형은 신문, 잡지, 전작 단행본으로 발표한 작품들과 신문·잡지의 기사 및 광고, 기타 광고 등을 추적하여 확보한 작품들이다.

이 작품들 가운데 상당수는 한국 현대소설사 연구에서 소외되어 왔거나 미발굴된 것들이다. 그렇기에 기존의 소설사에서 언급된 작품들과 새로운 발굴을 통하여 확보된 작품들을 통합하여 사전을 편찬하고 데이터베이스를 구축하는 작업은 한국 현대 문학사의 한 토대를 견고히 할 수 있다는 점에서 그 자체로 의미가 있다.

본 연구는 궁극적으로 근대 장편소설에 대하여 지속적인 조사·수집을 토대로 데이터베이스를 구축하고, 구축된 데이터베이스를 바탕으로 활자출판과 전자출판 형태의『한국 현대 장편소설 사전』을 편찬하는 것이 목적이라고 할 수 있다.

1.2. 연구의 필요성 및 연구 목표

1.2.1. 장편소설 사전의 부재

이제까지 소설을 대상으로 편찬한 사전들은 특정 작가별 소설어 해설이나 특정 작품에 나타난 어휘 해설에 그 내용이 편중되어 있었으며, 이러한 사전들이 다루는 대상은 대부분 문학사적 가치를 인정받은 작가 혹은 작품에 국한되어왔다. 근래 들어 몇몇 작가와 작품에 대한 사전이 편찬되었거나 편찬 작업이 진행되고 있지만 이들 사전으로는 한국 근현대 소설 작품들을 총체적으로 고찰하기 어렵다. 그렇기에 충분한 자료의 축적과 정리는 문학연구 제반을 위해 선결되어야 할 필수 과제라고 할 수 있다.

1.2.2. 근대 소설 연구의 필수적 토대 구축

소설(novel)은 근대의 장르이다. 소설의 근대적 면모는 장편소설에서 두드러지게 나타난다. 삶의 편린을 주로 다루는 단편소설과 달리 장편소설은 근대적 세계상과 시대 인식 그리고 이와 혼융된 인간들의 운명을 총체적으로 보여준다. 근대 장편소설은 근대문학 태동기 이래로 끊임없이 창작되어 왔다. 신소설, 번역 및 번안소설, 정치소설, 농촌소설, 역사소설, 영화소설, 어린이소설, 통속소설 등 다양한 내용과 형식으로 독자들과 소통하며 새로운 서사 문화를 형성하였다. 이러한 근대 장편소설의 형성은 우리 근대문학이 뿌리내린 과정과 궤를 같이 한다.

근현대 장편소설을 총망라하여 데이터베이스를 구축하는 일은 문학연구를 위한 가장 기초적이고 필수적인 작업이다. 구축되어야 할 토대 없이 당대 작품 세계의 지형을 살핀다면 자칫 전체적인 시각을 잃기 쉽다. 가령 문학사에서 가치 있게 조망하는 주요 작품 위주로 당대의 서사 문화를 평가할 경우, 한정된 작품으로 다양한 작품 세계의 의미를 고착화할 우려가 있다. 문학사가 사가(史家)의 시선에 의해 선택과 배제의 논리가 작용한 결과라면 마땅히 선택과 배제의 논리가 작용할 전반적 자료의 축적이 전제되어야 한다. 더구나 자료의 발굴과 축적은 소실되어 가고 있는 작품들의 발견과 복원을 위해 시급히 해결해야 할 과제이기도 하다. 그렇기에 본 연구는 올바른 문학사의 정립을 위한 토대 구축을 위하여 모든 작품들을 망라하고 정리함으로써 학문 연구 대상의 범위를 확대하고 실증적으로 만드는 기초가 될 수 있다.

1.2.3. 다양한 문학사 기술을 위한 토대 마련

역사 기술은 대개 '역사적 사건'을 중심으로 이루어져 왔다. '역사적 사건'은 전후(前後)를 구분할 수 있는 전환적 의미를 지닌다. 따라서 '역사적 사건'은 한 시기의 대표성을 드러낸다. '역사적 사건' 중심으로 역사를 기술할 때 발전 혹은 진화적 성격이 통시적으로 나타나는 까닭이 여기에 있다. 이제까지 기술된 한국문학사들 역시 이러한 성격에서 크게 벗어나지 않는다. 문학사가에 의해 부각된 작품들이 문학사의 근간을 형성한다. 그리고 이러한 작품들을 중심으로 한 시기의 문학적 풍토와 의미가 평가된다.

그런데 '역사적 사건' 중심의 문학사 기술 풍토는 중심적 '사건'이 문학사마다 중첩됨으로써 대표성으로 공인된 작품들 위주의 문학사를 고착화하는 현상을 낳고 있다. 이는 우리 문학의 토양을 형성하고 있는 수많은 작품들을 주변으로 소외시키거나 심지어는 사장시키는 결과를 불러오기도 한다.

『한국 현대 장편소설 사전』의 편찬은 이러한 폐단을 극복할 수 있는 근본적이며 구체적인 방안을 제시한다. 우리 근대문학의 태동기부터 한국전쟁 발발 이전 시기에 이르기까지 모든 장편소설을 집적함으로써 다양한 문학사 기술의 토대를 구축할 수 있기 때문이다. 더나아가 장편소설이 담고 있는 풍부한 삶의 풍경과 시대적 정보들은 통시적 성격의 역사 기술뿐만 아니라, 풍속, 인물(성격·계층·직업·성별·연령 등), 공간, 작품의 구조 등 미시적이고 공시적인 문학사를 다양하게 기술할 수 있는 토대를 제공해줄 것이다. 따라서 문학사의 외연 확장뿐만 아니라 문학을 문화사와 연계시킨다는 점에서도 큰 의미가 있다.

1.2.4. 정확한 서지 사항 파악과 정리

사전이 갖추어야 할 가장 중요한 요건은 정확성이다. 작가·작품명·작품별 서지 사항 등은 엄밀한 조사 과정을 거쳐 기술되어야 할 항목들이다. 기원을 분명히 규정하기 어려운 근대 장편소설은 신소설, 번역 및 번안소설 등과 함께 다양한 지면을 통해 발표되었다. 이 작품들의 발표 지면과 단행본 발간 내역 등을 정확하게 파악하는 일은 텍스트의 원본 확정과 변모 과정 고찰을 위해 필수적이다. 특히 본 연구진이 확인한 바, 근대 장편소설 연구 과정에서 초기 연구자들이 범한 서지사항의 오류를 후대 연구자들이 그대로 답습하는 경향이 존재한다. 『한국 현대 장편소설 사전』은 이러한 오류를 바로잡는 한편 연구자들에게 정확한 서지 정보를 제공하여 텍스트에 대한 접근과 자료 확보를 용이하게 해 줄 것이다.

1.2.5. 콘텐츠 발굴과 확장에 기여 가능

인간은 서사적 존재이다. 출생과 성장, 죽음에 이르기까지 인간은 시간의 흐름 속에서 살아간다. 또한 아침부터 밤까지 무수한 이야기를 만들고 전하고 들으며 생활한다. 서사문학의 요체인 이야기는 인류 문화를 생성하는 힘이다. 매체 발전과 다양화는 새로운 이야기 문화를 조성한다. 각각 예술 분야의 경계가 허물어지면서 새로운 이야기 형식들이 창출되고 있다. 활자문화와 영상문화, 문학과 음악·무용·미술 등의 상호 교섭이 대표적인 경우이다.

이러한 문화적 상황에서 제기되는 문제가 이른 바 '콘텐츠의 부재'이다. '콘텐츠의 부재'는 무분별하게 외국 콘텐츠를 원용하는 사태를 불러오기도 한다. 우리가 가진 풍부한 이야기 자산을 검토하고 발굴·복원하지 못한 데에서도 그 원인을 찾을 수 있다.

『한국 현대 장편소설 사전』은 신소설의 형성기부터 번역·번안소설, 근대 장편소설에 이르기까지 근대적 삶의 모습을 간직하고 있는 이야기들을 총망라함으로써 콘텐츠의 기반을 확장하는 역할을 할 수 있다. 근대적 삶의 풍경을 담고 있는 이야기들을 발굴·복원함으로써 '지금, 여기'의 시점에서 새롭게 조망할 수 있는 소중한 콘텐츠의 보고(寶庫)가 될 것이다.

1.3. 연구의 내용 및 범위

『한국 현대 장편소설 사전』을 편찬하기 위해서는 장기간의 작업이 필요하다. 정확한 자료 조사와 서사의 개요를 만드는 데에는 무엇보다 많은 시간과 노력이 든다. 본 연구팀은 2000년부터 본 작업을 위한 기초 작업을 진행하여 왔다. 현재 1,000여 작품의 목록을 작성하여 정리·확인 과정을 거치며 연구를 진행하고 있는 상태이다. 이 소설들은 통속연애소설, 정치소설, 영화소설, 본격소설, 어린이소설, 농촌소설, 역사소설 등 내용상 여러 층위로 분류될 수 있다. 본 연구팀은 이제까지 축적된 광대한 작품 목록과 서지 자료를 바탕으로 앞으로 구체적인 연구 활동을 진행하여 데이터베이스를 구축하고 『한국 현대 장편소설 사전』을 편찬하고자 한다.

1.3.1. 연구 단계의 설정

1.3.2.『한국 현대 장편소설 사전』의 대상 시기 및 대상 작품

1) 대상 시기

『한국 현대 장편소설 사전』의 대상 시기는 근대 문학 태동기에서
부터 1950년까지이다. 장편소설은 근대의 산물이다. 이전의 서사 형
식과 구분되는 근대 장편소설은 근대적 사유를 총체적으로 반영한
다. 근대 장편소설 역시 새로운 형식과 내용을 추구하는 과정에서 형
성되었다. 신소설, 번역 및 번안소설 등과 더불어 끊임없이 새로운
형식을 찾아가는 과정에서 태동하였기 때문이다. 따라서 한국 근대
장편소설의 기원을 특정 작가나 특정 작품으로 규정하기는 어렵다.
근대 장편소설의 뿌리를 찾기 위해서는 근대적 문학 형식의 맹아가
드러나는 저변을 포괄적으로 살펴야 한다. 연구의 대상 시기를 근대
문학 태동기로부터 설정한 것은 이 때문이다.

한편 한국전쟁이 발발하였던 1950년대는 한국현대사에서 격변의
시기로 정치·경제·사회·문화 모든 면에 걸쳐 큰 변화가 일어났다.
이 시기의 소설사는 전쟁을 소재로 한 문학작품이 큰 흐름을 형성하
였다. 전쟁 체험은 이후의 문학에서 인간의 실존문제와 근대에 대한
또 다른 성찰을 촉발시키는 계기가 되기도 하였다. 그렇기에 1950년
대를 전후로 하여 한국의 근대 장편소설의 특징은 매우 현저하게 달
라진다.

따라서『한국 현대 장편소설 사전』은 한국 근대 장편소설의 태동
과 성장이 진행되었던 1950년까지를 연구의 대상 시기로 규정하기
로 한다. 특히 이 시기는 근대문학 태동기 이래로 신소설, 번역 및 번
안소설, 정치소설, 농촌소설, 역사소설, 영화소설, 어린이소설, 통속
소설 등 다양한 내용과 형식의 소설들이 창작되었다. 이 시기의 작품
을 총망라하는 것은 우리 근대 장편소설의 형성 과정을 조망할 수 있

는 작업이다.

2) 대상 작품

『한국 현대 장편소설 사전』은 위에서 말한 대상 시기 한국에서 발표된 모든 형태, 모든 내용의 장편소설을 대상 작품으로 삼는다. 단편소설은 대상에 포함시키지 않으나 분량이 긴 중편소설은 기준을 설정하여 포함시킨다. 한국 근대 장편소설의 형성사를 살피자면 중편소설과 장편소설의 경계가 분량을 기준으로 엄격하게 구분되지는 않기 때문이다. 모든 장편소설을 대상 작품으로 삼는 이유는 총망라를 통한 전체상을 제공하고 우리의 지적 자산인 이야기의 요체들을 보존·정리하기 위해서이다. 그런 이유로 발표가 중단되었거나 미완으로 종결된 소설 또한 연구 대상으로 포함한다.

1.4. 연구의 방법

1.4.1. 자료 수집의 절차와 방법

1) 자료의 종류

소설은 대중과 호흡하는 장르 특성상 다양한 매체를 통해 발표되었다. 신문은 우리 근대 장편소설의 성립에 가장 큰 영향력을 행사했다. 두 번째로 큰 영향력을 행사한 매체는 각종 잡지이다. 두 매체에서는 고정코너를 마련하여 장편소설을 연재하였다. 이 두 매체에 실린 작품들을 확인하고 정리하는 것은 장편소설의 기초 자료를 위해서는 매우 필수적인 작업이다. 또한 이 두 매체의 고정된 연재 코너가 아닌 기사 및 광고를 통해서도 장편소설의 정보를 확인할 수 있다. 단행본 서적의 광고 또한 장편소설의 정보를 확인할 수 있는 중요한 자료이다. 일부의 작품들은 전작장편소설 형태로 연재 과정을 거치지 않은 단행본 출판에 의해 발표되기도 하였다. 그러므로 ① 신문 ② 잡지 ③ 전작단행본 ④ 신문·잡지의 기사 및 광고 ⑤ 단행본서적의 뒷면 광고로 나뉘는 자료의 종류에 따라 다음과 같은 방법으로 조사·수집하도록 한다.

① 신문

신문 매체는 가장 영향력 있는 근대 장편소설 발표의 장이 되었다. 근대 문학 태동기에서부터 1950년까지 발간된 모든 종류의 신문에 연재된 장편소설을 조사·수집한다. 대표적인 신문은 다음과 같다.

〈경향신문〉, 〈광명일보〉, 〈대동신문〉, 〈동아일보〉, 〈만선일보〉, 〈매일신보〉, 〈시대일보〉, 〈신조선보〉, 〈신한민보〉, 〈예술통신〉, 〈자유신문〉, 〈제일신문〉, 〈조선일보〉, 〈조선중앙〉, 〈중앙일보〉, 〈중외일보〉, 〈현대일보〉

② 잡지

문예지뿐만 아니라 상업 잡지와 종교단체의 회보, 주보, 월보를 포함한 다양한 종류의 정기간행물에서 장편소설의 소재를 파악한다. 소설은 장르의 특성상 문예지 이외의 잡지에서도 대량으로 연재되었기 때문이다. 전문 문예지보다 일반 잡지에 더 많이 연재되기도 하였다. 대표적인 잡지는 다음과 같다.

『가톨릭청년』, 『감리회보』, 『개벽』, 『경제연구』, 『경학원잡지』, 『공영』, 『광업조선』, 『교우』, 『농민』, 『농민생활』, 『동광』, 『동학지광』, 『문장』, 『민성』, 『박문』, 『반도시론』, 『백광』, 『백두산』,

『백민』,『백조』,『별건곤』,『별나라』,『부인』,『불교』,『붉은 저고리』,

『비판』,『삼천리』,『삼천리문학』,『새별』,『서물동호회보』,『세광』,

『소년』,『소년조선』,『소년중앙』,『시건설』,『시사평론』,『신가정』,

『신계단』,『신동아』,『신문계』,『신문학』,『신민』,『신생』,『신생활』,

『신소설』,『신여성』,『신조선』,『신천지』,『신흥』,『아희생활』,

『어린이』,『여성』,『여성조선』,『월간야담』,『인문평론』,『제일선』,

『조광』,『조선강단』,『조선농민』,『조선문단』,『조선문학』,

『조선물산장려회보』,『조선시단』,『조선지광』,『중성』,『중앙』,『진생』,

『창조』,『천도교회월보』,『청년』,『청춘』,『춘추』,『태평양주보』,

『폐허』,『학등』,『학생』,『학지광』,『해외문학』,『현대상』,

『현대평론』,『혜성』,『호남평론』,『활천』

③ 전작 단행본

식민지시대에는 본격화되지 않았으나 김남천의『대하』와 같이 전작으로 간행한 장편소설이 이에 해당된다. 이 경우에는 전작 단행본 간행의 취지와 경위를 반드시 표기한다. 신문·잡지 등에 연재되었다가 단행본으로 간행된 경우 단행본 출간 내역을 서지사항에 포함시킨다.

④ 신문·잡지의 기사 및 광고

기사와 광고에서 얻는 정보는 실제로 연재되지 않거나 간행되지 않은 경우가 있어서 작품의 정체를 확인하는 데에 많은 시일이 걸린다. 광고와 기사를 통해서 제목을 채집하는 경우에는 장르가 소설인지 비소설인지, 장편소설인지 소설집인지 확인한 후 사전의 항목에 넣는다.

⑤ 단행본 뒷면의 소설 광고

출판사마다 단행본을 내면서 해당 출판사에서 펴낸 도서목록을 뒷
페이지에서 광고 홍보용으로 제시하고 있다. 출판 여부는 ④의 경우
와 유사한데 단행본들의 장르를 확인한 후 장편소설에 해당하는 작
품을 사전의 항목에 포함시킨다.

2) 기타 자료 조사

『한국 현대 장편소설 사전』은 대상 시기 및 대상 작품이 같은 타
연구들을 검토한다. 자료의 정확성과 전문성을 기하기 위하여 다음
과 같은 방식의 자료조사를 실행한다.

① 기 발간된 각종 사전에서 확인되는 장편소설과 비교·대조
② 각종 작가론과 학위논문에서 확인되는 장편소설과 비교·대조
③ 각급 도서관 및 접속 가능한 데이터베이스 적극 활용

1.4.2. 자료의 분류와 분석

본 연구팀이 현재까지 장편소설 사전 편찬과 연구를 위하여 기초
작업으로 확보한 목록은 1천여 건이다. 이 소설들은 어린이소설, 통
속연애소설, 정치소설, 영화소설, 본격소설 등 내용상 여러 층위로
분류될 수 있다. 주제별 분류는 데이터베이스 구축 과정에서 가장 난
해한 작업에 해당된다. 본 연구팀은 최대한 객관적인 기준을 마련하
여 분류작업에 들어가려고 한다. 객관성을 기할 수 있는 기본적인 분
류기준은 8가지이다. 8가지의 분류기준은 다음과 같은 검색 결과를
예상하면서 마련되었다.

1) 작품별 분류

작품제목이 표제어가 되므로 가장 기본적인 분류 기준이 된다. 동일하거나 유사한 제목으로 관련 작품을 검색할 수 있다.

- 검색어 예시 : 무정, 강감찬전, 고향 등.

2) 작가별 분류

작가의 이름을 검색하면 그 작가의 모든 장편소설이 검색될 수 있도록 분류한다.

- 검색어 예시 : 이광수, 염상섭, 김동인 등.

3) 발표 시기별 분류

작품 발표 연도를 입력하면 그 시기의 모든 장편소설이 검색될 수 있도록 분류한다.

- 검색어 예시 : 1917년, 1905년 등의 연도. 혹은 연도를 포함한 숫자.

4) 발표 형태별 분류

발표 형태를 입력하면 그 형태의 모든 장편소설이 검색될 수 있도록 분류한다.

- 검색어 예시 : 전작장편, 신문연재, 잡지연재, 주보연재 등.

5) 발표 매체별 분류

발표 매체를 입력하면 그 매체를 이용해서 발표된 모든 장편소설이 검색될 수 있도록 분류한다.

- 검색어 예시 : 매일신보, 광업조선, 중외일보 등.

6) 세부 장르별 분류

세부장르를 입력하면 그 장르의 모든 장편소설이 검색될 수 있도록 분류한다.

- 검색어 예시 : 어린이소설, 번안소설, 번역소설, 영화소설 등.

7) 주요 공간별 분류

주요 공간을 입력하면 유사한 공간이 등장하는 장편소설이 검색될 수 있도록 분류한다.

- 검색어 예시 : 국내, 국외, 도시, 농촌, 산, 바다 등.

8) 주요 소재별 분류

주요 소재를 입력하면 유사한 소재가 등장하는 장편소설이 검색될 수 있도록 분류한다.

검색어 예시 : 독립운동, 연애, 신문물 등

이상에서 (1)~(5)는 자료조사를 바탕으로 한 것이므로 분석 절차를 거치지 않으나 (6)~(8)은 내용상의 특징에 해당되는 것이므로 작품 분석 절차를 거쳐야 한다. 이는 『한국 현대 장편소설 사전』이 서사의 개요를 수록할 것이므로 충분히 분류 및 입력이 가능하다. 이 자료의 분류와 분석, 입력은 '연구성과 활용방안'의 '데이터베이스 활용방안'과 긴밀히 연결된다.

1.4.3. 데이터베이스 구축 방법

1) 데이터베이스 구축 방법론

본 연구팀에서 계획하고 있는 데이터베이스 구축 방법은 "관계형 데이터베이스" 설계를 통한 방식이라고 할 수 있다. 일반적으로 '소설 작품'과 같은 대상의 경우 데이터베이스를 구축하기 위해서는 작품과 관련된 다양한 정보들을 정리하고 항목화 하는 것이 반드시 필요하다. 예를 들어 작품 A라는 것을 전제할 때, 데이터베이스를 구축하기 위한 기본 항목에는 ①작가 관련 사항, ②작품 관련 서지 사항, ③작품 자체와 관련한 사항 등이 필요한데, 각각의 대 항목에는 세부 항목이 자세하게 들어가야만 그 자료가 데이터로서 가치를 지니게 되는 것이다.

연구팀이 초점을 맞춘 연구 방법론은 이와 같은 세부 항목을 설계도 형식으로 만들기 위한 기초 작업과 관련한 것이다. 매달 진행되는 2회 이상의 세미나를 통하여 각 작품이 포함하고 있는 정보들을 항목으로 만들어 정리하고 이를 계층별로 묶고 나눔으로써 이 같은 목표에 도달하기 위하여 준비하였다.

현재 본 연구팀이 준비한 데이터베이스 구축을 위한 기초 항목에는 크게 ①작가 사항, ②인물, ③배경, ④서지 사항, ⑤스토리 사항 등이 대분류로 설정되어 있으며, 하위 항목에는 각각 유형화할 수 있는 최적화된 항목이 설정되어 있다. 다음의 〈표 1〉는 데이터베이스 구축을 위한 항목 매뉴얼의 일부이다. 참조를 위하여 제시한다.

항목	시간적 배경	공간적 배경	서사 진행 시간	서사 관련사건
	01. 삼국시대 이전	01. 대한민국	01. 1일	01. 한일합방
	02. 삼국시대	-1.1 서울	02. 1주일 이하	02. 태평양전쟁
	03. 통일신라시대	-1.2 부산	03. 1개월 이하	03. 러일전쟁
	04. 고려시대	-1.3 평양	04. 1절기 이하	04. 해방
	05. 조선시대	-1.4 경기도	05. 1년 이하	05. 정부수립

항목	시간적 배경	공간적 배경	서사 진행 시간	서사 관련사건
	-5.1 조선 초	-1.5 평안도	06. 10년 이하	06. 갑오경장
	-5.2 조선 중기	-1.6 함경도	07. 10년 이상	07. 임진왜란
	-5.3 조선 후기	-1.7 황해도		08. 병자호란
	-5.4 갑오개혁 이후	-1.8 경상도		09. 각종 사화
	6. 1910년대	-1.9 전라도		10. 갑오동란
	7. 1920년대	-1.10 강원도		11. 청일전쟁
	8. 1930년대	-1.11 제주도		12. 만주사변
	9. 1940년대	02. 일본		13. 기타
		03~10 이하 생략		

〈표 1〉 한국 현대 장편소설 사전 데이터베이스 구축용 항목 매뉴얼 : 예시 '배경' 항목

위의 〈표 1〉는 현재 "한국 현대 장편소설 데이터베이스" 구축을
위한 항목 매뉴얼 VER.1.0의 일부이다. 현재 매뉴얼의 보정작업이
지속적으로 이루어지고 있기 때문에 향후 계속된 발전을 전제로 한
것이지만, 전문적인 인력이 아니고는 항목화할 수 없는 요소들이 많
다는 특징이 있다. 근대 장편소설의 경우 그 물리적 서사 배경도 중
요한 기초 요소에 해당되지만, 서사에 관여하는 특수한 배경을 문학
연구의 시각으로 데이터베이스 항목에 반영한다는 것은 기존의 데이
터베이스에서는 살펴보기 어려운 것이기 때문에 그러하다. 예를 들
어 "서사 관련사건"이라는 중간 항목의 경우 한국 문학의 특수한 시
대 배경을 파악하고 있어야만 가능한 것이라 할 수 있다. 주로 일제
강점기 중심이 될 수밖에 없는 문학적 현실에서 이 같은 중요한 사건
배경을 파악하고 정리한다는 것은 질적인 부분에서 주목해야 할 것
이기 때문이다.

이와 같은 기초 항목 자료들은 각 작품별로 정리되어 전자화된 데

이터베이스 구축을 위한 토대 자료로 활용될 것이다. 본 연구팀이 주목하고 있으며 향후 적용하고자 하는 데이터베이스 구축 방법론은 "관계형 데이터베이스" 구축 시스템이다. 이는 아래와 같은 방법으로 설명될 수 있다. 〈그림 1〉을 제시한다.

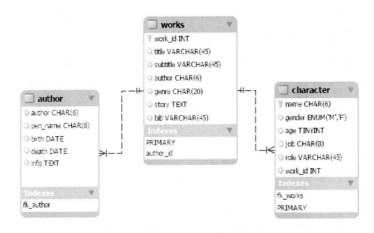

〈그림 1〉 관계형 데이터베이스 설계도 예시

먼저 〈그림 1〉의 중앙에 위치하고 있는 "works" 항목은 데이터베이스 구축의 기본 요소인 작품과 관련된 테이블이다. 여기에는 하위 항목으로 ①'title-작품명', ②'subtitle-부제', ③'author-작가', ④'genre-유형 및 양식', ⑤'story-줄거리', ⑥'bib-서지 사항' 등이 포함되어 있다. 이 가운데 'author-작가' 항목의 경우, 단순히 작품과 1대 1 대응 형식을 지니기가 어렵다. 왜냐하면 근대소설의 작가명에는 항상 '필명'이 여러 개 따르기 때문이며, 이를 단순 대응 방식으로 나타낼 경우 데이터베이스의 단순화를 피할 수 없기 때문이다. 그렇기 때문에 "works"항목을 구축하기 위해서는 반드시 보조 테이블이 필요하며, 이 보조 데이터가 좌측에 있는 "author-작가" 관련 테이블이다.

이 "author-작가" 관련 테이블에는 하위 ①"pen_name-필명", ②"birth-생년월일", ③"death-몰년월일", ④"info-정보"의 항목이 포함되어 있으며, 이를 "works" 데이터와 연결할 수 있어야 다양한 조합의 데이터베이스 검색이 가능해지는 것이다. "작가" 테이블과 "작품" 테이블은 상호 조건 유기적으로 조합되어 있어서 원활한 검색이 가능해 진다. 검색창에서 "작가명"을 검색하면 기본 정보 테이블인 "works-작품" 데이터베이스에서 1차 검색이 이루어지며, 다른 필명을 가지고 있거나 동명이인의 작가인 경우 "author-작가" 데이터베이스와 연계되어 2차 검색을 진행하는 것이다.

이와 같은 방식으로 "works" 테이블의 오른 편에는 작품의 인물과 관련된 데이터베이스인 "character-인물" 테이블이 위치하며, "author-작가" 테이블과의 연계를 통하여 검색하는 것처럼 작품의 인물과 관련한 상세 정보가 검색 가능하다.

본 연구팀에서는 이와 같은 방식으로 기본 데이터베이스를 체계적으로 구축한 후, 검색을 원활하게 하기 위한 "관계형 데이터베이스"를 구축함으로써 한국 근대 장편소설 데이터베이스를 구축하고자 한다. 원활한 검색을 위한 적절하고 최적화된 데이터베이스의 구축은 연구자들이나 일반인들에게 전문적이면서도 유의미한 결과를 제공할 수 있으며, 기존의 문학 연구에서 수행하지 못한 한계를 극복해 줄 수 있으리라 생각한다.

2) 검증과 검수

장편소설의 데이터베이스를 구축하는 과정에서 이루어지는 세부 내용을 좀 더 상세히 도표로 보이면 다음과 같다.

구분	내용	세부 내용	역할
1단계	DB 구축 대상의 확정	구축 대상 소설 목록의 설정	전체 회의
2단계	자료의 가공 및 관계 맺기	소설 작품 항목별 입력 작가별·작품별 분류·입력과 상호 관계 맺기 연도별·주제별 분류·입력과 관계 맺기 장르별·매체별 분류·입력과 관계 맺기 관련 자료 사이의 관계 맺기	각 분야별 팀
3단계	DB 검수 및 보완	1차 검수 : 물리적 오류 보완 2차 검수 : 검색을 통한 관계 맺기의 확인	DB 검수팀
4단계	출판 및 DB 구축	데이터베이스와 활자출판의 상호 검증	DB 검수팀

II. 『한국 현대 장편소설 사전』 편찬의 실제

2.1. 근대초기 자료의 수집·발굴·정리

1차년도에는 주로 근대초기 자료를 수집·발굴하여 정리하는 작업을 하였다. 근대초기 소설 자료의 경우 기존 연구에서 정리된 작품 수는 약 300 여 편이었으나, 본 연구팀에서는 430여 편의 작품을 추가로 발굴하였다. 이 작업을 토대로 본 연구팀은 근대 초기 소설의 목록을 확정하고 각 작품의 서지 사항 및 서사 개요를 정리하였다. 그리고 이를 데이터베이스화할 수 있도록 가공하였다. 이와 같은 1차년도 연구 결과를 정리하면 아래와 같다.

2.1.1. 근대 초기 소설 자료 수집 및 목록 확정

근대 초기 소설 자료 수집 및 발굴 작업은 전집류 확보, 각 도서관 및 개인 소장자 방문, 관련 논문 및 웹 사이트 자료 검색, 국내외 출장 등을 통해 진행되었다.

근대 초기 소설은 그동안 몇 차례에 걸쳐 단행본 및 전집으로 발간되었다. 본 연구는 작품이 처음 발표된 당시의 출판 사항을 중시하여 가급적 초판본 혹은 당시에 출간된 작품을 수집하도록 했다. 그리고 소장처가 확인된 작품은 직접 해당 소장처를 방문하여 작품을 복사하거나 그것이 여의치 않은 경우에는 서지사항을 조사하고 내용을 정리해 두었다.

자료의 확보와 소장처 확인은 다음과 같은 방법을 따랐다.

1) 1차 작업: 기존에 영인된 전집
   ① 『신소설전집』(계명문화사, 1987); 모두 21권이며 신소설 115편이 수록되어 있다.
   ② 『한국개화기문학총서:신소설·번역(안)소설』(아세아문화사, 1978); 모두 10권이며 신소설과 번역·번안 소설 40편이 수록되어 있다.
   ③ 『역사·전기소설』(아세아문화사, 1979); 모두 10권이며 역사·전기소설 37편이 수록되어 있다.
   ④ 『한국신소설전집』(을유문화사, 1968); 모두 10권이며 신소설 69편이 수록되어 있다. 본 전집은 원래 작품의 내용을 현대어로 바꾸고 각권 말미에 원본의 서지 사항을 기재하는 식으로 편집되었다. 따라서 실제 원본을 확인할 수 없는 작품에 한하여 참고하였다.

2) 2차 작업: 국립중앙도서관 데이터베이스 검색

현재 국립중앙도서관은 근대 초기 소설을 가장 많이 보유하고 있는 소장처이다. 특히 이 작품들을 '朝鮮新小說叢書'라는 범주로서 따로 분류하고 있고 대부분의 원문을 데이터베이스로 구축하고 있어 열람이 용이하다는 장점이 있다. 현재(2009년 4월 20일) 국립중앙도서관에서 '朝鮮新小說叢書'로 분류하고 있는 작품은 335편이다.

3) 3차 작업: 한국교육정보학술원(KERIS) 검색

'한국교육정보학술원(KERIS)'은 국립중앙도서관을 포함해 전국 각 대학 도서관에 소장하고 있는 작품을 검색할 수 있는 온라인 검색 시스템이다. 개화기를 비롯하여 일제 식민지시기에 있었던 출판사, 저작자, 작자 이름을 망라하여 작품을 검색한 검색 결과, 그 동안 학계에 알려지지 않았던 작품을 다수 발굴하였다. 특히 몇몇 대학에서는 다음과 같은 총서류를 발견할 수 있었다.

① 서강대 소장. 세창서관 본. 11권 약 50여 작품. 세창서관 사장 신태삼이 한국전쟁이 소강상태에 있을 무렵 잘 팔리는 소설만 모아 새로 편찬한 책들이다. 내용적으로 신파소설, 형태적으로 딱지본 소설이다. 대부분 책의 출판년도는 1952에서 1964년 사이에 걸쳐 있지만 거의 대부분이 해방 이전에 쓰인 것으로 보인다.

② 서울대 소장. C.V.Starr East Asian Library(Columbia University) 본. 서울대학교 도서관에서 콜럼비아 대학에 소장된 근대 관련 자료를 마이크로 필름화하여 보관하고 있는 자료이다. 모두 273권으로 미국 선교사들, 일본 사람들이 구한말 조선에 대해 쓴 책과 함께 당시 출판된 소설들이 주를 이루고 있다. 그 중 소설

은 약 130권이며, 우리가 목록에 새로 포함시켜야할 작품은 약 20여권 정도이다.

③ 연세대 소장. 연세대는 딱지본 소설들을 묶어서 보관하고 있는데 그 중에서 본 연구에 새로 추가시켜야할 작품이 약 20여권이다. 연세대 본 소설에는 발행소가 보성서관인 것이 눈에 많이 띈다.

④ 동덕여대 소장. 동덕여대는 보성서관, 홍문서관, 시창서관 등의 출판사에서 간행한 후기 신소설을 다수 보유하고 있다.

위와 같은 방법을 통해 본 연구가 확정한 근대 초기 소설 목록은 기존 목록에 비해 두 배에 가까운 작품을 포함하고 있다. 특히 그 동안 이 시기 소설 연구의 미답 분야였던 이른바 후기 작품의 조사 발굴에서 큰 성과를 거두었다.

본 연구팀이 1차년도 사업을 통하여 새롭게 발굴한 작품들을 기존에 작성된 목록에 포함하여 새로운 근대 초기 소설의 목록을 확정하였다. 기존의 연구 성과에 비하여그 작품수는 2배 이상을 상회하며 약 700여 편에 달한다. 발굴의 개념을 보다 분명하게 해야 하겠으나, 본 연구팀이 새롭게 발굴한 작품들은 지금까지 어떤 연구자에 의해서도 언급된 적이 없으며, 연구사에서도 누락된 것들이라고 할 수 있다. 새로운 작품의 소개와 새로운 문학사의 정리, 연구 대상의 확대 등을 위해서라도 사장된 작품들의 발굴은 지속적으로 이루어져야 할 것이다.

2.1.2. 각 작품의 서지, 내용 정리 및 검수

확정된 근대 초기 소설 자료를 토대로 본 연구팀은 이들의 서지 사항과 작품 내용을 정리하였다. 해제에서 표제어, 작가명(필명), 연재 사항, 단행본 출판 사항, 참고 사항 등을 면밀하게 검토하여 정리하였다.

1) 표제어 선정 방식

① 작품명을 가나다 순서로 배치한다.

② 작품이 처음 발표된 당시의 제목을 표제어로 구성한다.

③ 개제된 작품의 경우 원제목과 바뀐 제목 모두 표제어로 구성한다.

④ 동일 제목의 다른 작가 작품의 경우 각각을 표제어로 선정, 동명이작임을 밝힌다.

⑤ 한자는 발표된 당시의 한글 제목에 부기한다.

(2) 해제의 내용 및 구성 방식: 작품명-작가명-서지-내용-참고

① 작품명 – 작품이 처음 발표된 당시의 작품명을 기술한다. 개제된 경우 원제목을 제시하고 개제 작품의 목록에 상호 확인이 가능하도록 표기한다.

② 작가명 – 작품이 처음 발표된 당시의 작가명을 기술한다. 필명으로 발표되었으면 필명을 작가명 자리에 기술하고 본명을 참고란에 밝힌다.

③ 서지 – 연재가 완료된 작품의 경우 총 연재 횟수를 기록한다. 연재가 중단된 작품의 경우 중단될 때까지의 서지를 위와 동일하게 기록한다. 단행본으로 출간된 내력을 가능한 모두 기록한다.

④ 내용 – 작품의 줄거리를 일목요연하게 정리하여 정확히 기술한다.

⑤ 참고 – 작품 설명에 필요하거나 특별한 의미가 있다고 판단되는 사항을 객관적으로 기록한다.

예) **혈의루/血의淚**: 이인직 작. 만세보1906.7.22~10.10(50회 상편 완) ;
   광학서포1907. 94면. 20전.

【내용】 김관일과 그의 부인 최씨, 딸 옥년 세 식구는 청일전쟁의 난리
   통에 서로 헤어진다. 최씨는 옥년을 찾는 데도 실패하고 남편마
   저 돌아오지 않자 자살을 결심하여 대동강 물에 뛰어든다. 천행
   으로 뱃사공에게 구출된 최씨는 평양 집에 그대로 머무르게 된
   다. 한편 김관일은 가족을 잃은 전쟁의 폐허를 뒤로 하고 나라
   의 큰일을 해야겠다고 결단하여 미국 유학을 떠난다. 그 즈음
   옥년은 피란길에 폭탄의 파편을 맞아 부상을 당했으나 일본군
   군의관 이노우에의 후의로 치료를 받고 그의 양녀가 되어 일본
   으로 건너간다. 총명하고 예쁜 옥년은 이노우에 군의의 부인으
   로부터 사랑을 받고 신교육의 기회를 얻는다. 하지만 이노우에
   가 전사하자, 옥년은 부인으로부터 냉대를 받게 된다. 옥년은
   갑자기 갈 곳이 없는 신세가 되어 방황하다가, 구완서라는 청년
   을 알게 되어 함께 미국으로 건너간다. 구완서는 부국강병의 뜻
   을 품고 유학길에 오르던 중이었다. 옥년은 그곳에서 고등학교
   를 우등으로 마치고 이미 미국에서 살고 있던 아버지 김관일과
   10년 만에 상봉한다. 옥년이 우등으로 졸업하자 그곳 신문에 옥
   련에 관한 기사가 났는데 이것을 옥년의 아버지인 김관일이 발
   견한 것이었다. 어머니가 아직 평양에 살아 있음을 확인한 옥년
   은 매우 기뻐하며, 그리운 마음에 편지를 띄운다. 구완서는 우
   리나라를 문명한 강대국으로 만들어야겠다고 다짐하고, 옥년은
   우리나라 여자들의 지식을 넓혀서 남자와 동등한 권리를 누릴
   수 있게 하며, 또한 여자들도 사회에 유익하고 명예 있는 백성
   이 되도록 교육할 것을 마음먹는다.

【참고】 광학서포(1907) 본을 텍스트로 내용을 정리했다. 이인직 최초

의 장편소설이며 우리 근대문학 최초의 신소설로 평가된다. 이 작품의 후편은 본문 마지막에 "아래 권은 그 여학생이 고국에 돌아온 후를 기다리오"라고 예고된 후, 1913년 2월부터 6월까지 『모란봉』이라는 이름으로 〈매일신보〉에 65회에 걸쳐 연재되었는데(미완), 이것이 그의 최후의 작품이다. 〈제국신문〉에 1907년 5월부터 6월까지 11회 연재된 「혈의 루 하」를 속편으로 보는 견해도 있다. 1912년 경 동양서원에서 '모란봉'이라는 이름으로 개제되어 정정된 상편이 출판되었다는 기록도 있으나 판본 확인이 어렵다. 작품은 청일전쟁 때의 평양을 시발점으로 그 후 10년 동안의 한국·일본 및 미국을 배경으로 하여 옥련 일가의 기구한 운명과 그에 얽힌 개화기의 시대상을 다루었다. 고대소설의 문체를 탈피하지 못한 부분이 빈번하고, 구성이나 이야기의 전개 방법이 미숙한 점 등 초기 신소설의 공통된 취약점이 엿보이기도 한다. 상편이 주인공 옥련의 7세~17세까지의 사적을 다룬 데 비하여 하편『모란봉』은 그 이후의 사적을 다룬 것이다.

2.1.3. 전자사전 편찬을 위한 매뉴얼 작성

본 연구팀이 구상하고 있는 전자사전은 단순히 활자사전을 전자화하는 차원을 넘어서는 작업이라고 할 수 있다. 이와 같은 판단은 무엇보다도 기존의 연구 성과들이 소설어 및 단편적 소설 정보만을 모아두었다는 한계를 인식했기 때문이다. 그렇기에 본 연구팀에서는 이 같은 문제점과 한계를 극복하기 위하여 장편소설 관련 데이터들을 모두 항목화하여 〈한국 현대 장편소설 데이터베이스〉를 구축하고, 이를 기반으로 검색 시스템을 설계하여 풍부한 정보를 한 눈에 확인할 수 있도록 하는 데에 1차적인 목표를 두도록 하였다. 아래는 이와 같은 데이터베이스 시스템을 구축하기 위한 구축용 항목에 관한 지침이다.

- 데이터베이스 구축용 항목의 전제
  1. 본 항목은 전자사전 용 데이터베이스 구축을 위해 사용된다.
  2. 원칙적으로 데이터베이스는 검색을 위한 도구이다(개별 작품을 자세히 분석하기 위한 것이 아니다). 각 항목들은 검색을 위하여 활용될 수 있는 것이어야 한다. 그렇기 때문에 항목과 그에 대한 답은 여러 개의 작품을 유형화하고 분류할 수 있는 것이어야 한다.
     2-1. 모든 항목의 답은 객관적으로 추출될 수 있어야 한다.
     2-2. 모든 항목은 객관식 문항의 형태를 띠어야 한다.
     2-3. 특별히 필요한 경우를 제외하고 한 개나 두 개의 작품에만 해당되는 항목의 답안은 제시하지 않는다.
  3. 본 항목은 2009년 4월 현재 일차적으로 확정되었으나, 최대한 많은 작품 분석을 거쳐서 지속적으로 검토되어야 한다.
     3-1. 이 항목은 근대 초기 소설 정리를 토대로 구축되었다.
     3-2. 번역 · 번안 소설 정리를 통해 항목을 검토한다.
     3-3. 본격소설 정리를 통해 항목을 검토한다.
  4. 데이터베이스 구축 프로그램 완성 이전에는 항목을 문서로 기입한다. 프로그램 완성 후에는 컴퓨터에 직접 기입한다.

- 데이터베이스 항목의 이용 방법
  1. 입력결과는 별도의 파일로 저장한다.
     1-1. 파일명의 형식은 '작품명 + DB'로 한다. (예: 무정DB.hwp)
     1-2. 입력 프로그램 완성 후 파일명에 해당 프로그램의 확장자를 적

용한다.

2. 데이터베이스 항목은 범주 - 검색어 - 항목 - 세부항목으로 이루어
진다.

  2-1. 범주는 인물(주인공, 동반자, 안타고니스트), 사건과 스토리,
배경, 서지로 나뉜다.

  2-2. 검색어에는 여러 항목이 포함된다. 작품별로 각 검색어에 하나
또는 복수의 항목을 선택하여 입력한다.

  2-3. 검색어는 모두 여러 항목을 포함한다. 그러나 검색어에 따라
세부항목의 유무가 나뉜다.

3. 항목표기는 주관식이 아니라 객관식의 형태로 이루어진다. 해당 항
목이나 세부항목에 해당사항을 표기한다.

  3-1. 세부항목이 있는 경우 세부항목까지 표기한다.

    (예: 주인공의 연령 – 중년 – 40대)

  3-2. 세부항목이 없는 경우 해당 항목만을 표기한다.

    (예: 주인공의 직업 – 상인)

4. 항목 표기 지침이 별도로 표기된 검색어는 해당 지침을 따른다.

  4-1. 검색어에 따라 복수의 항목을 가진다.

  4-2. '해당사항 없음'과 '기타'의 항목을 구분한다.

2.2. 본격소설·번역 및 번안소설·일본어 소설의 발굴·정리

2차년도 연구에서는 우선, 1차년도에 발굴·정리된 근대 초기 소
설 목록을 좀 더 세심하게 정리했다. 그리고 본격소설에 해당하는 작
품들을 발굴·정리하여 700여 편이 넘는 본격 소설 목록을 확정할 수
있었다. 또한 그 동안 연구자들의 관심에서 벗어나 있던 번역 및 번
안소설, 한국인 작가들의 일본어 소설들을 찾아 정리하였다. 이 분야

에서는 약 300여 편의 작품을 정리하였다.

본 연구팀에서는 위와 같은 과정을 통하여 작성된 소설 작품의 목록과 서지를 확정하고 정리한 후, 이를 바탕으로 "한국 현대 장편소설 데이터베이스"를 구축하는 기반 작업을 진행하였다. "한국 현대 장편소설 데이터베이스"란 지금까지 체계적으로 정리되지 못한 한국 근대 장편소설을 계층별, 유형별, 항목별로 세분화하여 정리하고, 이를 디지털화하여 데이터베이스로 구축한 결과물을 말한다. 여기에는 작품과 관련된 기본 정보들, 즉 작가 및 서지 사항, 출간 사항, 연재 사항뿐만 작품 내용의 주요 정보가 포함되어 있다.

2.2.1. 근대 초기 소설

1) 수집된 자료의 수합 및 목록 정리 작업

2년차 사업에서는 1차년도에 수합된 근대 초기 소설 목록을 좀 더 꼼꼼하게 정리하는 작업을 진행하였다. 수합된 표제 작품 중 연구의 성격에 맞지 않는다고 판단되는 것들은 제외하여, 500여 편을 최종 정리 대상으로 삼았다. 목록에서 작품을 삭제한 기준은 다음과 같다.

① 고소설

우선적으로 기존 고소설 연구 총서를 참고하여 중국 고소설의 번역 및 당대성을 띠지 않은 번안류, 제목만 바뀐 고소설 등을 목록에서 제외했다. 그러나 고소설로 분류 가능하지만 작품 내용상 당대적 의의가 있거나 기존 연구에서 신소설로 분류되었던 작품은 목록에서 제외하지 않았다. 대신 〈참고〉에서 제외하지 않은 이유를 설명했다.

② 단편 및 단편집

연재 기간이 짧거나 단편집으로 묶인 작품들은 검토하여 목록에서 제외하였다. 그러나 딱지본 형태의 작품은 분량이 적거나 단편집이라 하더라도 목록에 포함하였다.

③ 1950년도 이후 발행된 딱지본 형태의 작품

1950년도 이후 간행된 딱지본 소설은 30년대 출판한 것을 재간행한 것이 대부분이다. 1930년대 간행된 소설의 뒷면 광고 목록과 기존 연구의 목록을 참고하여 1930년대 판본의 중판으로 판단되는 딱지본 소설은 비록 발행 연도가 1950년도 이후라 하더라도 목록에 포함하였다. 중판 여부가 확인되지 않은 작품은 부록으로 남겨두기로 하였다.

④ 전기문 및 역사서로 분류할 수 있는 작품

근대 초기의 '역사전기소설'을 제외한 전기문은 목록에서 제외하였다. 그리고 내용의 서술이 역사 서술체로 되었을 경우 역사서로 판단하여 목록에서 제외하였다.

2) 1차년도 정리 작품의 서식 통일과 교정

확정된 목록의 511표제에 대한 1년간의 정리 원고를 검토하여 기본적인 교정 작업을 하면서 서식 통일 작업을 진행하였다. 2차년도에 이어진 근대장편 작품 정리 방식과 큰 차이는 없으나 딱지본 형태소설의특성을 감안하여 〈서지〉와 〈참고〉 부분을 강화했다. 작품의 면수나 가격 등의 정보는 최대한 밝히고자 했고, 책표지와 본문 첫면의 장르, 표제, 저자 등의 정보를 있는 그대로 드러내기 위해 노력했다. 또한 신문이나 잡지 등에 연재된 작품의 경우라도 단행본 출판

기록을 중요시하여 연재 기록 옆에 병기하였다.

3) 최종 정리 목록 확정

1차년도에 정리한 500여 편의 작품을 모두 근대 초기 작품으로 규정할 수는 없다. 텍스트를 확보하는 과정에서 번역 번안류, 역사 전기류, 본격 소설 등의 작품들이 포함되기도 하였고, 고소설로 분류될 수 있거나 장편으로 보기 어려운 작품들도 포함되었다. 이에 대해서는 2차년도에 정리된 작품들의 교정 후 다시 기준에 대해서 논의하기로 하였다.

2.2.2. 본격소설

본격소설은 한국 현대 장편소설 사전에서 핵심적인 위치를 점하고 있는 분야라고 할 수 있다. 2차년도에는 모두 1,157편에 달하는 본격소설 목록을 입수하였다. 이 목록에는 장편소설, 중편소설, 번역번안소설, 일본어 소설 등이 모두 포함되어 있다. 본 연구팀은 이 가운데 근대 중·장편소설 765편을 우선 정리 대상으로 삼고 정리 작업을 진행하였다. 본격소설 정리 작업은 다음과 같은 사항을 원칙으로 삼았다.

1) 대상 및 시기

1900년부터 1950년까지 발표된 본격소설 가운데 근대 초기 소설에 해당하는 작품군을 제외한 장편소설 및 중편소설을 대상으로 한다. '장편소설'이나 '중편소설', '연재소설'이라는 표지가 있는 작품은 분량에 상관없이 모두 정리 대상으로 포함하였고 '단편소설'이라는 표지가 있는 작품은 제외하였다. 아무런 표지가 없는 작품의 경우 문

학사적 평가와 전문가의 의견을 참고로 하여 정리 여부를 결정하였
다. 또한 작품의 발표 시기나 단행본 출간 시기가 애매한 경우 창작
시기를 등재 기준으로 삼았다. 해당 시기 즉 1900년~1950년 사이에
창작된 사실이 분명하게 인정되는 미발표 유고의 경우 정리 대상에
포함하였고, 이에 대해 자세한 서지 및 참고 사항을 부기하였다. 해
당 시기에 작품의 일부가 발표되고 1950년 이후 나머지 부분이 발표
된 경우 앞서 발표된 부분의 분량이나 중요도를 따져 등재 여부를 결
정하였다.

2) 연재물과 단행본의 처리

이 시기 중·장편소설은 대부분 신문이나 잡지와 같은 매체에 발
표·연재되었다가 이후 단행본으로 출간되는 경향을 보인다. 이러한
경우 연재물을 정리 텍스트로 삼고 연재 지면과 날짜, 횟수, 완결 여
부를 꼼꼼히 기록하였다. 연재 후 단행본으로 출간된 경우, 그 과정
에서 이루어진 개제 및 개작 사항을 밝혔다. 또한 개제된 경우 개제
명 역시 표제어로 등재하고, 참고 사항을 통해 상호 확인이 가능하도
록 하였다. 단행본으로만 출판된 작품은 초판본을 정리 텍스트로 삼
고 그 이후 판본에 대한 정보를 부기하였다.

예) 무정無情: 이광수 작. 매일신보1917.1.1~6.14(126회 완). 신문관·
　　동양서원(초판1918.7.20. 630면. 1원20전). 광익서관(재판 1920.1.
　　11). 회동서관·광익서관(삼판 1922.2.20). 회동서관·홍문당서점 (6
　　판 1925). 박문서관(8판 1938.11.25).
【내용】이형식은 경성학교 영어 교사이다. 그는 평안남도 안주 출생으
　　로 어려서 부모를 잃고 전국을 떠돌다 박응진이라는 사람의 눈
　　에 띄어, 그가 설립한 학교에서 신학문을 접한다. 박응진은 형

식을 아껴 자신의 딸 영채와 맺어주려 한다. 그러나 박응진의 집안은 풍비박산 나고, 형식은 다시 떠돌이가 되어 고학으로 학교를 마친 후 교사가 된다. 그는 개화사상과 서양 문물을 받아들일 것을 주장하며 조선 청년 교육에 뜻을 두고 있다. 어느 날 형식은 부호 김 장로의 딸 선형의 영어 과외 교습을 맡는다. 김 장로는 형식을 사위로 삼아 미국 유학을 보내려 한다. 형식이 미국 유학의 꿈에 들떠있을 때 영채가 그를 찾아온다. 형식은 옛 정과 영채의 미모에 마음이 흔들리지만, 영채가 기생이 되었다는 말에 갈등한다. 영채는 갖은 고난을 겪고도 자신이 믿고 있던 봉건 윤리에 따라 형식을 위해 수절해 왔지만, 어느 부호 청년에게 유린당하자 자살을 결심하고 평양으로 간다. 형식은 영채의 유서를 보고 놀라 뒤쫓아 가지만 그녀를 만나지 못한다. 형식은 영채를 찾는 일을 단념하고 선형과 결혼하기로 결심한 후 유학 준비를 시작한다. 영채는 평양행 기차 안에서 병욱이라는 신여성을 만나 새로운 윤리에 눈을 뜬다. 그는 자살을 단념하고 병욱을 따라가 음악과 무용 공부를 하며 자신을 위한 삶을 살기로 한다. 형식과 선형, 병욱과 영채는 각자 유학을 떠나던 도중 삼랑진에서 마주친다. 삼랑진에는 홍수로 인해 많은 이재민이 발생한다. 영채의 제안으로 네 사람은 이재민을 돕기 위한 음악회를 열고, 서로 조선의 장래에 보탬이 되는 일꾼이 되기로 다짐한다. 세월이 흘러 그들은 모두 훌륭히 공부를 마치고 귀국한다.

【참고】 1917년 〈매일신보〉 연재 후 1918년 신문관, 동양서원에서 초판 단행본이 출간된 이래 지속적으로 출판되었다. 1918년 6월 18일 발행된 〈청춘〉에 「무정」 출판에 관한 광고가 실렸다. 1922년 광익서관본 간기에 '1918년 7월 20일 초판 발행, 1920년 1

월 11일 재판 발행'이라고 표기되어 있다. 1922년 2월 20일에
발행된 광익서관본은 현재 University of Southern California
의 East Asian Library에 소장되어 있다. 일본 동경외국어대학
교에 소장된 광익서관본은 1922년 5월에 발행된 4판본으로 복
사본이다. 당시 광익서관은 회동서관의 종로 지점이었다고 한
다. 한편 김동인의 「문단회고」(〈매일신보〉 1931.)에는 춘원의
「무정」과 「개척자」 초판이 광익서관에서 발행되었다고 언급되
어 있다. 이후 1925년 회동서관과 홍문당서점에서 6판이 출간
되었다. 우리 근대소설의 효시로 평가된다. 1928년 8월 2일부
터 1929년 5월 9일까지 〈朝鮮思想通信〉(721-945号)에 이수창
(李壽昌)이 일본어로 번역하여 224회 연재하였다.

2.2.3. 일본어 소설

1) 연구의 내용과 방향

본 사전 편찬의 가장 중요한 목적 중의 하나는 장편소설 작품을 총
합한 데이터베이스를 구축하여 한국 근현대문학 연구의 필수적 토양
을 제공하고, 다양한 문학사 기술을 위한 토대를 마련하는 것이다.
때문에 본 사전은 그 활용도를 높이기 위한 방안으로, 대상 작품의
선정과 집필 과정에서 섣불리 기준을 정해 자료를 배제하기보다는
수집 정리 가능한 모든 장편소설을 포섭하는 방향에서 작업을 진행
하고 있다.

이와 관련하여 해결해야 할 중요한 과제의 하나는 일본어 소설의
처리 문제이다. 한국 현대 장편소설 사전은 원칙적으로 1900년에서
1950년에 이르는 시기에 발표된 한국 현대 장편소설을 대상으로 한
다. 그러나 한국의 근대문학은 식민지 근대의 심화 과정 속에서 배태

되고 성장했다. 이른바 식민지 시기 한국작가들의 이중 언어 글쓰기, 일본어 글쓰기는 이러한 정치적 시대적 조건 속에서 발화된 것이다. 요컨대, 일제는 조선교육령 개정 등을 통해 조선어를 금하고 '국어 (일본어)'로의 단일화를 위해 일본어 사용을 극심하게 강제했다. 이처럼 이중 언어 상황은 분명 식민지기 조선 문인들의 피할 수 없는 실존적 조건이었고, 조선작가들의 일본어 소설은 이러한 역사적 시대적 문맥 속에서 창작된 것이라 할 수 있다.

해방 이후 한국문학은 민족문학의 수립, 한국어에 의한 한국문학을 지향해 왔고, 이는 식민지기의 차별적인 이중 언어 상황에서 한국인 작가들이 생산한 일본어 문학에 대한 의식적인 배제와 비판으로 이어졌다. 일본어로 쓰인 문학은 그 자체만으로 암흑기의 문학, 친일 문학의 틀 안에서 논의되었다. 특히나 1940년 전후에 걸쳐 나타난 일본어 소설들은 한국현대문학의 본질적인 영역으로 간주할 수 없다는 주장도 제기되었다. 이 모든 논의의 타당성을 인정하더라도, 일제 식민지 치하에서 일군의 조선작가들이 일본어 소설을 창작했다는 사실은 부정할 수 없는 한국근대소설사의 사건이라 할 수 있다.

이에 따라 일본어 소설 등재는 다음과 같은 사항을 원칙으로 삼았다.

- 본 연구는 일제치하 한국문학이 놓여 있던 이중 언어 상황의 역사적 특수성을 수긍하고, 당대에 창작된 일본어 소설을 한국 현대 장편소설 사전의 등재 대상으로 수용한다.
- 수록 대상은 강압적으로 일본어 사용이 강제되는 시기인, 1945년 광복 이전에 조선인 작가가 발표한 일본어 장편소설로 한정한다.
- 해방 이후에 발표되는 이른바 재일문학, 재일조선인 문학, 재일동포 문학은 원칙적으로 본 사전의 등재 대상에 포함되지 않는다.
- 일제하에 조선인 작가가 창작한 일본어 소설은 여전히 '일본문학의

변종도 아니고 조선의 근대문학일 수도 없는 문학사적 미아'로 떠돌고 있는 상황이다. 본 사전은 이 작품들에 대한 서지와 정보를 조사하고 정리하여, 이후 온전한 한국소설사 연구의 토대를 제공하고자 한다.

2) 자료조사 및 수집

이상을 전제로 본 연구는 일제 식민지기에 조선인 작가가 창작한 일본어 소설에 대한 자료 조사 및 서지 작업을 진행하였다. 자료 조사는 다음과 같은 방식으로 진행되었다.

우선 국내 도서관이나 검색 사이트를 대상으로 일문 한국문학 관련 자료를 조사하였다. 조사 결과 국내의 경우 고려대학, 경상대학, 국립중앙도서관 등이 일문 자료를 다수 소장하고 있는 것으로 나타났다. 국내학자들의 관련연구 및 작품번역 현황을 보면, 최근 들어 이른바 이중 언어 문학, 혹은 일제 말 암흑기 문학에 대한 재조명이 이루어지고는 있으나 일문자료의 특성상 많은 부분 여전히 미답의 분야로 남아 있다.

다음으로 보다 구체적인 자료 확보를 위해 일본 소재 자료에 대한 출장 조사를 진행하였다. 식민지시기 한국문학관계 국문자료는 특히 동경외국어대학에, 일문자료는 시가현립대학(滋賀県立大學)과 토야마대학(富山大學)에 다수 소장되어 있는 것으로 조사되었다. (특히 滋賀県立大學 朴文庫 / 富山大學 梶井文庫에 한국관련 자료가 많았다.) 早稻田大學의 大村益夫나 布袋敏博, 큐슈산업대학의 白川豊 교수 등 한국문학 전공의 일본 내 학자들이 주도적으로 한국문학관련 일문자료를 꾸준히 조사, 정리하는 작업을 진행해왔다. 일본학자들의 관련 연구 목록을 제시하면 다음과 같다.

大村益夫/布袋敏博編,『朝鮮文學關係日本語文獻目錄』-1882.4~1945.8-.

白川豊,『植民地期 朝鮮の作家と日本』, 岡山：大学教育出版, 1995.

白川豊編,『日本植民地文學精選集』13冊, ゆまに書房, 2000~2001

南富鎭,『近代文學の朝鮮體驗』, 勉誠出版, 2001.

南富鎭,『文學の植民地主義:近代朝鮮の風景と記憶』, 世界思想史, 2006.

鄭百秀,『コロニアリズムの超克 ： 韓国近代文化における脱植民地化
への道程』, 草風館, 2007.

　이상의 자료들을 다시 검토하여 일제하 한국작가들의 일본어 소설
의 목록을 일차적으로 작성하고, 국내에 없거나 접근이 용이하지 않
은 작품들을 일본 현지에서 수집하였다. 수집 자료의 목록을 제시하
면 다음과 같다.

• 일본내 한국문학관련자료 (입수목록)

　A. 자료집

　① 〈『滿鮮日報』文學關係記事索引〉-1939.12~1942.10-, 大村益夫/ 李
　　　相範編

　　　＊ (총 76쪽, 1995.11/ 富山大學所藏)

　② 〈朝鮮文學關係日本語文獻目錄〉-1882.4~1945.8-, 大村益夫/布袋敏
　　　博編

　　　＊ (총 123쪽, 1997.1 / 滋賀県立大學所藏)

　③ 〈旧「滿洲」文學關係資料集〉(一)-『滿洲日日新聞』『京城日報』-, 大村
　　　益夫/布袋敏博編

　　　＊『滿洲日日新聞』1940.4~1943.12/『京城日報』1939.1~1945.8* 日本
　　　語 資料 (총 231쪽, 2000.3)

　④ 〈旧「滿洲」文學關係資料集〉(二),大村益夫/布袋敏博編

* 『滿洲日日新聞』, 『朝鮮日報』, 『東亞日報』, 『每日新報』등. 1927~
1943.

* 朝鮮文, 中國文, 日本文の資料が收錄されている.

* (총 252쪽. 2001.3 / 國際日本文化研究センタ所藏)@〈『每日新報』文
學關係 記事索引〉-1939.1~1945.12.31-, 大村益夫/布袋敏博編

* (총 185쪽. 2002.2 / 九州大學文學部朝鮮史學研究室所藏)

B. 소설작품

⑤ 張赫宙, 『加藤淸正』, 改造社, 1939. (401쪽, 國內無)

⑥ 張赫宙, 『七年の嵐―第一部 悲壯の戰野』, 洛陽書院, 1941. (607쪽)

⑦ 張赫宙, 『白日の路』(白日の路, ある打明話), 南方書院, 1941,
(『痴人淨土』와 同一作, 短篇 하나 추가/ 267쪽, 滋賀県立大學 陳コ
レクション)

⑧ 張赫宙, 『孤獨なる魂』, 三崎書房, 1942. (326쪽)

⑨ 張赫宙, 『浮き沈み』, 河出書房, 1943. (353쪽, 富山大學 梶井文庫)

⑩ 張赫宙, 『幸福の民』, 南方書院, 1943. (288쪽, 富山大學 梶井文庫)

⑪ 張赫宙, 『孤兒たち』, 萬里閣, 1946. (276쪽, 富山大學)

⑫ 張赫宙, 『李王家悲史-秘苑の花』, 世界社, 1950. (287쪽. 滋賀県立大
學 朴文庫)

⑬ 張赫宙, 『嗚呼朝鮮』, 新潮社 , 1952. (285쪽, 福岡敎育大學)

⑭ 野口赫宙, 『遍歷の調書』, 新潮社, 1954. (305쪽, 國內無,)

⑮ 宮原惣一(金聖民), 『惠蓮物語』, 新元社, 1941. (295쪽, 大阪學藝大學)

3) 목록 확인 및 정리

국내자료와 일본 현지 조사 자료를 종합 검토하여 일차적으로 본
사전에 등재할 작품 목록을 일부 작성하고, 서지 사항을 부분적으로
정리하였다. 등재 대상이 되는 일본어 장편소설은 대략 40여 편이

다. 식민지 시대부터 재일 작가로 활동하던 장혁주의 작품이 그 중에서 많은 분량을 차지하였다.

일본어 소설의 경우, 본 사전의 기본적인 형식을 따르되, 서사 개요를 따로 서술하지 않고 서지와 참고 사항만을 기입하였다. 사전 편찬의 효율성을 고려해서, 수록 작품의 중요도와 특징에 따라 서술의 정도를 달리할 필요가 있다고 판단했기 때문이다. 내용 항목을 따로 설정하여 서사 개요를 서술하지 않더라도, 중요한 작품으로 평가되거나 해석되는 경우에는 참고 항목에 서사 개요를 부기하였다.

예) 가등청정加藤清正: 장혁주 작. 개조사(1939.4).

【참고】〈문예〉7권 1호에(1939.1)에 일부 게재되었다가, 7장에서 14장까지 새로 덧붙여 〈개조사〉에서 단행본으로 출간되었다. 원래는 〈七年の嵐〉 4부작으로 계획된 것으로 제 1부는 가등청정, 제 2부는 소서행장(小西行長), 제 3부는 이순신, 제 4부는 심유경(沈惟敬)을 각각 주인공으로 할 예정이었다. "칠 년 전후의 전모와 당시의 동아삼민족(東亞三民族)의 문화를 종합적으로 그리려"했으나, 실제로 이중 제 3부와 4부는 쓰지 못했다. 한국어로 번역되어 〈삼천리〉 11권 1호에서 4호(1939.1.4)에 실렸다.

2.2.4. 데이터베이스 구축 준비

1) 한국 현대 장편소설 데이터베이스 소개

데이터베이스 구축은 사전편찬의 기초 작업이라고 할 수 있다. 디지털 기술의 발전은 활용할 수 있는 정보를 매우 입체적인 방식으로 구조화할 수 있게 해주었다. 필요한 정보가 담긴 문헌이나 자료에 대한 검색에서 그치지 않고 개념에서 개념으로, 주제에서 주제로, 자료와 자료를 넘나들면서 정보를 활용하여 횡적 구조와 종적 역사를 총람할 수 있게 하였다. 사전 편찬과 동시에 진행되는 "한국 현대 장편소설 데이터베이스"는 그 전문성에서 뿐만 아니라 포괄성에 있어서한국 근현대 문학의 토대로서 기능할 수 있을 것이며, 이를 위해 개발하게 된 데이터베이스 검색 시스템은 향후 유사한 방향의 연구 및 시스템 개발에도 모범이 될 수 있을 것이다.

그러한 연구의 초석으로써 이번에 개발을 시작하게 된 KEDB 시스템은 Access2007이 설치된 환경에서 간단히 데이터베이스에 접속하여 필요한 정보를 검색, 도출해내는 데에 매우 효과적이다. 또한 연구자가 약간의 컴퓨터 활용능력만 있다면 데이터의 수정과 입력이 가능하다.

특히, 이 같은 Access를 이용한 데이터베이스는 몇 만 건을 처리하는 대규모 데이터베이스에서는 적절하지 않지만, 이번 연구처럼 수천 건 정도를 처리하는 소규모 데이터베이스에서는 그 활용적인 측면이 뛰어나다.

2) 항목의 선정

사용자는 데이터베이스에서 필요한 조건에 맞는 작품을 검색하게 된다. 사용자가 연구 목적과 관련된 검색조건을 미리 예상하여 지정한다는 점에서 데이터베이스 항목의 객관성과 유효성은 중요한 고려 대상이다.

사용자는 다양한 목적을 가지고 데이터베이스에 접근하게 된다. 본격적인 연구를 위한 자료 확보를 위해 본 데이터베이스에 접근하는 사용자도 있을 것이고, 기본적인 서지 파악을 위해 본 데이터베이스에 접근하는 사용자도 있을 것이다. 이러한 다양한 요구에 부응하기 위해 복수의 검색 방법을 제공하고, 사용자의 필요에 맞는 검색

항목을 임의로 조합할 수 있게 배려하였다.

검색 방식은 '간단검색'과 '상세검색'으로 나뉜다. 먼저 간단검색은 작품명, 작가, 출판사, 출판연도(연재물의 경우 연재가 시작된 연도)의 4가지 항목을 통해 작품을 검색하는 것으로, 도서관이나 기존 데이터베이스에서 사용되는 일반적인 방법이다. 간단검색을 통해 사용자들은 원하는 작품을 검색할 수 있다.

간단검색은 편리하고 익숙한 방식이나 일정한 한계를 갖고 있다. 사용자가 원하는 작품의 서지사항에 대해 어느 정도 지식을 갖고 있어야 원활한 검색을 진행할 수 있다는 점이다. 본 데이터베이스에 포함된 소설들 중에는 기존에 연구된 적이 없거나 새로 발굴된 작품들도 많으므로, 사용자가 이미 알고 있는 작품을 찾아내는 기존의 방법은 한계를 지닐 수밖에 없다.

상세검색은 이러한 한계를 넘어서기 위한 검색 방법이다. 상세검색은 서지사항이 아니라 작품의 내적인 특징들로 이루어진 다수의 항목을 통해 검색을 수행한다. 그렇기 때문에 서지사항에 대한 정보가 전혀 없는 상태에서도, 심지어 작품의 존재 자체를 모르는 상태에서도 항목과 일치하는 작품을 찾아낼 수 있다.

상세검색은 소설의 가장 기본적인 구성요소인 인물, 사건과 스토리, 배경으로 유형화된 항목으로 이루어져 있다. 사용자는 하나의 항목으로 검색을 수행하여 특정 기준으로 묶여진 작품들의 목록을 얻는 것도 가능하며, 여러 항목을 조합해 검색을 수행하여 여러 가지 요건을 동시에 만족하는 특정 작품을 찾는 것도 가능하다.

상세검색의 항목들은 전문 인력으로 구성된 데이터베이스 입력자들이 작품을 실제로 읽고 정리하여 입력한 값들로 이루어져 있다. 여러 번의 회의를 거쳐 최대한의 객관성을 확보할 수 있으면서 소설을 유형화하는 데 실제로 필요하다고 생각되는 항목만을 포함시켰다.

2차년도의 목표 중 하나는 데이터베이스를 구축하여 프로그램을 만들고, 그 프로그램을 이용하여 모든 작품의 데이터를 입력하여 구조화하는 준비 작업을 완수하는 것이었다. 2차년도 세미나에서 인쇄용 사전의 항목 서술 지침 마련과 함께 데이터베이스 항목 확정이 큰 비중을 차지했던 것도 그러한 맥락에서이다.

세미나에서 기존 항목의 문제점을 논의하고, 실제 입력 항목과 항목 지침을 대조하여 수정 및 보완이 필요한 점을 찾아내었다. DB 입력용 프로그램이 완성되지 않았기 때문에 DB항목의 입력은 HWP 문서를 이용하여 이루어졌다. 이를 통해 입력된 데이터를 자료로 하여 기존의 항목이 가지고 있는 적절성과 호환성이 검토되었다. 신소설과 본격소설의 데이터를 검토한 결과가 데이터베이스 항목에 반영되었다.

본 연구가 제작해 오던 항목 검색 시스템을 '상세검색'으로 하고 다시 '간단검색'을 신설한 것이 2차년도 작업에서 가장 괄목한 변화이다. 작품명, 저자명, 출판사명 등을 간단히 검색할 수 있는 간단검색을 도입함으로써 사용자의 접근성을 높이고 효율적인 검색을 가능하게 하였다. 서지사항에 대한 항목이 간단 검색으로 들어가게 된 셈인데, 이를 통해 상세검색의 서지 관련 항목을 삭제하여 검색엔진의 효율성과 경제성을 극대화시킬 수 있었다.

작품에 대한 전문적 차원의 정보를 필요로 하지 않는 일반 사용자들은 기존의 도서관 등에서 사용되는 검색 시스템과 유사한 간단검색을 이용하여 쉽게 자신이 원하는 정보를 얻을 수 있다.

2.3. 사전 출판 준비 및 데이터베이스 구축 시스템 완비

본 연구팀은 3차 년도에 사전 편찬을 위한 본격적인 준비를 하는 동시에 데이터베이스 구축 시스템을 완비하고 그 시스템에 데이터 정보를 입력하는 작업을 완료했다.

2.3.1. 사전 출판 준비

1) 사전 항목 교열

사전 출판 작업과 관련하여 본 연구팀은 1,2차년도에 신소설과 본격 중·장편소설을 수집하고 정리하는 작업을 수행하였다. 3차 년도에는 이전에 정리된 원고를 사전에 실을 수 있게 교열하는 작업을 진행하였다. 그리고 계속하여 번역번안소설 및 일본어 소설을 수집하고 정리하는 작업을 하였다.

본 연구팀이 사전 교열 작업에서 가장 중점적으로 고려한 부분은 자료의 취사선택과 서술의 객관성 확보이다. 세미나와 회의, 전문가의 검수 과정에서 도출된 엄정한 기준으로 등재 작품을 선택하고 텍스트와 관련된 정보는 최대한 가공하지 않은 상태로 제공하고자 했다.

2) 번역번안소설 정리

번역번안소설 정리에서 주안을 둔 것은 원작과 원작자를 확인하는 작업이었다. 당시 간행된 세계문학전집과 기존 연구 목록을 참고하고 인터넷 검색을 하여서 작품의 원작과 원작자를 꼼꼼히 확인하였다. 그리고 원작과 원작자를 확인할 수 있는 작품과 확인할 수 없는 작품을 구분하여 다음과 같은 기준으로 정리하였다.

① 원작 및 원작자를 알 수 있는 작품의 경우:

원작 및 원작자가 확인된 작품은 내용 정리를 하지 않았다. 다만 해당 작품의 표제어와 원작자명, 번역(번안)자명, 서지 사항을 조사하여 기록하고 참고에서 작품과 관련된 상세 정보를 제시했다.

예) 감람산의혈루橄欖山의血淚: 에밀 루드비히

【서지】 김영의 역. 동광당서점(1936).

【참고】 '역사적 예수'에 초점을 맞추어 예수의 일생을 전기적으로 기술
한 작품이다. 에밀 루드비히Emil Ludwig의 『The Son of Man
(1928)』이 원작이다. 서문에 "이 앞에 열리는 비극은 아무쪼록
인정과 역사를 따르고 싶어 에밀 류드비그씨의「인자」를 번역
한 것이다. 예수의 죽엄과 같은 죽엄은 우리가 역사상에서 수없
이 목도하는 사실이다. 이는 곧 전통적 제도와 신선한 이상의
육혈전의 비극이 아닌가. 이러한 비극이 우리에게 어떠한 결론
과 교훈을 주는지는 각자의 독자에게 맡기는 바이다."라고 기록
되어 있다. 종교적인 성향이 강한 소설이며, 예루살렘편, 천명
편, 복음편, 흑운편, 혈루편, 수난편으로 목차가 나뉘어 있다.

② 원작이나 원작자를 알 수 없는 작품의 경우:

번역번안소설임은 확인되나 원작이나 원작자를 분명하게 알 수 없
는 작품의 경우는 신소설, 본격 중·장편소설과 마찬가지로 서지 정
보와 함께 간략한 서사 개요를 첨부한다.

예) 설중매/셜즁미雪中梅: 부춘산인 번안. 매일신보1919.6.2~8.31(76
회 완).

【내용】 로서아의 수도 성피득보시에서 어느 날 밤, 홍미희는 근위사관
세 사람에게 납치된다. 귀족이자 근위사관인 구 중위, 리 중위,
됴 중위는 기다리던 기생이 오지 않자 지나가던 미희를 납치하
여 요릿집에 감금한다. 구 중위는 저항하는 미희를 겁탈하고,

간신히 도망친 민희는 부모에게 사실을 알린다. 병석에 누워 있던 민희의 어머니는 충격을 받아 사망한다. 민희와 부친은 원수를 갚기 위해 신원을 모르는 세 사람을 경찰청에 고소한다. 사건은 구 중위의 큰어머니이자 사교계의 중심인물인 구 백작부인의 귀에도 들어간다. 큰어머니를 통해서 고소 사실을 알게 된 구 중위는 리 중위, 됴 중위와 함께 대책을 마련한다. 세 사람은 리 중위의 누나인 안 공작부인을 통해 경시총감에게 압력을 가해 사건을 무마시킨다. 안 공작부인은 거금의 위로금을 모아 민희 부녀에게 전달하지만 민희는 이를 거절한다. 민희 부녀는 구 백작부인을 찾아가 억울함을 호소하고 사건은 황제에게도 알려진다. 황제의 명령으로 모든 근위사관이 모인 자리에서 민희는 세 사람을 가해자로 지목한다. 황제는 이들의 재산을 몰수하여 민희에게 준 뒤 서비리아로 유배 보낸다. 이에 앞서 황제는 세 사람 중에서 나이와 재산이 가장 많은 구 중위와 민희를 결혼시킨다. 구 중위는 민희를 원수처럼 여기며 서비리아로 떠나나, 민희는 구 중위에게 사랑의 감정을 느낀다. 평민에서 백작부인이 된 민희를 무시하던 사람들은 그녀의 지혜와 총명함에 감동한다. 민희가 세 사람의 재산에서 나오는 이익을 유배지로 보내자 리 중위와 됴 중위도 그녀의 너그러운 성품에 감동한다. 구 중위의 여동생 치런 부인도 민희의 도움으로 누명을 벗자 오빠에게 편지를 보내어 민희를 칭찬한다. 그러나 구 중위는 민희에게 냉담한 태도를 보인다. 한편 민희는 황제에게 청하여 세 사람의 유배가 풀리도록 한 뒤 서비리아로 간다. 열병에 걸린 구 중위는 민희의 헌신적인 간호로 건강을 회복한 뒤 점차 민희에게 호감을 느낀다. 고향으로 돌아가는 길, 구 중위는 민희가 돌려주었던 결혼반지를 다시 민희에게 주면서 자신의 죄를 고백하고 청혼한다.

【참고】 〈매일신보〉 연재 지면에 '雪中梅셜　미　富春山人'이라고 표기
　　　 되어 있을 뿐 번역 혹은 번안이라는 표지는 없다. 러시아 상트
　　　 페테르부르크와 시베리아를 배경으로 하고 있으며 러시아의 풍
　　　 속이 등장하는, 원작을 알 수 없는 민태원의 번안소설이다. 마
　　　 지막 연재 횟수는 76회로 표기되어 있으나 실제로는 75회 연재
　　　 되었다.

3) 데이터베이스 구축 작업

　본 연구팀은 1,2차년도 사업을 통해 데이터베이스 구축의 준비 작
업을 시행하여 왔다. 좀 더 세부적으로 살피면, 1차년도에 데이터베
이스의 성격과 방향을 확정하였고 2차년도에 데이터베이스의 입력
프로그램과 입력 작업에 대한 준비를 완료했다. 3차 년도에는 데이
터베이스 입력 프로그램을 완성하고 그 프로그램에 정리된 작품의
데이터를 실제로 입력하는 작업에 주력했다.

　본 연구팀의 3차년도 데이터베이스 구축 관련 업무는 다음과 같이
나뉘어 진행되었다.

・데이터베이스 입력 항목 확정 및 검토

　근대 초기 소설과 본격소설, 번역번안 소설 및 일본어 소설을 모두 아
우를 수 있는 데이터베이스 항목을 완성하고 여러 경우를 가정하여 항목
의 적절성을 검토하였다.

・입력 프로그램 완성

　아래의 그림은 완성된 데이터베이스 입력 프로그램 화면이다. 검색의
방법이 '간단검색'과 '상세검색'으로 나뉘어 있지만 입력 프로그램은 하나

로 통합되어 있다. 작품명, 작가, 출판사, 출판년도, 그리고 연재정보가 '간단검색' 항목에서 이용될 데이터이고, 그 이하의 데이터들이 '상세검색'을 위한 것들이다.

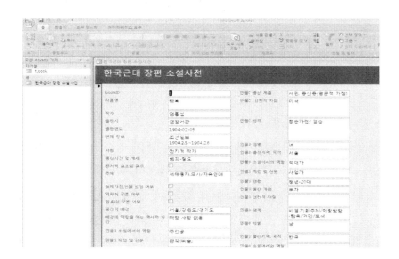

4) 입력 프로그램을 이용한 데이터베이스 입력

입력 프로그램은 네트워크 환경에서 작동하게 설계되어 있으므로, 각 연구원은 자신이 기존에 사용해오던 pc를 이용하여 데이터베이스를 입력하였다. 입력할 작품이 수천 편에 달하는 만큼 각 데이터의 입력은 해당 작품을 정리한 연구원 각자가 전담했다. 그리고 모든 입력이 이루어진 후에는 오류 수정을 위한 전담인력을 따로 구성하여 검토하는 과정을 거쳤다.

• 검색 프로그램 완성

검색 프로그램의 개발은 입력 프로그램의 개발과 동시에 이루어졌다. 입력프로그램은 '간단검색'과 '상세검색'을 아우르는 것이었지만 검색프로그램은 검색 방식별로 서로 다른 창(window)을 이용할 수 있게 하였다.

• 입력 프로그램과 검색 프로그램의 검토와 수정·보완

　본 연구팀에서 개발한 검색 프로그램은 다양한 검색 환경을 제공하는 만큼 정보를 처리하는 가운데 오류가 발생할 위험이 높은 단점이 있다. 이러한 단점을 최소화하기 위해 프로그램 자체에 결함이 있는지, 혹은 입력 과정에서 실수가 있지 않은지를 꼼꼼하게 검수하였다.

　이러한 수정·보완 작업은 입력 프로그램의 완성 이후 데이터베이스 관련 작업이 종료되어 완제품으로 만들어지기 전까지 지속되어야 한다. 이를 위해 3차년도 후반기에는 데이터베이스의 오류를 검토하고 수정하는 전담팀을 꾸려 정밀한 검수를 진행하였다.

Ⅲ.『한국 현대 장편소설 사전』 편찬의 의미

3.1. 연구 성과

　전 연구 인력의 역량이 집중된 결과물인『한국 현대 장편소설 사전』의 표제어들은 20세기 전반기의 한국 장편서사 텍스트들을 대상으로 하되, 선택의 상황에서 배제보다는 포섭을 우선하였으므로 그 양적·질적 성격의 편차가 드러난 것이 사실이다. 그럼에도 불구하고 본 연구단은 고려할 수 있는 모든 경우의 수를 아우름으로써 '빠짐없는 정리'가 되기에 힘썼다. 그 결과 국내·외에서 발견할 수 있는 모든 텍스트들을 추적 발굴한다는 목표 아래 1000편이 넘는 근대 중·장편 텍스트를 항목화할 수 있었다.

　가장 먼저 기대할 수 있는 가시적인 효과는 본 연구결과물이 출판 등의 형식으로 공식화될 때 지난 3년간 연구원들 사이에서 치열하게 토론되었던 주제들이 학계 및 문단의 장에서 공론화되고 확산될 수 있으리라는 점이다. '근현대 장편소설'이라는 커다란 대상을 놓고 그 범위와 성격을 형성과정의 측면에서, 양식론의 측면에서, 더 구체적으로는 텍스트의 분량, 내용과 형식, 구조, 세계관의 측면에서 내부적으로 진행했던 토론의 과정은 일차적으로 각 표제어의 선택과 배제를 결정하기 위한 것이었지만, 그 자체가 연구원 각자의 연구주제이며 나아가서는 '근대 장편소설'의 정체성을 묻는 문학사적 과제일 수밖에 없기 때문이다.

이와 같은 토론의 과정이 연구단의 범위를 넘어 더 넓은 장에서 확산될 것을 기대하며, 아울러 본 연구단이 3년이라는 기간 동안 끝내 발굴해 내지 못한 작품들의 존재 여부와 소재가 밝혀지고, 전국 각지의 근대 소설 연구자들에 의한 자발적인 수정과 증보가 지속되기를 또한 기대한다. 본 연구단의 『한국 현대 장편소설 사전』은 현재 가장 광범위하고 정확한 정리 텍스트가 되도록 노력하였지만, 궁극적으로는 이러한 책의 존재 의의를 공인받고 하나의 항목, 하나의 표제어라도 더 보완하여 이상적인 형태의 사전을 위한 노력을 지속해야 한다는 문제제기이며, 그 첫걸음이기도 하다.

3.2. 연구 결과 활용 계획

이상에서 요약 기술한 『한국 현대 장편소설 사전』 연구 성과의 전반적 의의에 따라 다음과 같은 구체적 활용 방안 및 효과를 기대할 수 있다.

3.2.1. 연구 성과의 학문적·사회적 기여

『한국 현대 장편소설 사전』은 연구의 목적과 방법에서 말했듯이 다양한 문학사 기술의 토대가 된다. 연구자들에게 생소했던 작품들의 존재와 소장 정보를 제공함으로써 소설사 연구의 외연이 확대될 수 있다. 또한 기존의 문학사에서 다루어지지 않았던 작품을 발굴하여 정리함으로써 활발한 후속 연구의 토대를 마련하였다. 이러한 기대 효과는 무엇보다도 철저한 고증과 오류 수정을 통해 가능하다. 기존의 문학사전이나 연보 등이 가진 기본적인 오류가 후대의 연구서에까지 지속적으로 인용되고 재생산되어 연구의 효율과 질을 떨어뜨리고 있는 실정이다. 심지어는 중등교육 과정의 문학 수업과 학습을 위한 요약적 작품 이해 텍스트에까지 번져 인터넷 등을 이용하는 학습자에게 오류투성이의 페이지를 반복 제공하고 있는 것이다.

한국 근현대소설을 전공하는 연구자들은 이 책을 통해, 그리고 본 연구단에 의해 정리·구축된 데이터베이스를 활용하여 문학사적 상상력을 확장할 수 있을 것이며, 구체적으로는 개별 작가론과 작품론의 교정 및 확충을 도모할 수 있다. 또한 자신의 주요 연구 대상에 알맞은 시대별 주제별 키워드들을 검색·확보하는 것도 가능하다. 나아가 이번 연구 성과가 공론화되고 확산된다면 국문학 연구뿐만 아니라 역사, 사회학 등 인접 인문학 분야, 정치·경제·사회·문화 등 전범위에서 직·간접적인 영향력을 미칠 것이다.

3.2.2. 교육 방면에서의 활용 방안

『한국 현대 장편소설 사전』은 교육 자료로서의 가치가 대단히 크다. 현재 학생들에게 제공되고 있는 소설 텍스트는 상당히 제한적이다. 한정된 텍스트를 반복해서 교육 자료로 활용하고 있기 때문이다. 이는 교수자의 입장에서나 학습자의 입장에서나 '한국 근현대소설'이라는 연구의 대상을 조감하기 위해 필요한 세목들을 스스로 배제하고, 결과적으로 우리 소설사의 맥락에 대한 경개를 자문자답하는 과정에서 지나친 축소나 왜곡에 이르게 할 위험이 있다. 『한국 현대 장편소설 사전』을 활용하면 다양한 텍스트를 제시하면서 새로운 상상력을 유발할 수 있고 결과적으로 새로운 교육환경을 조성할 수 있다. 비단 대학 교육에서뿐만 아니라 중등교육 과정에서도 작품의 경개와 갈래, 간략한 작가 소개, 문학사적 의의 등으로 이어지는 천편일률적이고 무한 재생산되는 요약 서술 텍스트 암기에서 벗어나 실제 작품을 읽고 고증하는 학습이 왜 중요한가를 일깨우는 기회가 될 수 있을 것이다.

궁극적으로 소설 작품과 소설사가 역사 속에서 살아 숨 쉬는 실체임을 느끼게 하고, 기존의 오류를 바로잡은 정확한 서지 정보와 당시 출판 사항에 대한 참고 서술이 하나의 맥락을 이룰 수 있도록 하여 학습자의 소설사 전반에 대한 이해를 충실하게 할 것이다. 이 밖에 창작 전문 과정 교육현장에서는 아래의 '새로운 창작물을 위한 스토리뱅크 기능'과 관련하여 교육 자료로 활용할 수 있다.

3.2.3. 문화 콘텐츠로서의 활용 방안

한국 근대 서사문학의 형성과 발달은 통시적이고 공시적인 영향관계 속에서 상호텍스트성에 기반하여 이루어졌다. 소설은 가장 당대적 양식이면서도 시대와 세대를 뛰어넘어 생동하는 텍스트인 것이다. 다문화 사회에서 소설은 모든 예술의 스토리를 창안해 내는 문화 콘텐츠의 본체이다. 본 연구단의 『한국 현대 장편소설 사전』은 간결한 사전체 형식의 활자출판과 데이터베이스를 활용한 전자출판을 통해 누구나 쉽게 관련 정보를 제공받을 수 있도록 할 것이다.

3.2.4. 새로운 창작물을 위한 스토리 뱅크의 기능

우리 시대의 새로운 창작물은 소설, 시, 만화, 뮤지컬, 무용, 음악, 영상물 등으로 범주화할 수 있으나 모든 예술의 근간에는 이야기가 놓여 있다. 콘텐츠의 부재는 이야기성의 부재와 밀접하게 관련되며 이는 예술의 근간을 위협하는 요소로 작용한다. 이러한 현실에서 『한국 현대 장편소설 사전』은 콘텐츠를 제공하는 스토리 뱅크의 기능을 담당함으로써 우리의 이야기와 정서를 담은 다양한 창작물을 양산하는 데에 기여할 수 있다. 한국 근대 장편소설 텍스트들은 그 자체로 과거의 텍스트에 영향 받은 바 크지만, 동시에 미래의 텍스트에 직간접적인 영향을 줄 수밖에 없는 존재이기도 한 것이다.

『한국 현대 장편소설 사전』을 통해 우리 서사문학의 근간을 이루는 화소, 모티프 등의 작법적 요소를 추출할 수 있고, 그것들이 어떻게 결합하여 장편이라는 텍스트를 완성해 가는지에 대한 이해를 도모할 수 있다. 또한 개별 작품에 실제로 사용된 요소들을 항목화·도표화할 수도 있다. 나아가 고전 작품에서부터 이어져 내려온 영속적 요소들과 당대에 특별히 유행했던 요소들을 구분할 수 있을 것이며, 결론적으로 현재의 시점에서 생명력을 가질 수 있는 요소들을 검토하여 선택하는 작업도 가능할 것이다.

요컨대 문화 콘텐츠 확충을 위한 스토리 뱅크의 기능은 현역 작가들의 텍스트 생산에만 기댈 것이 아니라 기존 서사물의 요목화가 병행되어 상호 보완의 관계로 협력할 때 더 큰 진전을 기대할 수 있다.

3.2.5. 한국 현대 장편소설 대계를 마련하기 위한 기초 작업

『한국 현대 장편소설 사전』은 사전의 형식을 통해 자료들을 체계적으로 정리하는 데에 일차적 목적이 있다. 이 사전은 장차 우리 문화유산이 될 텍스트 자체를 직접 제공하는 '현대 장편소설 대계'를 기획하고 출간하고자 할 때 소중한 기초 자료가 될 것이다.

우선 장편 대계에 포함될 작품의 선별 과정에서 본 연구단이 실행한 선행 작업은 긍정적으로든 부정적으로든 유효한 기준으로 작용할 수밖에 없을 것이다. '한국', '현대', '장편', '소설'이라는 네 개의 기준을 모두 충족시키는 텍스트를 선별하는 일은 문학관, 역사관, 세계관을 총동원해야 하는 복합적이고 입체적인 과정 속에서 이루어지기 때문이다.

다음으로 장편 대계의 직접적 대본이 될 텍스트를 지정하고 정리하는 데도 많은 도움이 될 것이다. 연재물, 출판물 등의 과거 텍스트를 복원하여 활자화하는 일에 가장 기초가 되는 정보는 정확한 서지 사항이다. 『한국 현대 장편소설 사전』은 오류 없는 서지 및 참고사항을 수록하기 위해 별다른 이견이 없는 자료까지 일일이 실물 확인 작업을 거쳤으며, 희귀본 귀중본의 경우에는 가급적 소장처까지 밝혀 연구자 및 출판 관계자들의 접근이 쉽도록 최선을 다했다.

예컨대 2차 자료에 의해 존재를 파악할 수 있으나 원본을 찾아보지 못한 경우, 후대의 선집에 수록되어 있으나 최초 출판본을 찾지 못한 경우, 단행본 출판 원본은 확보되나 최초 연재본을 찾을 수 없는 경우의 텍스트들을 빠짐없이 발굴해 내기 위해 노력하였다. 또한 기존 서지에 오류가 있어 해당 신문이나 잡지에서 찾아볼 수 없는 텍스트들은 주변 연월의 동일 연간물을 모두 검색하고 비슷한 시기의 여타 연간물까지 열람하여 확인 후 오류를 수정하였다. 본 연구단의 이러한 노력이 후대 연구자들에게 정확한 서지를 제공함은 물론 불필요한 인력의 낭비를 막고 효율적인 작업을 도모하도록 하는 데 큰 도움이 될 것이다.

3.2.6. 데이터베이스의 적극적 활용

데이터베이스 구축은 사전 편찬의 기초 작업이다. 디지털 기술의 발전은 활용할 수 있는 정보를 매우 입체적인 방식으로 구조화할 수 있도록 하였다. 필요한 정보가 담긴 문헌이나 자료에 대한 검색에서 그치지 않고 개념에서 개념으로, 주제에서 주제로, 자료와 자료를 넘나들면서 정보를 활용하여 횡적 구조와 종적 역사를 총람할 수 있게 하였다. 사전 편찬과 동시에 진행되는 "한국 현대 장편소설 데이터베이스"는 그 전문성에서 뿐만 아니라 포괄성에 있어서 한국 근현대 문학의 토대로서 기능할 수 있을 것이며, 이를 위해 개발되는 데이터베이스 검색 시스템은 향후 유사한 방향의 연구 및 시스템 개발에도 모범이 될 수 있을 것이다.

참고 문헌

〈기초 자료〉

(1) 잡지

『가톨릭청년』, 가톨릭청년사, 1933.6~1936.12.

『개벽』, 개벽사, 1920.6~1949.3.

『농민』, 조선농민사, 1930~1933.12.

『문장』, 문장사, 1939~1941.

『민성』, 고려문화사, 1945.12~1949.8.

『박문』, 박문서관, 1938~1941.

『반도시론』, 반도시론사, 1917.4~1919.4.

『백광』, 백광사, 1937.1~6.

『백민』, 백민문화사, 1945.12~1949.5.

『백조』, 문화사, 1922~1923.

『별건곤』, 개벽사, 1926~1934.

『비판』, 비판사, 1931.5~1938.12.

『삼천리』, 삼천리사, 1929.6~1943.7.

『삼천리문학』, 삼천리사, 1938.1~4.

『세광』, 세광잡지사, 1920.1~1921.1.

『소년』, 신문관, 1908~1911.

『신가정』, 신동아사, 1933.1~1936.6.

『신계단』, 조선지광사, 1932.10~1933.9.

『신동아』, 동아일보사, 1931.11~1936.9.

『신문계』, 신문사, 1913~1917.

『신문학』, 서울타임즈출판국, 1946.

『신민』, 신민사, 1925.5~1931.6.

『신생』, 신생사, 1931.9~1932.6.

『신생활』, 신생활사, 1922.3~4.

『신여성』, 개벽사, 1923.10~1934.4.

『신조선』, 신조선사, 1934.9~1936.1.

『신천지』, 서울신문사출판국, 1946~.

『어린이』, 개벽사, 1927~1931.

『여성』, 조선일보사, 1936.4~1940.12.

『월간야담』, 월간야담사, 1934.10~1939.10.

『인문평론』, 인문사, 1939.10~1941.4.

『제일선』, 개벽사, 1932.7~8.

『조광』, 조선일보사, 1935.1~1949.5.

『조선문단』, 조선문단사, 1923.10~1934.12.

『조선문학』, 조선문학사, 1933.10~1939.7.

『조선지광』, 조선지광사, 1929.6~11.

『중앙』, 조선중앙일보사, 1933.11~1936.9.

『창조』, 창조사, 1919.2~1921.5.

『천도교회월보』, 천도교회월보발행소, 1910.8~1937.6.

『청년』, 청년잡지사, 1921.2~1930.5.

『청춘』, 신문관, 1914.10~1919.9.

『춘추』, 조선춘추사, 1940~1944.

『폐허』, 문화사, 1921~1922.

『학등』, 한성도서주식회사, 1933.10~1936.3.

『학생』, 개벽사, 1929.3~1930.10.

『해외문학』, 해외문학사, 1927.1~7.

『현대평론』, 현대평론사, 1927.1~8.

『혜성』, 개벽사, 1931~1932.

『호남평론』, 호남평론사, 1936.11~1937.11.

(2) 신문

〈경향신문〉, 경향신문사, 1946~1949.

〈광명일보〉, 광명일보사, 1947.5~8.

〈대동신문〉, 대동신문사, 1945.11~1948.12.

〈동아일보〉, 동아일보사, 1920.4~1949.

〈만선일보〉, 만선일보사, 1939.12~1940.9.

〈매일신보〉, 매일신보사, 1910.8~1945.8.

〈별〉, 한국교회사연구소, 1927.4~1933.5.

〈시대일보〉, 시대일보사, 1924.3~1926.8.

〈신조선보〉, 선인문화사, 1945.10~1946.1.

〈신조선보〉, 신조선보사, 1945.10~1946.1.

〈신한민보〉, 공립신보사, 1917~1950.6.

〈예술통신〉, 선인문화사, 1946.7~8.

〈자유신문〉, 자유신문사, 1945.10~1946.6.

〈자유신문〉, 자유신문사, 1945.10~1950.6.

〈제일신문〉, 제일신문사, 1947.11~12.

〈조선일보〉, 조선일보사, 1923.1~1949.

〈조선중앙〉, 조선중앙일보사, 1931.3~36.7, 1936.8~9, 1947.7~1949.9.

〈중앙일보〉, 중앙일보사, 1931.10~1933.3, 1933.4~5.

〈중외일보〉, 중외일보사, 1926.7~1931.6, 1931.7~1936.9.

〈태평양주보〉, 태평양주보사, 1938.1~1941.12.

〈현대일보〉, 현대일보사, 1946.3~1948.10.

〈단행본 및 논문〉

(1) 사전류

곽원석 편저(2002), 『염상섭 소설어 사전』, 고려대 출판부.

국어국문학편찬위원회 편(1998), 『국어국문학자료사전』, 한국사전연구사.

권영민 저(1990), 『한국근대문인대사전』, 아세아문화사.

권영민 저(1991), 『한국현대문인대사전』, 아세아문화사.

권영민 편(2004), 『한국현대문학대사전』, 서울대학교출판부.

김동리 외 편(1980), 『한국문학대사전』, 광조출판사.

김봉모 엮음(2006), 『김정한 소설 어휘 사전』, 세종출판사.

대한민국예술원 편(1985), 『한국문학사전』, 대한민국예술원.

민충환 편(1995), 『〈임꺽정〉 우리말 용례 사전』, 집문당.

민충환 편저(2003), 『박완서 소설어 사전』, 백산출판사.

민충환 편저(2002), 『송기숙 소설어 사전』, 보고사.

민충환 편저(2000), 『이문구 소설어 사전』, 고려대 민족문화연구원.

서울대학교 동아문화연구소 편(1973), 『국어국문학사전』, 신구문화사.

임무출 편(2006), 『〈황진이〉 어휘 사전』, 대훈.

임우기·정호웅 편(1997), 『〈토지〉 사전』, 솔출판사.

한국학연구원 편(1980), 『최신국어국문학사전』, 대제각.

한승옥 편(2002), 『이광수 문학사전』, 고려대 출판부.

(2) 단행본

전광용 외 편(1968), 『韓國新小說全集』1~10, 을유문화사.

권영민 편(1988), 『韓國近代長篇小說大系』1~30, 태학사.

이주형 외 편(1997), 『韓國近代短篇小說大系』1~33, 태학사.

김윤식 외 편(1978), 『新小說・飜案(譯)小說』1~10, 아세아문화사.

한국학문헌연구소(1979), 『歷史・傳記小說』1~10, 아세아문화사.

김병철(2002), 『世界文學論著書誌目錄總覽』, 국학자료원.

김병철(1978), 『西洋文學飜譯論著年表』, 을유문화사.

김병철(1988), 『韓國近代飜譯文學史研究』, 을유문화사.

한원영(1990), 『韓國開化期 新聞連載小說研究』, 일지사.

한원영(1999), 『韓國現代新聞連載小說研究』, 국학자료원.

하동호(1986), 『近代書誌攷拾潗』, 탑출판사.

하동호(1981), 『韓國近代文學의 書誌 研究』, 깊은샘.

(3) 논문

강민혜(1990), 「벽초 홍명희의 임꺽정 연구」, 고려대학교 석사논문.

강옥희(1991), 「김남천의 장편소설론과 '대하'」, 상명여자대학교 석사논문.

강진호(1995), 「1930년대 후반기 신세대 작가 연구」, 고려대학교 박사논문.

강헌국(1996), 「한국근대소설의 서사유형 연구」, 고려대학교 박사논문.

고준영(1980), 「1930年代 新聞 長編小說에 나타난 民族觀」, 고려대학교 석사논문.

권성우(1989), 「1930년대 한국 모더니즘소설 연구」, 서울대학교 석사논문.

김강호(1994), 「1930년대 한국 통속소설 연구」, 부산대학교 박사논문.

김동환(1993), 「1930년대 한국 장편 소설 연구」, 서울대학교 박사논문.

김동환(1993), 「1930년대 한국 장편 소설 연구」, 서울대학교 박사논문.

김병구(2001), 「1930년대 리얼리즘 장편소설의 식민성 연구」, 서강대학교 박사논문.

김인옥(1997), 「1930년대 후기 한국 전향소설 연구」, 숙명여대 박사논문.

김정순(1979), 「1920年代 韓國事實主義 小說의 類型研究」, 단국대학교 석사논문.

김종건(1998), 「『구인회』소설의 공간설정 연구」, 대구대학교 박사논문.

김종균(1964), 「想涉小說의 研究」, 고려대학교 석사논문.

김종수(2005), 「1930年代 長篇小說의 敍述觀點 研究」, 고려대학교 박사논문.

김종욱(1990), 「1920~30년대 한국 농민소설의 발전과정 연구」, 서울대학교 석사논문.

김종욱(1998), 「1930년대 한국 장편소설의 시간~공간 구조 연구」, 서울대학교 박사논문.

김주남(1983),「1920年代 韓國小說의 敍述紋體硏究」, 서강대학교 석사논문.

김주일(1985),「1930年代 後半期 長篇小說論의 史的考察」, 연세대학교 석사논문.

김진석(1980),「1930年代 韓國農民小說硏究」, 고려대학교 석사논문.

김진억(1986),「1930年代 後半期 長篇小說論 一考」, 한양대학교 석사논문.

김찬기(2003),「근대계몽기 '전'에 관한 연구」, 고려대학교 박사논문.

김한식(2000),「1930년대 후반 장편소설의 일상성 수용과 표현에 관한 연구」, 고려 대학교 박사논문.

김헌규(1995),「박태원 소설 연구」, 서울시립대학교 석사논문.

남민영(1991),「김남천과 한설야의 1930년대 소설연구」, 연세대학교 석사논문.

남상권(2003),「韓國 近代 長篇小說 硏究」, 영남대학교 박사논문.

류종렬(1991),「1930년대말 한국 가족사. 연대기소설 연구」, 부산대학교 박사논문.

문홍술(1998),「1930년대 한국 모더니즘 소설에 나타난 언술 주체의 분열 양태 연 구」, 서울대학교 박사논문.

민은홍(1995),「姜敬愛의小說에나타난女性問題硏究」, 덕성여자대학교 석사논문.

박경웅(2006),「1940년대 초기 장편소설 연구」, 서강대학교 석사논문.

박명순(1999),「碧初의 林巨正에 나타난 女性人物 硏究」, 공주대학교 석사논문.

박수미(1999),「대한매일신보 所載 連載小說 硏究」, 成均館大學校 석사논문.

박은주(1997),「1930년대 모더니즘소설 연구」, 한국교원대학교 석사논문.

박형준(2006),「1930년대 후반 장편소설의 일상 재현 양상 연구」, 동국대학교 석사 논문.

배광호(1987),「1930년대 후반기의 장편소설론 연구」, 영남대학교 석사논문.

백원일(1991),「1930年代 韓國農民小說의 性格硏究」, 동국대학교 석사논문.

서경석(1987),「1920~30年代 韓國傾向小說 硏究」, 서울대학교 석사논문.

서재철(1995),「1920~30年代 韓國 藝術家小說 硏究」서울대학교 석사논문.

손영옥(2002),「1930년대 여성작가 장편소설 연구」, 경남대학교 박사논문.

송민호(1975),「韓國開化期小說의 史的硏究」, 고려대학교 박사논문.

신상성(1987),「1930年代 韓國 家族史小說 硏究」, 동국대학교 박사논문.

신영길(1990),「1930年代 韓國家族史小說 硏究」, 충남대학교 석사논문.

신재성(1986),「1920~30年代 韓國歷史小說 硏究」, 서울대학교 석사논문.

신혜경(1995),「김남천 소설 연구」, 덕성여자대학교 석사논문.

양찬수(1977),「1930年代의 韓國新聞連載小說의 性格에 關한 硏究」, 동아대학교 석 사논문.

우정권(2002),「1920년대 한국 소설의 고백적 서술 방법 연구」, 서울대학교 박사논문.

유숙자(1998), 「1945년 이후 在日한국인 소설에 나타난 민족적 정체성 연구」, 고려
   대학교박사논문.

유재엽(1986), 「1930年代 韓國歷史小說研究」, 단국대학교 박사논문.

유진아(2004), 「1930년대 후기 장편소설에 나타난 통속성의 양상」, 한국외대 석사
   논문.

윤명구(1984), 「金東仁 小說研究」, 서울대학교 박사논문.

윤영실(2000), 「1930년대 후반 장편소설 연구」, 서울대학교 석사논문.

윤정헌(1991), 「朴泰遠小說研究」. 嶺南大學校 박사논문.

윤홍로(1980), 「1920年代 韓國小說 研究」, 서울대학교 박사논문.

윤희영(1998), 「김영석 문학 연구」, 인하대학교 석사논문.

이대진(1985), 「1930年代 韓國家族史 小說 研究」, 전북대학교 석사논문.

이동희(1981), 「1920年代 韓國小說의 作中人物考」, 고려대학교 석사논문.

이미란(1981), 「1920년대 韓國小說에 나타난 리얼리즘의 두 樣相」, 영남대학교 석
   사논문.

이용군(2006), 「근대 장편 소설의 '가족 서사' 연구」, 숭실대학교 박사논문.

이주형(1983), 「1930年代 韓國 長篇小說 研究」, 서울대학교 박사논문.

이향순(2001), 「1930年代 女性小說에 나타난 女性의 身體에 대한 硏究」, 건국대학
   교 석사논문.

이호림(2004), 「1930년대 소설과 영화의 관련양상 연구」, 성균관대학교 박사논문.

이화진(1990), 「朴泰遠小說研究」, 成均館大學校 석사논문.

임선애(1992), 「1930年代 韓國女流小說 研究」, 효성여대 박사논문.

임선애(1983), 「姜敬愛 小說 研究」, 영남대학교 석사논문.

임영환(1986), 「1930年代 韓國農村社會小說 研究」, 서울대학교 박사논문.

임은희(2004), 「1920년대 소설인물의 성의식 연구」, 한양대학교 박사논문.

장재진(1998), 「이기영 장편소설 연구」, 고려대학교 석사논문.

전우형(2001), 「1930년대 한국 소설가소설 연구」, 서울대학교 석사논문.

정수회(2006), 「1930년대 여성작가의 여성의식 연구」, 한국외국어대학교 석사논문.

정진희(1998), 「강경애 소설의 공간 연구」, 한림대학교 석사논문.

정혜경(1991), 「강경애소설연구」, 고려대학교 석사논문.

정혜영(1986), 「강경애소설연구」, 경북대학교 석사논문.

조계숙(1983), 「1930年代 後半期의 長篇小說論 研究」, 고려대학교 석사논문.

조동길(1989), 「1930年代 後半期의 韓國長篇小說論 研究」, 고려대학교 박사논문.

조정래(1988), 「1940년대 초기 한국 농민소설 연구」, 연세대학교 박사논문.

진영복(2003), 「1930년대 한국 근대소설의 사(私)적 성격 연구」, 연세대학교 박사논문.

차혜영(2002), 「1920년대 한국소설의 형성과정 연구」, 한양대학교 박사논문.

최계화(2003), 「1930년대 한·중 가족사소설 비교 연구」, 전남대학교 박사논문.

최동욱(1982), 「1930年代 韓國小說 硏究」, 중앙대학교 석사논문.

최혜실(1991), 「1930년대 한국 모더니즘 소설 연구」, 서울대학교 박사논문.

하웅백(1993), 「金南天 文學硏究」, 경희대학교 박사논문.

한국에서 한문번역 관련 공구서의
현황과 과제[*]

─ 1990년대 이후 주요한 성과를 중심으로 ─

이동철[**]

Ⅰ. 서론

　본 논문은 한국에서 한문번역과 관련된 공구서가 출간된 현황을 개관하고 앞으로 진행해야 할 과제에 대해서 논의하려는 것이다. 사전을 비롯한 각종 공구서는 한문자료에 접근하고 활용하는 데 필수적인 도구이지만, 국내에서는 그 중요성이 간과되어 왔다. 번역과 연

[*] 본고는 2011년 10월 28일 한국고전번역원과 한국고전번역학회의 주최로 진행된 2011년 하반기 정기학술대회『동아시아 한문번역 관련 공구서 현황과 과제』에서 같은 제목으로 발표한 논문(약 190매)을 대폭적으로 수정하고 보완(약 410매)하여『민족문화』제38집(한국고전번역원, 2011)에 수록한 것이다. 발표의 논평을 맡아주었던 단국대학교 정재철 교수 그리고 논문 심사과정에서 관련 자료의 소개와 내용 보완의 제안을 해주었던 심사위원들에게 감사를 드린다. 본 논문집에 수록하면서 이후의 관련 자료와 성과를 일부 보완하였다.

[**] 용인대학교 중국학과 교수

구의 시급한 필요 때문에, 기초적이면서도 장기적인 공구서 작업이
상대적으로 경시된 것으로 보인다. 여기에는 인적, 물적, 제도적 장
치가 부족하다는 점도 중요한 요인으로 작용한다고 생각된다. 그런
점에서 한국고전번역원의 출범과 권역별 거점연구소의 정비는 매우
긍정적인데, 앞으로 정리, 번역과 더불어 공구서 사업에도 관심을 기
울여주기를 바란다.

　본 주제의 필요성과 시급성에도 불구하고 논자는 이 주제를 다루
는 데 많은 어려움과 한계점을 느끼고 있다. 따라서 이에 대해 먼저
서술하고자 한다. 첫째, 본 주제에 대한 선행 연구나 업적이 별로 없
으며, 관련 자료의 기본적인 정리조차 구하기 쉽지 않다는 점이다.[1]

---

1) 이는 인문사회과학 분야의 각종 공구서를 정리한 성과가 전혀 없다는 말이 아니
다. 예컨대 다음은 그러한 성과의 일부이다. 박은자, 『한국참고정보자료해제
(1970~1993): 인문·사회과학편』, 한국도서관협회, 1994; 노옥순, 『참고봉사와
참고정보원』, 이화여자대학교 출판부, 1994; 신숙원·이숙자, 『학술정보 활용법』,
서강대학교 출판부, 1998; 박준식, 『참고정보원』, 태일사, 2003; 한상완·노영희,
『인문과학과 예술의 핵심 지식정보원』, 연세대학교 출판부, 2004; 최은주·배순
자·남영준, 『인문·사회과학 주제정보원』, 한국도서관협회, 2011. 참고로 학습
교육문고의 하나로 출간된 김세익, 『사전과 같이 하는 생활』(보성사, 1993)은 사
전의 의의와 활용법을 안내하고 부록으로 「국내 사전 총목록」(약 1천 종)을 수
록하고 있다. 그러나 이들 모두는 한국학이라는 관점에서 보면 일정한 한계를 지
닌다. 특히 전통시대나 한문자료의 연구와 연관해서 그 한계가 더욱 분명하다.
이런 점에서 예외적인 사례가 민병수의 『한국한문학개론』(태학사, 1996)과 이기
백의 『한국사신론』(일조각)이다. 전자는 부록에서 '字典類', '韻書類', '辭典類', '目
錄類', '表譜類', '地理志類', '叢書類', '類書類', '注疏類와 箋注類', '索引'으로 나누어
공구서와 그 이용법을 소개하였다. 후자는 부단히 개정작업을 하였던 자신의 주
저인 『한국사신론』 부록의 참고서목에서 주요한 공구서류를 지속적으로 소개하
였다. 현재 활동 중인 학자의 성과로는 심경호의 『한학입문』(황소자리, 2007)이
주목을 끈다. 제6강에서 「사전과 공구서」를 다루고 있으며, 원전과 참고문헌, 웹
사이트, CD자료까지 꼼꼼히 소개하기 때문이다. 또한 저자는 일찍이 蔣禮鴻의 『목
록학과 공구서』(이회문화사, 1992)를 번역한 바 있다. 덧붙이자면 『한학입문』은
저자의 『한학연구입문: 한문과 한문고전, 이렇게 시작하자』(이회, 2003)를 수정
·보완한 것이다. 한편 본 주제와 관련하여 최근까지의 정보가 가장 잘 정리된 것
은 일본에서 나온 朝鮮史硏究會 편, 『朝鮮史硏究入門』(名古屋大學出版會, 2011)

의 부록 「朝鮮史硏究の手引き」(460~492쪽)이다. 한국사 연구에 필요한 工具類에 대해 ① 통사·개설·연구입문, ② 辭典·事典, ③ 연표, ④ 지도, ⑤ 목록, ⑥ 자료, ⑦ 자료·정보 소장기관, ⑧ 학회의 항목으로 나누어 간단한 설명을 덧붙이고 있다. 일본과 남북한의 성과는 물론 일부 중국의 자료 그리고 웹사이트도 소개한다. 참고로 중국의 경우는 다음의 관련 성과가 주목된다. 먼저 崔蓮 편저, 『中國朝鮮學-韓國學工具書指南』(民族出版社, 2011)은 1949년부터 2009년 말까지(1949년 이전의 공구서를 일부 포함) 중국 국내에서 출판된 한국과 관련된 중국어와 한국어의 각종 공구서 1,826종을 소개한다. 中央民族大學 "211工程" 三期 建設項目의 하나로 출간된 이 책은 편자의 두 가지 선행 업적을 계승한다. 『中國朝鮮學-韓國學硏究文獻目錄: 1949－1990』(中央民族大學出版社, 1995), 『중국의 한국학(조선학) 문헌자료목록, 1991-2000』(한국외국어대학교출판부, 2002). 다음으로 張伯偉, 『域外漢籍硏究入門』(復旦大學出版社, 2012)은 한국, 일본, 유구, 월남에서 한문으로 저술한 문헌을 연구하기 위한 기본 지식과 방법을 소개한다. 특히 目錄, 年表, 辭典과 인터넷 사이트를 소개하는 제2장 총설의 공구서 부분이 본 논의와 관계가 깊지만, 資料集 부분과 잡지와 회의논문집 부분도 유용하다. 영어로 된 대표적인 관련서는 다음과 같다. Kim, Tai-Jin, ed. and tr. A Bibliographical Guide to Traditional Korean Sources. Seoul: Asiatic Research Center, Korea University, 1976; Kim, Han-Kyo, ed. Studies on Korea: A Scholar's Guide. Honolulu: University of Hawaii Press, 1980;Chai, Eugene Hyung-suk, An Annotated Bibliography of Korean Reference Books. Bloomington, Ind.: Association for Asian Studies, 1989. 95p.; Academy of Korean Studies, comp. Selected Bibliography of Korean Studies. Seoul: Korea Foundation, 1995. 396 p.;Hoare, James. Korea (World Bibliographical Series v.204). Oxford, England; Santa Barbara, Calif.; CLIO Press, 1997. 331 p.; Hoffmann, Frank, comp. assisted by Matthew J. Christensen, and Kirk W. Larsen. Harvard Korean Studies Bibliography: 80,000 References on Korea. Cambridge, Mass.: Harvard University, Korea Institute, 1999. CD-ROM.Kim, Tai-Jin(1976)은 약 150종의 전통적인 자료를 다루고 있는 것이다. J. E. Hoare에 대해서는 Keith Howard의 리뷰가 있다. Bulletin of the School of Oriental and African Studies, Vol.62, No.2, University Of London, 1999. pp.401-402. 1960년대까지 포괄하는 Kenneth R. Robinson의 "Korean History: A Bibliography"는 온라인에서 활용할 수가 있다. http://www.hawaii.edu/korea/biblio/ 또한 CEAL: The Council on East Asian Libraries의 Committee on Korean Materials (CKM)에서 제공하는 Korean Librarianship: Guide & Manual (2002) 특히 Kyungmi Chun의 Chapter IV. 「REFERENCE: BASIC REFERENCE TOOLS」도 유용한데, 이는 Chai, Eugene Hyung-suk의 업적을 보완하는 것이기 때문에 기본적으로 1989년 이후를 주로 다루고 있다.

http://www.eastasianlib.org/ckm/koreanlibrarianship.html

둘째, 본 주제가 대단히 광범위하다는 점이다. 예컨대 한국사 관련 공구서라면 어느 정도 한계를 지울 수 있다. 그러나 한문번역은 이른 바 문사철의 인문학뿐만 아니라 사회과학, 자연과학, 예술분야도 포괄하게 된다. 셋째, 다루는 대상이 애매하다는 점이다. '한문', '번역', '공구서'라는 이 세 가지 영역이 모두 그 한계를 명료하게 규정하기 어렵다.2) 넷째, 한국학의 경우는 필자의 주전공인 중국학 분야에서 보이는 공구서 양상과 상당히 차이가 있다는 점이다.3) 따라서 논의

---

2) 이와 관련하여 김혈조의 다음 글은 『열하일기』 번역을 느끼게 된 공구서의 중요성을 통해 중국과 한국의 공구서 현황을 대비하여 논하는 매우 의의있는 글이다. 김혈조, 「中國工具書의 현황과 그 특징」, 『人文研究』20권2호, 영남대학교 인문과학연구소, 1999. 그의 다음 글도 본 주제에 대해 시사적이다. 김혈조, 「『열하일기』번역의 여러 문제들」, 『漢文學報』19호, 우리한문학회, 2008. 한편 진재교의 「한문고전 번역의 특수성의 안과 밖」, 『민족문화』제32집(한국고전번역원, 2008)은 전고의 중요성을 강조하고 나아가 범고래로 파악되는 '솔피'에 대한 설명하면서 정확한 번역과 주석을 위해 박물학적 내지는 과학적 지식까지 동원해야 함을 역설한다. 박소동의 「조선왕조 儀軌 번역의 현황과 과제」, 『민족문화』제33집(한국고전번역원, 2009)은 전문용어의 정확한 이해와 참고자료의 미비를 지적한다. 이상하의 「한문고전 문집번역의 특성과 문제점 - 典據의 문제를 중심으로 -」, 『민족문화』제31집(한국고전번역원, 2008)은 문집번역의 실례를 통해 전거의 확인 그리고 전거의 한국적인 변용에 주의할 것을 강조한다.

3) 다음은 국내에 소개된 중국학 공구서에 관한 책들이다. 등사우 저, 『中國參考圖書解題』, 한국도서관협회, 1972; 蔣禮鴻 저, 심경호 역, 『목록학과 공구서』(한학연구총서 1), 이회문화사, 1992; 배현숙 편, 『중국자료 탐색방법』, 1994. 또한 다음은 특수한 유형의 공구서에 관한 책이다. 潘樹廣 저, 배현숙 역, 『색인개론』, 경인문화사, 1995; 劉葉秋 저, 김장환 역, 『中國類書槪說』, 학고방, 2005. 한편 관련된 국외의 주요한 성과를 일부 소개하면 다음과 같다. 王彦坤 편, 『文史文獻檢索敎程(修訂本)』, 商務印書館, 2010; 趙國璋·王長恭·江慶柏, 『文史工具書槪述』, 江蘇敎育出版社, 2006; 祝鼎民 編, 『中文工具書及其使用(增訂本)』, 中華書局, 2008; 楊琳, 『古典文獻及其利用(增訂本)』, 北京大學出版社, 2010; 林慶彰 主編, 『學術資料的檢索與利用』, 萬卷樓, 2003; 包弼德(Peter Bol)·魏希德(Hilde De Weerdt), 『宋代硏究工具書指南』, 廣西師範大學出版社, 2008; 坂出祥伸, 『中國古典を讀むはじめの一步』, 集廣舍 발행, 中國書店 發賣, 2008; 永田知之, 『工具書について - 漢籍の整理 -』(京都大學人文科學研究所附屬東アジア人文情報學研究センター, 2009; EndymionWilkinson, 『Chinese History: A Manual(Revised and Enlarged)』, Harvard University Asia Center, 2000. 한편 Endymion Wilkinson

의 체계를 수립하기에 적지 않은 어려움이 있다.

위에서 언급한 난점과 한계에 따라 본 논의는 다음과 같은 입장을 취하고자 한다. 첫째, 기본적으로 한국 한문문헌의 번역과 연결된 공구서와 관련성과를 중심으로 논의할 것이다. 다만 외국의 성과나 작업이라도 한국어로 번역되었고 도움이 될 경우 이를 다루고자 한다. 둘째, 1990년대 이후 진행된 주요한 성과를 중심으로 소개할 것이다. 이는 90년대에 들어서 전산화의 진행 등으로 공구서 제작의 환경에 변화가 일어나고 아울러 관련성과도 풍부하게 등장하기 때문이다. 셋째, 관련 공구서를 체계적으로 분석하기보다 개괄적으로 서술할 것이다. 이는 본 논의가 대상으로 하는 분야가 광범하고 다양하기 때문이다.

본 논의에서 다루지 않는 대상은 다음과 같다. 첫째, 고전번역원의 성과는 제외하였다. 이는 다른 논자가 별도의 논의에서 다루기 때문이다.[4] 필요할 경우 관련 항목에서 간략히 언급하고자 한다. 둘째,

---

은 근년에 이를 대폭 보완한 『Chinese History: A New Manual』(Harvard University Asia Center, 2012)을 "Harvard-Yenching Institute Monograph Series 84"로 출간하였다. 근래의 연구 성과가 충실히 반영된 역작으로서 900쪽 책 4권에 해당하는 분량이다. 王彦坤은 2003년판의 수정본으로 최근 정보가 충실하다. 趙國璋 등은 "古文獻學基礎知識叢書"의 하나로 간행된 것이다. 祝鼎民은 분량이 많고 상세하게 기술되어 있다. 楊琳은 일반적인 공구서 안내와 달리 고전문헌을 학습하고 응용하는 방법의 소개에 중점을 두고 있다. 林慶彰은 다소 오래되었지만 대만의 성과를 확인할 수 있다. 『역사 속의 성리학』(예문서원, 2010)의 저자인 包弼德(Peter Bol)의 指南은 송대연구에 특화된 공구서 안내로서 Song Research Tools(http://sunsite.utk.edu/songtool/)에서 이를 활용할 수 있다. 永田知之는 인터넷 사이트를 함께 소개하고 있어서 더욱 유용하다. 京都大學의 관련 사이트(Kyoto University Research Information Repository http://repository.kulib.kyoto-u.ac.jp/ dspace/handle/2433/130672)에서 다운로드할 수 있다. Wilkinson은 1998년판의 증정본으로서 분량이 방대하고 서구의 성과가 충실하게 소개되어 있다.

4) 양기정, 「한국고전번역원 출간 한문번역 관련 공구서 현황과 과제」, 『2011년 하반기 정기학술대회: 동아시아 한문번역 관련 공구서의 현황과 과제』, 한국고전번역원, 2011; 『민족문화』제38호, 한국고전번역원, 2011.

의학5)과 불교6) 분야는 기본적으로 생략하였다. 해당 분야의 중요
도가 떨어지거나 별다른 성과가 없기 때문이 아니라 논자의 능력과
여건 때문이다.7) 셋째, 북한의 성과는 제외하였다. 이는 북한의 성
과가 미비하다기보다는 정보와 자료를 구하기 어렵기 때문이다.8)

---

5) 의학과 관련하여 간단히 두 가지만 소개하고자 한다. 먼저 동양의학대사전편찬
위원회 편, 『동양의학대사전 1-12』(경희대학교 출판국, 1999)이다. 경희대학교
개교 50주년 사업의 일환으로서 진행된 이 사전은 표제어가 52,500여 항목이며
한중일의 전통의학은 물론 티벳, 몽골, 인도 의학 등을 포함한다. 다음으로 한국
한의학연구원(http://www.kiom.re.kr/index.jsp)에서 제공하는 "한의학고전명
저총서"(Knowledge of Oriental Web Service, http://jisik.kiom.re.kr/index.
jsp)이다. 여러 가지 내용이 있지만 특히 고문헌 정보에서 다양한 의서정보를 얻
고 아울러 입력된 원문과 그 이미지도 확인할 수 있다.

6) 불교에 대해서도 몇 가지만 소개한다. 먼저 이지관 편, 『가산불교대사림』(가산불
교문화원, 1999~)이다. 현재 14권(2013. 8.)까지 출간된 이 사전은 예정이었던
18권을 넘어설 듯하다. 현재까지 근 10만 항목이 수록되어 기존의 국내외 어떤
사전보다 표제어가 많은데 한국불교 항목이 대폭 늘어난 점이 중요하다. 다음은
동국대학교 전자불전문화콘텐츠연구소(EBTC, http://ebti.dongguk.ac.kr/)이
다. 본 사이트는 한국불교전서검색, 한글대장경검색의 서비스를 제공한다. 아
울러 불교문헌 전산화 관련 전문학술지 『電子佛典』의 본문을 제공하고 있다.
한편 불교 자료의 디지털화에 관해서는 동국대학교 전자불전연구소에서 발행하
는 『電子佛典』이 중요하다. 참고로 특히 본 논의와 관련이 있는 논문을 일부 소
개한다. 김태규·이용규·이금석·홍영식·한보광, 「한국 불교전서 전산화」, 『電
子佛典』2, 2000; 노진홍·유웅구·박성은·이용규·이금석·홍영식·한보광「한
글대장경 전산화」, 『電子佛典』4, 2002; 이금석·이용규·홍영식·한태식, 「한글
대장경 검색 시스템」, 『電子佛典』4. 2002; 이용규, 「한국불교전서 데이터베이
스의 분석」, 『電子佛典』9, 2007. 다음은 田中良昭 등, 『선학연구입문』(경서원,
2009)이다. 지역별로 나누어 선불교연구의 현황과 방법을 소개하는 데 자료해
설과 공구서사용법에도 주의를 기울이고 있다. 한국편의 경우「공구서」항목에
서 (1) '입문서와 자료목록', (2) '연표·지도·사전'으로 나누어 소개한다.

7) 참고로 선불교의 이해와 번역을 중심으로 공구서와 문헌학에 대해 언급하는 신
규탁의 다음 논의는 본 주제와도 관련이 깊다. 「중국 선서의 번역을 위한 문헌
학적 접근(1)」, 『백련불교논집』1. 백련불교문화재단, 1991; 「중국 선서의 번역
을 위한 문헌학적 접근(2)」, 『백련불교논집』2. 백련불교문화재단, 1992; 「선어
록 독법의 문제점」, 『불교평론』제2호, 2000.

8) 북한의 사전 편찬에 관해서는 다음을 참조하시오. 조재수, 「북한의 국어사전편
찬에 대하여」, 『東洋學簡報』6권1호, 단국대동양학연구소, 1987; 조재수, 「북한

조만간 고전의 정리와 번역 분야에서 남북한의 긴밀한 협력이 가능
하게 되기를 바란다. 넷째, 전산화에 관련된 내용은 기본적으로 해당
분야에서 언급하였으며 종합적으로 정리하지는 않았다. 이는 논의
의 편의를 위한 것이며 차후 별도로 이를 정리할 예정이다. 또한 이
미 고문헌의 전산화에 대하여 기관별9), 시대별10), 주제별11) 그리고

의 국어 사전 편찬에 대한 고찰」, 『국어생활』15, 국어연구소, 1988; 조재수,
「북한의 사전 편찬에 대한 고찰」, 『한글』213, 한글학회, 1991; 홍광엽,「北韓出
刊 政治辭典에 관한 고찰」, 『國際政治論叢』30권1호, 한국국제정치학회, 1990;
송영배, 「철학사전 , 북한 사회과학원 철학연구소 지음」, 『國際政治論叢』30권1
호, 한국국제정치학회, 1990; 권태억, 「북한의 인문사회과학 : 역사사전」, 『國際
政治論叢』30권2호, 한국국제정치학회, 1991; 차재은, 「북한의 사전 편찬사」,
『북한의 조선어 연구사(1945-199) 2: 실용분야』(김민수 편), 녹진, 1991; 이상
억, 「북한의 어휘연구/사전편찬」, 『語學研究』28권3호, 서울대학교어학연구소,
1992; 남기심, 「『조선말대사전』(1992)과 문법 정보」, 『새국어생활』3권4호, 국
립국어연구원, 1993; 야노 켄이치, 「북한 조선어 주석사전과 그 편찬」, 『언어정
보와 사전편찬』23, 연세대학교 언어정보연구원,2009. 한편 일본의 『朝鮮史研究
入門』은 북한의 주요사전으로 다음을 소개하고 있다. ①『역사사전(2책)』, 사회
과학원출판사, 1971. ②『역사사전(6책)』, 과학백과사전출판사, 1999~2003.
③『조선대백과사전(30책)』, 백과사전출판사, 1995~2001. ④『조선대백과사전
(간략판)』, 백과사전출판사, 2004. ⑤『조선지리전서(29책)』, 교육도서출판사,
1987~90. ⑥『조선향토대백과(20책)』, 과학백과사전출판사, 2003~05. 이 중
②는 "북조선의 역사사전이다. ①과 비교하면 그 사이의 역사평가의 변화를 알
수 있다." ③은 "북조선에서 최대의 백과사전이다." ④는 "③을 간략화하여 중
요항목을 한 책으로 정리한 것이다." ⑥은 "북조선의 과학백과사전출판사와 한
국의 평화문제연구소가 협력하여 제작한 지리사전이다."라고 평가한다. 朝鮮史
研究會 편, 『朝鮮史研究入門』, 名古屋大學出版會, 2011. 464쪽. 한편 허륜, 『오
주연문장전산고』(조선사회과학원 사회과학출판사, 2010)의 출간도 본 논의와
관련해 흥미롭다. 아울러 연구기관의 경우 북한의 관련 성과를 북한도서 및 아
시아도서 전문 수입업체인 '아시아저널'을 통해 구입할 수 있다.
http://www.asiajournal.co.kr/skin/asia/index.php

  9) 기관별 현황에서는 한국한문교육학회 제27차 전국학술대회 및 2006년 하계학
  술대회 "韓國 古文獻 電算化의 成果와 課題"에서 발표된 성과들이 주목을 끈다.
  尹在敏,「民族文化推進會 古文獻 電算化의 成果와 課題」, 『한문교육연구』27, 한
  국한문교육학회, 2006; 최식, 「문천각 고문헌 전산화의 성과와 한계」, 『한문
  교육연구』27, 한국한문교육학회, 2006; 정재철, 「한국학중앙연구원 고문헌 전
  산화의 성과와 한계」, 『漢文教育研究』27, 韓國漢文教育學會, 2006; 李東宰,

「尊經閣 古文獻 電算化의 현황과 과제」, 『한문교육연구』 27, 韓國漢文敎育學會, 2006; 이정희, 「國史編纂委員會 古文獻 電算化의 成果와 課題」, 『漢文敎育研究』 韓國漢文敎育學會, 2006; 이군선, 「한국국학진흥원 전산화의 성과와 한계」, 『한문교육연구』 27, 한국한문교육학회, 2006. 이외에도 다음과 같은 논의가 있다. 박헌순, 「민족고전 전산정보화사업: 민족문화추진회를 중심으로」, 『한국종교학회 2002년 춘계학술대회』, 2002; 이건식, 「藏書閣 디지털 자료관 정보 서비스의 발전 방안 - 한국학 자료의 지식 정보화를 위한 정보 서비스 기능의 다양화를 중심으로」, 『정신문화연구』 109, 한국학중앙연구원, 2007; 서경호·김문식·연갑수, 「규장각 소장 자료의 전산화 방안과 현황」, 『규장각』 23, 서울대학교 규장각 한국학연구원, 2000; 이상찬, 「규장각 자료의 정보화 방향」, 『규장각』 25, 서울대학교 규장각 한국학연구원, 2002. 그리고 '한국역사정보통합시스템'에 관해서는 다음의 성과가 있다. 이남희, 「인문학과 지식정보화 - 〈지식정보자원관리법〉과 〈한국역사정보통합시스템〉을 중심으로」, 『인문콘텐츠』 1호, 인문콘텐츠학회, 2003; 이남희, 「문화콘텐츠의 인프라 구축 현황과 활용에 대하여」, 『오늘의 동양사상』 14호, 예문 동양사상연구원, 2006; 한국역사분야 종합정보센터, 『한국역사정보통합시스템』, 한국역사분야종합센터, 2004. 한편 『민족문화추진회보』에 연재되었던 "국학사이트 탐방" 코너도 이와 관련하여 유용한 정보를 제공한다. 편집부, 「한국역사정보통합시스템」, 『민족문화추진회보』 제81호, 민족문화추진회, 2006; 편집부, 「서울대학교규장각한국학연구원」, 『민족문화추진회보』 제82호, 민족문화추진회, 2006; 편집부, 「한국학중앙연구원」, 『민족문화추진회보』 제83호, 민족문화추진회, 2006; 안창수, 「웹 사이트에서의 인명 검색」, 『민족문화추진회보』 제86호, 민족문화추진회, 2007. 이외에도 서정문, 「대만의 고전전산화와 이십오사 데이터베이스」, 『민족문화추진회보』 제46호, 민족문화추진회, 1997; 서정문, 「한국학 원전데이터베이스 簡介」, 『민족문화추진회보』 제48호, 민족문화추진회, 1997. 참고로 『민족문화추진회보』는 한국고전번역원 홈페이지 간행물 소개의 번역원 소식지 코너에서 볼 수 있다.

10) 시대별 논의에서는 먼저 『한국중세사연구』의 특집호에 실린 고려시대 관련 논의가 주목된다. 朴晉勳, 「고려시대 문헌자료 정보화 사업 현황 및 이용실태와 효과적인 활용방안」, 『한국중세사연구』 30호, 한국중세사학회, 2011; 최연주, 「고려시대 미정보화 자료의 현황과 전산화 방안 - 묘지명, 일반 금석문을 중심으로」, 『한국중세사연구』 30호, 한국중세사학회, 2011; 崔永好, 「고려시대 대장경·문집·고문서 자료의 정보화 현황과 전산화 방안」, 『한국중세사연구』 30호, 한국중세사학회, 2011. 조선시대에 관해서는 이남희, 「조선시대 자료의 전산화: 데이터베이스 구축의 현단계와 과제」, 『朝鮮時代史學報』 12, 조선시대사학회, 2000.

11) 개별 분야와 저서 등 주제별 현황에 대해서는 이남희, 「한국 철학 원전의 전산화, 그 현황과 전망에 대하여」, 『오늘의동양사상』 제7호, 예문동양사상연구원, 2002; 허인섭, 「불교 문헌 및 문화 관련 DB구축의 현황과 과제 - EBTI와 ECAI

국내외의 전체 상황12)에 대한 다양한 논의가 있기 때문이다.13) 한

의 성립과 발전을 중심으로」, 『오늘의 동양사상』제7호, 예문동양사상연구원, 2002; 김기주, 「중국 철학 원전의 전산화 현황과 그에 대한 평가」, 『오늘의 동양사상』제7호, 예문동양사상연구원, 2002; 김경호·류준필·이영호, 「韓國儒學資料의 匯集과 電算化 - '한국경학자료시스템'과 '한국주자학용어검색시스템'을 중심으로」, 『동방한문학』제41집, 동방한문학회, 2009; 이남희, 「『高麗史』디지털화의 방향과 과제」, 『淸溪史學』18, 2003; 김종명, 「『高麗大藏經』의 전산화와 인문학적 중요성」, 『佛教硏究』15, 한국불교연구원, 1998; 이남희, 「조선왕조실록 디지털화 과정과 방향」, 『淸溪史學』16·17, 청계사학회, 2002; 손병규, 「조선시대 국가기록의 전산화 방안 -戶籍 전산화 사례를 중심으로-」, 『2001년 한국기록학회 학술심포지엄 자료집』, 한국기록학회, 2001; 노영구, 「단성호적의 사료적 성격; 조선후기 호적대장 연구현황과 전산화의 일례」, 『大東文化硏究』39, 성균관대학교 대동문화연구원, 2001; 양진석, 「의궤서명의 통일과 전산화 방안」, 『규장각』37, 서울대학교 규장각 한국학연구원, 2010; 강연석·안상우, 「『鄉藥集成方』의 데이터베이스 구축을 위한 원문의 전산처리」, 『한국한의학연구원논문집』7권 1호, 한국한의학연구원, 2001; 안상민, 『고문서 웹서비스현황과 발전방향에 관한 연구』, 충남대학교 석사학위논문, 2007.

12) 먼저 국내 상황의 개괄적 논의로는 다음이 있다. 金炫, 「韓國古典의 電算化의 成果와 課題; 『조선왕조실록CD-ROM』개발사업의 경과와 발전 방향」, 『민족문화』18, 민족문화추진회, 1995; 金炫, 「한국 고전적 전산화의 발전 방향 - 고전문집 지식 정보 시스템 개발 전략」, 『민족문화』28, 민족문화추진회, 2005; 남권희, 「한국학 자료 전산화의 문제점과 바람직한 방향」, 『국학연구』2, 2003; 조형진, 「고문헌의 디지털화 성과 연구」, 『한국문헌정보학회지』40권3호, 한국문헌정보학회, 2006. 국외 특히 중국의 현황에 대해서는 다음 논의들이 참고가 된다. 전정현·전지연, 「온라인 역사정보서비스에 관한 연구」, 『정보관리학회지』27권3호, 한국정보관리학회, 2010; 許喆, 「東亞細亞의 電算化 現況과 比較를 通해 본 古典電算化의 課題 : 韓國과 中華圈資料를 中心으로」, 『대동문화연구』60, 대동문화연구원, 2006; 劉寧慧, 「臺灣與大陸公藏古典文獻의 數位化發展 2000~2007: 대만과 대륙 공공기관 소장 고전문헌의 디지털화 발전(2000~2007) - 희귀본 고서·공문서·고문서·고고 문헌 등을 중심으로」, 『국학연구』12, 한국국학진흥원, 2008; 껑위엔리(耿元驪), 「30년간 중국의 고적(古籍) 디지털화 연구의 종합서술(1979~20009)」, 『역사교육논집』제44집, 역사교육학회, 2010.

13) 한편 한국학 관련 공구서의 디지털화와 관련하여 다음 두 민간기업의 성과가 중요하다. 먼저 누리미디어의 "한국의 지식콘텐츠"(Korean Database) 즉 "KRPIA" (http://www.krpia.co.kr/)이다. 역사/문학/총서류/예술/한의학/한국문화/자연동식물·과학/사회과학/인물/철학·사상/종교·신화로 분류된 각종 분야의 원전과 자료집, 사전 등을 수록하고 있다. 다음은 조선왕조실록, 한국민족대백과사전 등, 한국학의 주요한 자료의 디지털화로 유명한 동방미디어주식회사의

가지 소개할 것은 한국학 지식의 콘텐츠를 구축하는 '한국학자료센 터'[14]이다. 특히 한국학 유관기관의 소개는 해당 기관의 주요 사업을 잘 정리하고 있어서 전산화 관련성과를 활용하는 데 유용하다. 다섯째, 진행 중인 과제나 사업은 필요한 경우를 제외하고 언급하지 않는다.[15]

주제와 관련하여 발표자는 다음과 같이 논의를 전개하고자 한다. 먼저 전통시대의 공구서 즉 한문으로 된 고전 공구서의 번역 현황을 알아볼 것이다. '고전 공구서'는 다시 소학서(小學書), 유서(類書), 기 타의 세 종류로 나누어 살펴보고자 한다. 이어서 한국의 한문 번역 관련 공구서를 사전형 공구서와 비사전형 공구서로 나누어 각기 그 현황에 걸쳐 개괄적으로 언급하고자 한다.[16] 끝으로 공구서의 현황

"KoreaA2Z"(http://www.koreaa2z.com/)이다. '디지털문화예술강좌/생태환 경시리즈/역사 · 문화(교양한국사시리즈/사전/언론 · 잡지/건강/문화/역사)'로 분류된 동방미디어의 150여 종 제품을 제공한다. 양자 모두 기관회원, 개인회원 으로 이용할 수 있으며, 특히 많은 경우 검색이 가능하여 매우 유용하다. 끝으로 공구서의 전산화와 관련하여 중국의 사례를 소개한다. 각종 학술지의 논문과 학 위논문의 사용으로 국내에도 친숙한 '중국학술정보원' CNKI(China National Knowledge Infrastructure, 中國基礎知識設施工程)에서 제공하는 中國工具書網 絡出版總庫(http://gongjushu.cnki.net/refbook/default.aspx)이다. 4,000여 공구서, 1,500만 항목을 검색하고 활용할 수 있다. 필요한 항목이 어디 사전에 어떤 식으로 나오는지에 대한 간략한 검색을 무료로 이용할 수 있다.

14) 본 센터(http://www.kostma.net)는 고서와 고문서 등 국내외의 한국학 자료 를 체계적으로 정리 · 분석하고, 표준화된 형식으로 가공 · 집적하여 한국학의 지 식콘텐츠를 구축하는 것이 그 목적이다. 특히 의궤, 일기, 호적, 지리지 등의 정 보를 DB로 구축해 한국학 연구의 토대로 활용하는 것을 중시한다. 한편 한국학 유관기관의 소개에 고려대학교 민족문화연구원, 동국대학교전자불전문화콘텐 츠연구소, 한국한의학연구원 등이 일부 관련 기관이 누락된 것은 유감스럽다.

15) 예컨대 다음 글은 아직 결과가 출판되지 않은 작업에 대한 보고이다. 박봉주, 「『조선시대 국가전례사전』 편찬과 PC의 효율적 활용」, 『규장각』제30호, 서울 대학교 규장각 한국학연구원, 2007.

16) 張力偉는 古籍工具書에 대해 그 작용을 檢索性과 參考性으로 나누어 그 유형과 발전과정을 간략히 살피고 있다. 의미가 있는 방법이지만 한국의 공구서 현황과 는 다소 차이가 있다고 생각된다. 張力偉, 「古籍整理與古籍工具書」, 『古籍整理 出版叢談』(廣陵書社, 2005), 159~181쪽.

을 통해서 확인된 과제에 대해 논자의 의견을 개진할 것이다.

발표자는 어떤 분야거나 학문에서 일차적으로 시급한 과제가 각종 자료와 문헌에 대한 수집과 정리라고 생각한다. 학문의 정체성 확립을 위해서는 관련 자료와 문헌을 다양한 방법과 형태로 정리하여 학문적 인프라를 구비하고 이를 통해 연구 생태계를 조성하는 것이 필요하기 때문이다. 어느 분야이거나 학술 진흥의 기본 방향은 학문적 인프라와 연구 생태계의 조성이며 공구서의 제작과 활용은 바로 이를 향한 가장 확실한 방법이자 노선이라고 할 수 있다. 주제, 대상, 유형, 성격에 따라 다양한 공구서를 편찬하고 이를 다시 체계적이고 종합적으로 연결시킨다면 효율적인 연구가 가능하기 때문이다. 또한 이들 작업은 학문 후속 세대의 양성과 밀접하게 연계되어야 한다. 이는 한문자료의 정리, 번역 그리고 연구에도 동일하게 적용될 것이다.

II. 고전 공구서의 번역

형음의(形音義)로 구성되는 한자(漢字)의 특성 때문에 동아시아 문명은 일찍부터 다양한 관련 공구서가 발달되어 왔다.[17) 고전을 중

---

17) 중국의 전통 사전에 대해서는 다음을 참조하시오. 오시마 쇼지(장원철 역), 『한자에 도전한 중국: 갑골문에서 간체자까지 한자 형성 공간의 탐색』, 산처럼, 2003. 최영애의 다음 글은 중국사전의 역사를 간명하게 정리하고 있다. 최영애, 「중국 사전의 사적 고찰」, 『사전편찬학 연구』1권1호, 연세대학교 언어정보개발원, 1988. 65-95쪽. 이외에 국외의 주요한 성과로는 다음과 같은 것들이 있다. 먼저 劉葉秋, 『中國字典史略』(中華書局, 1983)이다. 전국시대에서 근대에 이르는 80여 종의 자전, 사전과 운서를 다루고 있다. 이 책은 "國學入門叢書" 第2輯(中華書局, 2003), "中國文庫"제1집(中華書局, 2004)으로 재출간되었다. 다음은 雍和明, 羅振躍, 張相明의 『中國辭典史論』(中華書局, 2006)이다. 세계사전의 역사를 먼저 소개한 뒤, 서주시대부터 20세기 말에 이르는 중국사전의 역사를 다루고 있다. 한편 雍和明과 그의 부인 彭敬의 다음 저서는 이 『中國辭典史論』

심으로 전개된 학문의 역사도 소학이라 불리는 공구서와 연관한 학
술의 발전에 크게 영향을 주었다. 이들은 전통문화의 유산이면서 동
시에 오늘날에도 매우 유용하다.

여기서는 전통적 공구서의 번역 현황에 대해서 살펴보고자 한다.
크게 소학서, 유서, 기타로 나누어 검토할 것이다. 소학서에서는 『이
아(爾雅)』, 『설문해자(說文解字)』 그리고 한국의 문자학 관련서를
알아볼 것이다. 유서에서는 근래 출간된 한국과 중국 유서의 번역본
을 살펴보고자 한다. 기타에서는 정서(政書), 연보(年譜), 자의서(字
義書)의 번역을 소개한다.

고전 공구서는 한문 문헌을 읽는 데 유용할 뿐만 아니라 고대인들
의 세계관, 학문관이 반영되어 있기 때문에 그 자체가 독립된 탐구
대상이 될 수 있다. 그런 점에서는 한문 문헌의 심도 있는 이해에 대
해서도 기여할 것이다. 한편 이와 관련해 전통 공구서를 비롯한 다
양한 분야에 걸쳐 기초적인 문헌학적 연구를 수행한 심경호, 『한국
한문기초학사 1~3』(태학사, 2012)는 매우 중요한 업적이다. 저자에
의하면 대대적으로 보완된 수정증보판이 2013년 중에 출간될 예정
이다.

의 일부 내용에 근거한 것이다. Heming Yong & Jing Peng, 『Chinese
Lexicograpy: A History from 1046 BC to AD 1911』, Oxford University
Press, 2008. 영어본에서 다른 저자의 공헌을 제대로 언급하지 않고 부인과 공
저 형식으로 되어 있어 근래 논란이 있었음을 덧붙인다. 그리고 雍和明・羅振躍
・張相明의 『中國辭典3000年(從公元前1046年到公元1999年)』(上海外語教育出版
社, 2010) 그 영문판인 Heming Yong 등, 『Chinese Dictionaries: Three
Millennia(From 1046BC to AD1999)』(上海外語教育出版社, 2010)는 『中國辭
典史論』의 재발행과 그 영문판이라고 생각된다. 그리고 賴惟勤 저 水谷誠 편,
『中國古典を讀むために: 中國語學史講義』(大修館書店, 1996)는 중국의 전통 小
學書에 대한 저자의 와세다대학 강의를 정리한 것이다.

2.1. 소학서

소학서18)에서는 세 가지 책을 소개할 것이다. 첫째, 훈고학의 출발점인『이아』와 그 주소의 번역이다. 둘째, 중국 최초의 본격적 자전인『설문해자』의 부수자를 번역하고 검토하는 작업이다. 셋째, 조선시대의 소학서인 병와 이형상의『자학(字學)』역주서이다.

이들 소학서의 번역은 전통 공구서의 사용을 도와줄 뿐만 아니라 현대 공구서의 편찬과 활용에도 적지 않은 기여를 할 것이다. 특히『이아』,『설문해자』의 경우는 한자문화권에서 오랜 기간 동안 공구서로서 사용되었기 때문에 더욱 그러하다. 이는 한국의 한자문헌에도 마찬가지로 적용된다.19)

『이아』는 훈고학20)의 기초를 확립한 고전으로 고대 문헌을 학습하고 문화유산을 계승하는 데 중요한 도구이다. ①은『이아』의 경문(經文), 곽박(郭璞)의『이아주(爾雅注)』, 형병(刑昺)의『이아소(爾雅

---

18) 전광진 편역,『중국문자훈고학사전』(동문선, 1993)은『中國大百科全書 언어문자편』에서 문자학, 문자개혁, 훈고학 부분을 발췌 편역한 것이다. 관련 용어, 인물, 저작을 상세히 풀이하고 있어 소학 분야에 매우 유용한 공구서이다.

19) 다음 논문은 한국 고대에서 중국 공구서의 수용에 관한 국사학계의 최근 연구이다. 노용필,「한국 고대 문자학과 훈고학의 발달」,『진단학보』110호, 진단학회, 2010, 1~30쪽.

20) 훈고학에 대해서는 "동양학 공구 총서 1"로 간행된 다음의 역서가 있다. 주대박저, 정명수·장동우 역,『훈고학의 이해』, 동과서, 1997. 서원남의『중국 훈고학의 이해』(제이앤씨, 2005)는 역사를 중심으로 쓰여진 간략한 입문서이다. 한편 宗福邦 등이 주편한『故訓匯纂』(商務印書館, 2003)은 선진에서 청말에 이르는 200여 중요서적의 訓詁자료를 모은 것이다. 阮元의『經籍纂詁』의 뒤를 이은 것인데 더욱 유용하다. 2004년의 제2판은 제1판의 인쇄에 대해 일부 수정과 보완을 했다. 참고로 吳小如는 자신의『中國文史工具資料書擧要』(世界圖書出版公司, 2011)「三版後記」에서 21세기 이후 출간된 중요한 세 가지 공구서로서 다음 세 가지를 들고 있다. 王力 주편,『王力古漢語字典』, 中華書局, 2000; 宗福邦 등 주편『故訓匯纂』제2판, 商務印書館, 2004; 劉潔修,『漢語成語源流大辭典』, 開明出版社, 2009.

疏)』그리고 육덕명(陸德明)의『이아음의(爾雅音義)』를 함께 번역한
것이다. 1~5권은 번역이며, 6권은 색인이다. 본 번역은 여러 의의를
지닌다. 첫째, 한자에 관한 최고 원전의 번역이다. 둘째, 사서삼경 등
여러 경전의 해석에 유용하다. 셋째, 한자의 한국적 독해 즉 한국
적 음의를 명확히 제시한다. 넷째,『이아』는 자전의 원조이기 때문
에 자전의 편찬에 유용하다. 다섯째, 세계 최초의『이아주소』번역
이다.

　허신(許愼)의『설문해자』는 중국 최초의 자서로서 후대에 커다란
영향을 끼친 책이다.『설문해자』는 한자의 기본 구성 요소인 '부수
(部首)'를 처음 고안하여 자형에 근거하여 한자를 분류했고, 부수를
통해서 세상에 존재하는 모든 의미를 담아내려고 한 책이다. 따라서
문자학뿐만 아니라 중국 고대 사상을 이해하는 데도 상당히 유용하
다.[21] ②는『설문해자』의 540개 부수자와 그에 대한 단옥재(段玉
裁)의 주석을 번역한 책이다. 자신의 박사논문을 근거로 한 이 책에
서 역자는 주석과 인용문의 출처를 상세하게 처리하여 여러모로 도
움을 주고 있다.

　『자학』은 효령대군의 10대손인 병와(瓶窩) 이형상(李衡詳)의 저술
이다. 일반적으로 조선시대에는 경학의 문헌학적 기반으로서의 소
학에 대한 연구가 미흡하였다.[22] 그런 가운데 이형상은 자학의 중요
성을 인식하고 독자적인 저술을 남겼다. 이 책은 훈고학, 성운학[23],

---

21)『설문해자』에 대한 관련서로 다음의 책들이 번역되어 있다. 육종달 저, 김근
　역,『說文解字通論』, 계명대학교 출판부, 1986; 아쓰지 데쓰지 저, 심경호 역,
　『한자학: 〈설문해자〉의 세계』, 보고사, 2008; 왕닝 외, 김은희 역,『설문해자와
　중국 고대문화』, 학고방, 2010. 한편『한자학』은 1996년 이회문화사에서 출간
　된 바 있다.
22) 다음은 조선 시대의 소학에 관한 논저들이다. 양원석,『朝鮮 後期 文字訓詁學
　研究』, 고려대학교 박사논문, 2006; 黃卓明,『韓國朝鮮時代漢字學文獻研究』, 경
　성대학교 박사학위논문, 2011.

문자학 전반을 다루는데, 한자어의 한글 풀이가 수록되어 18세기 국어 연구를 위한 학술적, 자료적 가치가 매우 크다. 한글의 문자 기원도 언급하였으며, 몽골어와 일본어, 범어 등 동남아시아 각국의 문자에 대해서도 논의한다. ③은 이를 번역한 것이다.

① 이충구·임재완·김병헌·성당제 역, 『이아주소 1~6』, 소명출판, 2004.

② 염정삼 저, 『설문해자주 부수 역주』, 서울대학교출판부, 2007.

③ 이형상 저, 김언종 외 역, 『(역주) 자학』, 푸른역사, 2008.

2.2. 유서

유서(類書)는 관련 자료를 일정한 유별에 따라 분류 편찬하여 찾아보기 편하게 한 공구서이다. 전통시대의 백과사전인 유서는 체제와 성격이 다양하다.[24] 여기서는 『대동운부군옥(大東韻府群玉)』, 『송남잡지(松南雜識)』, 『임원경제지(林園經濟志)』, 『유원총보(類苑叢寶)』, 『만보전서(萬寶全書)』의 번역을 소개한다.

신라부터 조선 중기에 이르는 많은 문헌을 섭렵하여 운서의 체재로 엮은 권문해의 『대동운부군옥』은 일찍부터 중요성을 인정받았으나 18세기에 이르러서야 후손의 적극적인 추진으로 간행되었다. 그는 우리나라 선비들이 자신의 역사는 모르는 채 중국 역사에는 정통

---

23) 참고로 한국의 '운서(韻書)'에 대한 종합적 연구서로서 다음을 소개한다. 정경일, 『한국운서의 이해』, 아카넷, 2002.

24) 유서에 관하여는 다음의 논저들이 참조가 된다. 유엽추 저, 김장환 역, 『中國類書槪說』, 학고방, 2005; 최환, 『한중 유서 문화 개관』, 영남대학교 출판부, 2008; 김영선, 『한국 유서의 서지학적 연구』, 중앙대학교 문헌정보학과 박사논문, 2003; 심경호, 「한국 類書의 종류와 발달」, 『민족문화연구』제47호, 고려대학교 민족문화연구원, 2007.

한 잘못된 현상을 바로잡고자 했다. 방대한 작업의 결과물인 이 책을
통해 사라진 문헌을 복원하기도 하며, 고대 지명이나 고유의 동식물
명 등 무수한 정보를 확인할 수 있다. ①은 국어학, 역사학 나아가 문
화사적으로 매우 커다란 의의를 지니고 있는 문헌[25]인 이 책을 번역
한 것인데, 사정에 의해 전반부와 후반부의 출판사가 다르다.

　조선후기 지식의 결정체인『송남잡지』의 저자 조재삼(趙在三)은
어원을 포함한 사물의 기원과 변화에 강한 관심을 가졌다. 따라서 이
책에는 천지 우주의 발생부터 의식, 집물의 기원과 변화까지 포괄적
으로 다루고 있다. 이기설(理氣說)과 같은 거대 학술 담론에서부터
풍속·도박·속어·은어·전설 등 민간의 은밀한 이야기까지 총망라
되어 있다.『송남잡지』는 형식이나 의식에서 전대의 유서보다 발전
되었으며 내용적으로도 부문과 항목을 더욱 충실하게 만들고 있다.
문헌조사를 기본으로 하되 자신의 견문과 견해를 혼융하였다. 사실
의 나열만이 아닌 문학적 예시를 통해 자신의 주장을 강화하는 그의
모습을 통해 전통시대 지식인의 학문관과 저술관을 엿볼 수 있다. ②
는『송남잡지』를 교감하고 번역한 것인데, 역자는 이에 대한 일련의
논문을 발표한 바 있다.[26]

　서유구의『임원경제지』[27]는 농업기술로부터 일상생활, 문화예

---

25) 옥영정 등,『조선의 백과지식』(한국학중앙연구원, 2009)은 부제가 시사하듯이
　　"『대동운부군옥』으로 보는 조선시대 책의 문화사"로서 여섯 명의 필자가 다양
　　한 분야와 관점에서『대동운부군옥』을 접근하고 있다.

26)「『松南雜識』〈稽古類〉에 대한 연구」,『한문교육연구』제28집, 한국한문교육
　　학회, 2007;「조선 후기 類書의『康熙字典』과『韻府群玉』인용 양상」,『한문교
　　육연구』제31집, 한국한문교육학회, 2008;「조선후기 類書의 오류 양상」,『한문
　　학보』제19집, 우리한문학회, 2008;「조선 후기 類書의 變改 樣相」『東方漢文學』
　　제38집, 동방한문학회, 2009.

27)『임원경제지』에 대한 근래의 연구로는 다음이 있다. 염정섭 , 옥영정, 심경호,
　　유봉학,『풍석 서유구와 임원경제지』, 소와당, 2011. 한편 정명현 외,『임원경
　　제지: 조선 최대의 실용백과사전』(씨앗을뿌리는사람, 2012)는 책 전체의 내용

술, 나아가 국가 경영에 이르기까지 거의 전 범위의 주제를 다뤘다. 아울러 조선과 중국, 일본 나아가 서양의 학술까지 수용한 성과이다. 그러나 조선이 망할 때까지 필사본으로 존재했을 뿐 사회화되는 과정을 거치지 못했고, 일제강점기에도 필사본으로 복제본을 만드는 데 그쳤다. 2008년에 번역, 출판이 시작되었지만 여러 요인에 의해 현재까지 중요성에 비해 여전히 연구가 미진하다. ③은『임원경제지』의 번역을 위해 모인 소장학자들의 모임인 임원경제연구소가 처음으로 출간한「본리지」의 번역이다.28)

우리나라 최초의 본격적 유서인『유원총보』는 동일한 주제어 아래 다양한 층차의 유사어 및 관련어의 실례를 모아 엮었다. 학문적 역량을 키우고자 최초로 백과사전을 편찬한 그의 정신은 안민(安民)의 방책으로 『구황촬요(救荒撮要)』·『벽온방(辟瘟方)』·『종덕신편(種德新編)』을 편찬한 것과 일맥 상통할 것이다. ④는 현재 진행 중인『유원총보』의 번역이다.

중국의 명대에는 이른바 '일용유서'(日用類書)가 유행한다. 다시 말해 국가나 사대부가 아닌 민간에서 지식을 정리하고 가공하는 능력과 필요가 강화되면서 각종 상업적인 민간 백과사전이 등장하는 것이다.『만보전서』는 그러한 일용유서의 대표적인 사례이다. ⑤는 선문대학교 중한번역문헌연구소의 "한글 생활사 자료총서" 중 유서 번역본으로 출간된 것이다.『만보전서』는 백과사전 '만보전서'를 우리의 실정에 맞게 새롭게 편집하고 언해해 놓은 것이다. 이 책은 17책의 필사본으로서, 서문(序文)이나 발문(跋文)도 없고 필사기(筆寫

을 개관하고 있어 매우 유용하다.
28) 이외에도 별도의 역자들에 의해『임원경제지』의「관휴지」와「만학지」가 출간되었다. 노평규, 김영,『임원경제지 관휴지 1, 2』, 소와당, 2010; 박술철·김영,『임원경제지 만학지 1, 2』, 소와당, 2010.

記)도 없다. 『만보전서언해』의 필사 연대를 파악하는 것은 자료를 활용하는 데 대단히 중요하지만, 현재로서는 이 책에서 직접적인 필사 정보를 얻을 수 없기 때문에 대강의 추정만이 가능하다.[29)]

① 권문해 저, 남명학연구소 경상한문연구회 역,『대동운부군옥 1~10』, 소명출판, 2003.

권문해 저, 남명학연구소 경상한문연구회 역,『대동운부군옥 11~20』, 민속원, 2007

② 조재삼 저, 강민구 역,『교감국역 송남잡지』, 소명출판, 2008.

③ 서유구 저, 정명현·김정기 역,『임원경제지 본리지 1~3』, 소와당, 2009.

④ 김육 저, 허성도·김창환·강성위 역,『유원총보역주 1, 2』, 서울대학교 출판부, 2009~10.

⑤ 홍종선, 이동석, 함희진,『만보전서』, 학고방, 2009.

---

29) 조선 후기에『만보전서』가 유행했던 양상은 다음에서 볼 수 있다. 김호, 「19세기 조선의 일상, 그 지혜의 보고: 만보전서언해」,『문화와 나』, 2005 가을, 삼성문화재단, 40-43쪽 참조. 본 언해의 서지적, 언어적 고찰은 다음을 참조하시오. 함희진, 「『만보전서언해』의 서지적 고찰과 그 언어적 특징」,『어문논집』59, 민족어문학회, 2009. 본격적인 연구서로 박사학위 논문에 근거한 다음의 논저가 있다. 吳蕙芳,『萬寶全書 : 明淸時期的民間生活實錄』, 國立政治大學歷史學系, 2001. 한편 오혜방에게는 명청시대 민간의 生活知識의 전개양상에 대해 日用類書와 識字教材를 통해 연구한 다음 논저가 있다. 吳蕙芳,『明淸以來民間生活知識的建構與傳遞』, 臺灣學生書局, 2007. 이외에도 최선아, 「조선시대 고악보에 나타난『만보전서』의 금도론(琴道論)」, 한국공연문화학회,『공연문화연구』20호, 2010; 염정삼, 「서양인에게 비친 중국문자 -키르허의 인용을 중심으로」,『중국어문학지』33, 중국어문학회, 2010. 특히 염정삼은『만보전서』를 매개로 한 초기 동서교류사를 다루고 있다.

2.3. 기타

본 항목에서는 철학에 연관된 자의서, 문학가의 연보, 각종 제도에 대한 지침서를 살펴볼 것이다. 이들 문헌은 공구서이면서 나아가 당대 인간의 사고와 정서에 근거하여 자료에 접근하는 통로이기도 하다.

성리학의 논저들은 핵심개념을 모르면 진정한 함의를 파악할 수 없다.30) 『성리자의(性理字義)』라고도 하는 『북계자의(北溪字義)』는 주희의 유명한 제자인 진순(陳淳)이 자의(字義), 즉 개념의 철학적 의미를 통해 주자학을 설명한 책이다. 이 책은 성리학 전반에 걸쳐 주요한 용어의 의미를 잘 해설하고 있어서 전통적으로 중시되었다. ①은 영역본의 해제와 판본해설을 싣고 있어서 도움이 된다.31)

연보(年譜)는 인물 정보를 가공하는 전통적 방식의 하나이다. 따라서 연보의 파악은 해당 인물을 이해하는 데 간과할 수 없는 절차이다. 『서포연보(西浦年譜)』의 원본은 일본 천리대(天理大) 금서문고(今西文庫)에 소장되어 있어서 일반 연구자가 이용하기에 어렵다. 그런 만큼 전기(傳記)라고 해도 정도로 세세한 정황까지 실감 있게 서술하고 있는 이 『서포연보』의 번역인 ②는 김만중 연구를 위한 기초

---

30) 이와 관련하여 다음을 추천한다. 몽배원, 『성리학의 개념들: 개념을 쫓아 떠나는 성리학사 기행』, 예문서원, 2008. 한편 『통서해』의 번역에 대한 다음 논평을 통해 철학적 저서의 번역에서 개념 이해의 중요성을 잘 볼 수 있다. 김병환, 「주자의 주돈이 읽기 탈피를 꿈꾸며」, 『오늘의 동양사상』제12호, 예문동양사상연구원, 예문서원, 2005. 또한 유회성의「『순자』- 청출어람을 기다리는 고전번역」『오늘의 동양사상』제8호(예문서원, 2003)에서는 글자(용어) 하나의 오역이 대가의 번역에 대한 신뢰도를 감소시키는 사례를 볼 수 있다.

31) 이외에도 박재완의 번역 『성리학이란 무엇인가 : 북계 진순의 《성리자의》』(여강출판사, 1993)가 있는데, 이 번역은 『(원문 대역) 성리자의 : 성리학의 이해』(여강, 2005)로 재출간되었다.

적이며 획기적인 자료라 평가할 만하다.[32]

『증보문헌비고(增補文獻備考)』는 총 250권의 방대한 분류서로 상
고시대부터 조선시대까지 우리나라의 모든 제도와 문물을 16개 분
야로 나누어 연대순으로 정리한 백과전서이다. 전통사회에 접근할
때 특히 염두에 두어야 할 것이 제도적 측면이다. 이는 정치, 경제,
사회, 문화 모든 면에서 작용하고 있기 때문이다. 아울러 이 제도의
중요한 특성은 선례에 대한 중시이다. 따라서 방대한 양의 관련 자료
와 문헌이 축적되어 있는『증보문헌비고』의 번역인 ③은 그런 점에
서 간과할 수 없는 최고의 역사연구 참고서이다.

『시경다식(詩經多識)』은 정약용의 둘째 아들인 정학유(丁學游)가
『시경』에 출현하는 동식물의 이름을 고증하고 해설한 책이다. '풀',
'곡식', '나무', '푸성귀', '날짐승', '길짐승', '벌레', '물고기'의 8항목으
로 나누어 해당 물명과 설명을 달고 있다. 박물학적 지식은 전통시대
의 문헌을 이해하는 데 필수불가결한 부분이며 그런 점에서 물명 혹
은 박물에 관련된 각종 공구서의 정비는 시급한 과제이다. ④는 이
를 위한 기초라고 할 수 있을 것이다.[33]

---

32) 『西浦年譜』에 관한 연구로 다음이 있다. 최재남,「『西浦年譜』의 성격과 金萬重
研究」,『한국학보』15권 4호, 한국학보(일지사), 1989; 김수영,『〈구운몽〉과
〈서포연보〉의 관련양상』, 건국대학교 석사학위논문, 2004.

33) 본 번역이『시경』의 식물학에 대한 국내외의 선행 연구를 충분히 활용하지 못
한 점은 유감스럽다. 예컨대 홍승직과 신현철 그리고 남기수와 고재기의 공동
연구이다. 먼저 홍승직과 남기수의「식물의 분류학적 실체를 통한《시경(詩
經)》의 새로운 이해」,『中國語文論叢』제15호, 중국어문연구회, 1998;「『시경』에
나오는 곡류 식물의 분류학적 실체」,『中語中文學』제26호, 한국중어중문학회,
2000;「『시경(詩經)』출현 "一名多種" 식물 고찰」, 한국중어중문학회,『中語中文
學』제35호, 2004. 그리고 남기수와 고재기의「『詩經』周南・召南 植物考」,『한
문학연구』제14집, 계명한문학회, 1999;「『詩經』國風 草本考」,『大東漢文學』제
11집, 대동한문학회, 1999;「『詩經』國風 木本考」,『大東漢文學』제12집, 대동한
문학회, 2000;「『詩經』雅・召南 植物考」,『東方漢文學』제20집, 동방한문학회,
2001;「《毛詩品物圖考》所見之《詩經》植物考」,『동아인문학』제2호, 동아인

19세기 초에 간행된 『유서필지(儒胥必知)』는 조선 후기에 널리 사용되었던 공사(公私)문서를 체계적으로 살펴볼 수 있는 문서 작성 지침서이다. 당시 서리들이 참조해야 할 문서 작성의 지침이 적혀 있어, 고문서의 세계로 들어가는 열쇠가 된다. ⑤는 전문가를 비롯해 역사와 문화에 관심 있는 일반인들도 쉽게 접할 수 있도록 번역하였다. 특히 일상생활에서 필요한 다양한 용도의 문서 양식과 그 범례를 싣고 있으며, 이두의 어휘 244개를 분류하여 부록으로 덧붙였다.

① 진순 저, 김영민 역, 『북계자의』, 예문서원, 1993.

② 김병국·최재남·정운채 역, 『서포연보』, 서울대학교출판부, 1992.

문학회, 2002. 비슷한 시기에 진행된 이 연구들은 각기 중문학과 생물학, 한문학과 생물학 전공 교수의 공동 작업이다. 홍승직 팀의 경우 吳厚炎의 『詩經草木匯考』(貴州人民出版社, 1992)와 潘富俊의 『詩經植物圖鑑』(上海書店出版社, 2003)을 주로 참고하였다. 남기수 팀의 경우 이경순 외 역, 『中藥大辭典』(도서출판 정담, 1998)과 동국대한의대 본초학회 역, 『中國本草圖鑑』(려강출판사, 1994) 등 중국의 사전과 도감 그리고 이우철의 『韓國植物名考』(아카데미서적, 1996)와 국내의 식물도감을 활용하고 있다. 서로 달리 비정하기도 하지만 각 식물의 학명이나 생태까지 해명하고 있어서 매우 의의가 있는 연구이다. 이에 덧붙여 『몸으로 본 중국사상』(소나무, 1999)이 국내에 번역된 가노우 요시미츠(加納喜光)의 매우 독특하고 흥미로운 "시경" 연구인 『詩經 (상하)』(學習研究社, 1982)를 소개하고 싶다. 박물학과 민속학에 근거한 번역과 해석을 제시하기 때문이다. 나아가 潘富俊의 관련 圖鑑을 마저 소개하면 다음과 같다. 『楚辭植物圖鑑』, 上海書店出版社, 2003; 『唐詩植物圖鑑』, 上海書店出版社, 2003; 『紅樓夢植物圖鑑』, 上海書店出版社, 2005. 중국의 식물 문화와 관련해 나카무라 고이치 저 조성진·조영일 역, 『한시와 일화로 보는 꽃의 중국문화사』(뿌리와이파리, 2004)도 매우 흥미롭다. 중국의 고전과 가요, 민간 전승 등에서 매화를 비롯한 35종의 식물에 대해 그 꽃말과 일화를 소개하고 있다. 일종의 '꽃말 사전'이자 중국 풍속사이다. 한편 식물에 비해 인기가 떨어지는 『시경』의 동물에 관한 중요한 성과가 高明乾·佟玉華·劉坤의 『詩經動物釋詁』(中華書局, 2005)이다. 시경학, 훈고학, 동물학의 기초 위에서 『시경』의 112종 동물 명칭을 고증하고 해석한다.

③『증보문헌비고(40책)』, 세종대왕 기념사업회, 1980-1996.[34]

④ 정학유저, 허경진·김형태 역,『시명다식』, 한길사, 2007.

⑤ 전경목 등 역,『유서필지 고문서 이해의 첫걸음』, 사계절, 2006.

Ⅲ. 사전형 공구서의 현황

사전형 공구서는 매우 친숙한 유형의 공구서이다. 이들은 크게 '어휘 사전'과 '사항 사전'으로 구분되며, 사항 사전은 다시 전문어사전과 백과사전을 포함한다. 본 논의에서는 크게 어휘사전, 백과사전, 전문사전으로 나누어 논의를 전개한다.

3.1. 어휘사전

한국의 한문번역와 관련하여 한문 어휘 사전은 자전(字典), 사전(辭典), 성어사전, 고어 및 언해사전 등으로 나눌 수 있다.

3.1.1. 자전(字典)

현재 한국에서는 한문번역에 필요한 이상적인 자전은 없다고 할수 있다.[35] 한문의 기본이 한자에 있다는 점을 생각하면, 이는 매우 아쉬운 상황이다.[36] 관련된 자전을 몇 가지 소개한다.

---

34) 1995년 12월『국역 증보문헌비고』가 전 37책으로 완간되고, 다시 1996년 12월『국역 증보문헌비고 종합색인(상중하)』3책이 발간되었다.

35) 앞서 소개했던 다음 자전은 사전학적 관점에서 매우 주목되는 업적이다. 王力주편,『王力古漢語字典』, 中華書局, 2000.

36) 참고로 양동숙의 다음 논의는 5가지 국내 자전에 나오는 字源의 분석을 갑골문,

①은 한자의 표준 음과 훈을 설정하고 그것과 성조가『훈몽자회
(訓蒙字會)』,『신증유합(新增類合)』,『천자문』,『자류주석(字類註釋)』,
『아학편(兒學編)』,『자전석요(字典釋要)』,『신자전(新字典)』,『왜어
유해(倭語類解)』와 경서언해를 비롯한 언해문헌에 어떻게 나타나는
지 통시적으로 볼 수 있게 하는 자전이다. 표제자는 7,352자이다.

②는 갑골문 발견 이래의 성과를 근거로 한자의 변천과정을 제시
한다. 갑골문 자형을 그림으로 재현하고 간결한 해석을 곁들여 어원
과 변천 과정을 일목요연하게 보여주고 있다. 번역과정에서 오백 자
를 추가하여 모두 천 자를 다룬다.

『설문』과 비교한 작업이다. 梁東淑,「韓國 五種字典의 字源 分析과 甲骨文·
『說文』의 비교연구 I-XIV」,『中國語文論集』제37호~제51호, 중국어문학연구회,
2006~2008. 이외에도 (한국의) 자전과 관련해 다음의 논저들이 있다. 박형익,
「한국의 자전」,『한국어학』23, 한국어학회, 2004; 이승재,「한국 최초의 사전
을 찾아서」,『한국사전학』11, 2008; 이충구,「韓國字典 成立의 考」,『泮嬌語文研
究』3, 반교어문학회, 1991; 이충구,「한국자전의 실상」,『한국학논집』2호, 강남
대학교부설 한국학연구소, 1994; 이충구,「韓·中·日 字典 比較 研究」,『泮嬌語
文研究』11, 반교어문학회, 2000; 이충구,「『新字典』의 근대자전 성격에 대한
고찰」,『한중철학』6. 2000; 전일주,「한자자전 《자림보주》 연구」,『大東漢
文學』14. 2001; 전일주,『最近世 韓國 漢字字典 研究』, 영남대학교 대학원 박사
학위논문, 2002; 전일주,『韓國 漢字字典 研究』, 중문, 2003; 전일주,「강희자전
과 한국 초기 자전 비교 연구」,『한문교육연구』26, 한문교육학회, 2006; 정영
아,『우리나라 辭典小考』, 이화여자대학교 대학원 석사학위논문, 1961; 정우봉,
「유니코드 한자 정보 및 이체자(異體字) 사전의 편찬과 그 의미」,『東洋學』46,
2009; 조형진,「草-楷書體 字形字典의 編纂方法 考察」,『서지학보』18, 1996; 하
강진,「한국 최초의 근대 자전『國漢文新玉篇』의 편찬 동기」, 한국문학회,『韓國
文學論叢』41, 2005; 하강진,「한국 최초의 근대 자전 鄭益魯의『國漢文新玉
篇』」,『한글한자문화』79, 2006; 하강진,「『字典釋要』의 편찬과정과 판본별 체
재 변화」,『韓國文學論叢』56, 2010; 河水用,「『六書尋源』의 部首 排列法과 屬部
字 探析」,『漢字 漢文教育』11 , 2003; 하수용,「『六書尋源』의 著者 惺臺의 六書
觀」,『漢字 漢文教育』10, 2003; 하영삼,「한국 한자자전 [玉篇] 의 부수체계에
관한 연구」,『중국어문학』29권1호, 1997;허벽,「歷代字典을 通해 본 漢字와 常
用漢字小考」,『人文科學』39 , 1978.그리고 박형익의『한국 자전의 역사』(역락,
2012)는 이와 관련하여 매우 중요한 성과라고 하겠다.

③과 ④는 주로 서예가를 위한 갑골문 자전이다. ③은 아직 1천여 자밖에 해독되지 않은 갑골문에 대해 탁본을 기본으로 사진 촬영, 확대하여 엮었다. ④는 「갑골학개론」과 「갑골문선독」 전후 두 편으로 구성되어 있다. 우선 갑골 41,956편이 담긴 13권이나 되는 방대한 저작인 『갑골문합집』에서 탁본이 선명하고, 자료적 가치가 있는 4백 여 편을 골라냈고, 그 내용을 22개 항목으로 분류하였다.

⑤와 ⑥은 각각 초서의 해독에 필요한 자전이다. 문서나 간찰의 독해에는 초서의 지식이 필요하며 또 오랜 경험이 필요한데, 그 한 첩경을 여기서 안내 받을 수 있다.[37]

⑦은 書藝 지망생을 위한 추사체 자전으로서 총 5,600여 字를 수록하고 있다.

⑧과 ⑨는 異體字에 대한 정리작업이다.[38] ⑧은 고려대장경 경판에 있는 이체자를 수집한 것인데 정자(正字)로 총 7,486종이며 글자 수로는 29,478자이다. 이체자가 가장 많은 것은 鑿으로 모두 65종이라고 한다. 이체자 총획수순, 정자 부수순, 정자 총획수순, 이체자 자음순의 네 가지 색인을 제공한다. ⑨는 한국과 중국의 역대 유물에 나타난 모든 한자의 종류를 正字와 異體字로 나누고 다시 시기별, 지역별로 배열하여 특정 한자의 다양한 모습을 시간적, 공간적으로 살펴볼 수 있게 하는 것이다. 한국은 고려까지, 중국은 송대까지를 대상으로 하되 고려대장경은 제외하였으며, 정자 5008종을 수록하고

---

37) 조선시대 고문서의 초서체에 대해서는 다음을 참조하시오. 심영환, 『조선시대 고문서 초서체 연구』, 소와당, 2008.

38) 국립국어연구원의 다음 연구도 주목되는 성과이다. 『한국 한자 이체자 조사 : 표준 코드(KS C 5601)한자를 중심으로』, 국립국어연구원, 2002. 또한 다음의 논의도 중요하다. 조성덕, 「한국문집의 이체자 자형연구(1) -『한국문집총간』을 중심으로-」, 『東方漢文學』제36호, 동방한문학회, 2008; 조성덕, 「한국문집의 이체자 자형연구(2) - 人, 口, 大, 火의 변화를 중심으로」, 『민족문화』제35호, 한국고전번역원, 2010.

있다.

한편 이체자에 관해서는 한국고전번역원의 이체자 검색시스템이 다양한 검색 기능과 관련 정보를 제공하고 있다.[39)]

① 남광우, 『古今漢韓字典』, 仁荷大學校出版部, 1995. 927쪽.

② 李樂毅 저, 박기봉 역, 『漢字正解』, 비봉출판사, 1995. 1013쪽.

③ 小林德太郎 저, 박희영 편역, 『갑골문자전』, 경인문화사, 1990. 365쪽.

④ 양동숙, 『갑골문 자전 겸 甲骨文解讀』, 월간서예문인화, 2008. 1038쪽.

⑤ 圓道祐之 저, 허권수·장원철 재편집, 『초서자전』, 까치, 1994. 933쪽.

⑥ 김희동, 『설명이 있는 초서자전』, 김희동, 이화문화, 1999. 1094쪽.

⑦ 이명옥, 『秋史體字典』, 月刊書藝文人畵, 2005. 423쪽.

⑧ 이규갑, 『高麗大藏經異體字典』, 高麗大藏經硏究所, 2000. 1457쪽.

⑨ 이규갑, 『韓中歷代時期別漢字字形表稿 : 碑文所見字形爲主』, 學古房, 2007. 2692쪽.

3.1.2. 사전(辭典)

1990년대 이후 사전에서는 단국대학교 동양학연구소에서 매우 주목할 만한 성과가 나왔다. 바로 『한국한자어사전(韓國漢字語辭典)』과 『한한대사전(漢韓大辭典)』이다.[40)] 향후 다양한 측면에서 이를

---

39) 사이트 주소는 다음과 같다. http://db.itkc.or.kr/DCH/index.jsp 이에 대해서는 다음의 글이 있다. 조성덕, 「민족문화추진회 '이체자정보검색시스템'의 구축 배경과 의의」, 『민족문화추진회보』 제84회, 민족문화추진회, 2006.

40) 같은 연구소에서 나온 『東洋文化와 漢字辭典』(단국대학교 동양학연구소, 1999) 도 중요한 성과이다. 다음과 같은 글들이 수록되어 있다. 權永大, 「中國·日本·臺灣 漢字 辭典의 특색」; 金東鉉, 「한국 漢字 辭典의 역사와 현황」; 서정문, 「한자 사전의 전산화 문제」; 許鎬九, 「편찬 餘滴, 새로 쓰는 注釋」.

수정하고 증보하는 작업이 진행하기를 기원한다. 참고로 중국의『漢
語大詞典』은 이를 보완하는 다양한 작업이 진행되고 있다. 먼저 일
종의 증보편 형식으로 진행된 성과로는 王宣武,『漢語大詞典拾補』
(貴州人民出版社, 1999) 이후 程志兵과 趙紅梅의『漢語大詞典訂補』(中
國文史出版社, 2006), 그리고 漢語大詞典編纂處 편,『漢語大詞典訂補』
(上海辭書出版社, 2010)가 있다. 특히 2010년의『訂補』는 매우 유용
하다. 한편 다음의 두 연구서도 간과할 수 없다. 相宇劍의『漢語大詞
典書證溯源』(黃山書社, 2012) 그리고 曲文軍의『漢語大詞典疏誤與修
訂研究』(山東人民出版社, 2012)이다.

①은 150여 종 총 3,500책의 한국 문헌에서 한국 고유 한자와 한
자어를 채록하였다. 한자 약 6,000자와 일반어, 제도어, 전문어, 인
명, 지명, 서명, 자호, 이두, 차자어, 동식물명, 성구, 속담 등 다방면
에 걸친 어휘 약 150,000 단어를 수록하고 있다.

②는 수록 한자 약 55,000자, 어휘 450,000 단어에 이르는 한국 최
대의 한자사전이다. 돌(乭) 등 한국식 한자 총 10,000여 개의 신조어
를 보충하였다. 원전의 어휘를 백과사전식으로 편집해 인명, 지명,
제도명, 관직 및 의학, 건축에 이르는 한자 어휘를 수록하고 있다.[41]

89년판『허사사전』을 전면 수정한 ③은 8백여 개의 허사를 정리

---

41) 이에 관해 참고가 되는 자료로서 다음이 있다.『「漢韓大辭典」刊行記 - 30년 大
長征을 마치며』, 단국대학교 동양학연구소, 2008. 한편 관련 연구로는 정재철,
「『한한대사전』의 편찬 방향과 사전사적 의미」,『동양학』제46집, 단국대학교
동양학 연구소, 2009; 정재철, 「『디지털한한대사전』의 표제어 구성에 대하여」,
『동양학』제50집, 단국대학교 동양학 연구소, 2011; 최태훈, 「『漢韓大辭典』의
出典例文에 나타난 誤謬 研究」,『중국학』제38집, 2011; 최태훈, 「『漢韓大辭典』
'甚'字 誤謬 研究」,『중국학』제39집, 2011. 정재철의 논문은 본 사전의 의의와
개선 방향을 미래를 논의하는 반면, 최태훈은 구체적인 오류의 검토를 진행하
고 있다. 동양학연구원편,『동아시아 한자사전과「한한대사전」』(단국대학교출
판부, 2013)은 관련 논문을 수록하고 있어서 크게 도움이 된다.

하고 있다. 이전과 달리 기본 문법 용어를 한국식으로 하였고 해석상
오류가 있다고 지적받은 일부 예문들을 아예 바꾸거나 수정하였다.
또한『삼국유사』,『삼국사기』,『열하일기』등 대표적인 우리의 고
전에서도 허사의 용례를 인용하였다.

④는 순수한 허사 1,443개를 싣고 있는데, 이 중 1음절 허사는 684
개이며, 2음절 이상 허사는 759개에 이른다. 인용 예문은 시기적으
로 중국 문헌의 경우 선진(先秦), 양한(兩漢) 시기의 문헌에서부터
근대까지, 한국 문헌의 경우는 고려에서 조선에 이르기까지의 자료
를 토대로 이뤄졌다. 한의학 방면에 상당히 중점을 두고 있다.

⑤는 ③의『虛辭大辭典』을 수정 보완한 것으로서 허사에 근거한
한문 해석의 방법을 제시하고자 한 것이다.

① 단국대학교 동양학 연구소,『韓國漢字語辭典(전4책)』, 단국대학교
   출판부, 1996.
② 단국대학교 동양학 연구소,『漢韓大辭典(전16권)』, 단국대학교 출
   판부, 2008.
③ 김원중 편저,『虛辭大辭典』, 현암사, 2003. 1064쪽.
④ 연세대학교 허사사전편찬실,『허사대사전』, 성보사, 2001. 958쪽.
⑤ 김원중 편저,『한문 해석 사전: 허사 900개로 익히는 한문 해석의
   모든 것』, 글항아리, 2013. 1556쪽.

3.1.3. 성어사전

고사성어, 명구, 속담을 다루는 성어사전에는 다음과 같은 사전들
이 있다.42) 이 중 ④의 저자는『한화대사전』으로 유명한 모로하시
데쓰지(諸橋轍次)이다.

① 김원중,『고사성어 백과사전』, 민음사, 2007.

② 임종욱,『고사성어대사전』, 시대의 창, 2004.

③ 임종욱,『한국 한자어 속담사전』, 이회, 2001.

④ 모로하시 데쓰지,『중국 고전 명언사전』, 솔출판사, 2004.

3.1.4. 고어 및 언해사전

①은 유희(柳僖)의 『물명고(物名攷)』와 실명씨의 『광재물보(廣才物譜)』를 대상으로 수록 어휘의 발음순으로 정리한 것이다. 한자 어휘의 발음을 부기한 뒤 원문의 훈석을 표점하고 상등어 유의어를 병렬하였다.

②는 17세기에 간행되어 현전하는 국문문헌 24종 73권에 나오는 27,716개의 표제어와 202,728개의 예문을 컴퓨터로 입력하여 출판한 어휘 용례사전이다.[43]

③은 15~20세기 초까지 총 200여 종 2,000여 책, 한글 간찰·한글 고문서 1,000여 점의 문헌 자료에서 7만여 개의 표제어와 18만여 개의 예문을 채록하여 편찬되었다. 전문서류, 역사서류, 고문류, 문학류, 한글 간찰류 등의 문헌을 총망라하였다.[44]

④와 ⑤는 그때 그때의 필요에 따라 한자의 음이나 뜻을 빌어다가 우리말을 적은 이두 어휘와 예문을 수록한 사전이다.[45] ⑤는 한양

---

42) 다음 사전은 성어의 유래를 해명하는 데 매우 중요한 성과이다. 劉潔修,『成語源流大詞典』, 江蘇教育出版社, 1999.

43) 본 사전에 대한 이병근의 서평이 다음에 실려 있다.『정신문화연구』제18집(한국학중앙연구원, 1995) 226~231쪽.

44) 본 사전의 편찬을 주관한 박재연은 다음 논문에서 그 특징과 활용을 검토하였다.「『필사본 고어대사전』편찬에 대하여 - 번역고소설 활용을 중심으로-」,『한국사전학』제16호, 한국사전학회, 2010, 137~187쪽.

45) 이두사전의 편찬에 대해서는 다음을 참조할 수 있다. 이승재,「이두의 사전학적 특성」,『애산학보』제16집, 애산학회, 1995, 103~134쪽.

대학교 한국학연구소가 기획하는 '한국학 특수사전' 중 첫째 권이다.
이두 자료에 쓰인 특수용어와 이두 어휘들을 모아 분석하고, 형태소
단위를 등재했다.46)

⑥과 ⑦은 언해의 한어문(漢語文)에서는 한자 어휘를, 언해문에서
는 옛말 어휘를 채록하고 주석한 뒤 대역어를 붙여 한글 음순으로 배
열한 것이다.

⑧은 15세기에서 20세기 사이의 산재된 여러 자료들을 표제자, 표
제어, 용례별로 정리한 사전이다. 조선 시대에 사용된 중국 백화 어
휘와 한자어를 총집성한 것으로 한자 문화권에서 찾아볼 수 없는 독
창적인 사전이다. 한어병음순으로 정리한 이 책은 시대별 한어와 국
어 사용의 실상을 이해하는 데 도움이 될 것이다.47)

① 정양완, 홍윤표, 심경호, 김건곤, 『朝鮮後期漢字語彙檢索辭典: 物名
　考·廣才物譜』, 한국정신문화연구원, 1997.

② 홍윤표 등, 『17세기 국어사전 (상·하)』, 태학사, 1995.

---

46) 본 사전의 편찬 과정에 대해서는 간략하지만 다음의 글이 있다. 장세경, 「이두
　사전 편찬의 회고」, 『구결학회발표논문집』41, 구결학회, 2011, 55~56쪽.
47) 『中朝大辭典』에 대해서는 박재연의 논문과 최용철의 서평을 참조하시오. 박재
　연, 「『中朝大辭典』편찬에 관하여 - 필사본 번역고소설 활용을 중심으로-」, 『한
　국 사전학』제1호, 한국사전학회, 2003, 185~232쪽; 최용철, 「朴在淵교수의 『中
　朝大辭典』出版에 부쳐 - 중국고전 번역소설 연구에도 기틀 마련」, 『중국소설연
　구휘보』제50호, 한국중국소설학회, 2002, 36~39쪽. 조선시대 사용되었던 중국
　백화어휘는 近代漢語와 밀접하게 관련되어 있다. 『朱子語類』에도 사용되고 있
　는 근대한어는 조선시대 유학자들의 문장에 영향을 주고 있어 한국문헌의 번역
　과 관련해서도 중요하다. 禪宗의 語錄도 기본적으로 近代漢語이다. 이에 대한
　공구서로서 이철교·일지·신규탁 편, 『선학사전』(불지사, 1995)이 있다. 이와
　관련해 周裕鍇, 『禪宗語言研究入門』(復旦大學, 2009)은 매우 체계적이며 친절한
　연구입문서이다. 현재로서는 許少峰 주편의 『近代漢語大詞典(上下)』(中華書局,
　2008)가 가장 규모가 큰 사전이다. 근대한어 관련 사전에 대한 논의로는 다음이
　있다. 강용중, 「중국 역사언어사전의 현황과 과제 -근대중국어를 중심으로」,
　『동양학』50호, 단국대학교 동양학연구소, 2011. 187~214쪽.

③ 선문대학교 중한번역문헌연구소, 『필사본 고어대사전 7책』, 학고
방, 2010.

④ 배대은, 『이두사전』, 형설출판사, 2003.

⑤ 장세경, 『이두자료 읽기 사전』, 한양대학교 출판부, 2002. 490쪽.

⑥ 박성훈, 『老乞大諺解辭典』, 태학사, 2009. 1579쪽.

⑦ 박성훈, 『飜譯朴通事辭典』, 태학사, 2010. 553쪽.

⑧ 박재연, 『중조대사전(전9권)』, 선문대학교출판부, 2002.

3.2. 백과사전

90년대 이후 한국학 공구서에서 가장 중요한 성과는 『한국민족문
화대백과사전(전28책)』의 출간이다.[48] 기준이 될 수 있는 백과사전
을 확보했다는 사실이 무엇보다 중요하다.[49] 현재 진행 중인 보완과
수정을 통해 더욱 충실하게 발전하기를 바란다.[50]

한편 한국학의 긴급한 과제 중 하나로서 전통적 백과사전인 유서

---

48) 관련된 서평과 논의로 다음의 글들이 있다. 이광규, 「한국민족문화대백과사전
(1~8권), 한국정신문화연구원 편찬부, 1988~1989, 국배판」, 『정신문화연구』통
권37호(12-2), 한국정신문화연구원, 1989. 273~276쪽; 조동일, 「『한국민족문
화대백과사전』의 폭과 깊이」, 『정신문화연구』통권47호(15-2), 한국정신문화연
구원, 1992. 265~280쪽; 이성무, 「한국민족문화대백과사전 추천사」, 『한국역
사의 이해』4, 집문당, 2002.

49) 다음은 동서양의 백과사전을 통해서 분류의 역사, 즉 인류의 위대하고 방대한
'지'의 역사를 다루고 있다. 구가 가쓰토시 저, 김성민 역, 『지식의 분류사』, 한
국출판마케팅연구소, 2009. 간략하지만 동서양을 함께 다루고 특히 일본의 사
례를 비중 있게 다루고 있다. 다만 일본 항목에서 인용된 원문의 번역에 부적절
한 경우가 있다.

50) 다음을 참조하시오. 김미숙, 「백과사전의 멀티미디어 콘텐츠 현황 분석 - 『한
국민족문화대백과사전』 도판 자료를 중심으로」, 『인문콘텐츠』16, 인문콘텐츠
학회, 2009. 29~64쪽. 이서행 등, 『『한국민족문화대백과사전』 수록인물 추가
선정 방안연구』, 한국학중앙연구원, 2008.

의 편찬을 제안하고 싶다. 한국의 역사와 문화를 정리하는 데 다양한
전통적 방식의 편찬 작업이 중요한 역할을 할 수 있기 때문이다. 예
컨대 일본 정부가 메이지유신 시기에 진행했던 국가의 지적, 학술적
기반을 정비하는 중요한 사업의 하나로서 백과사전의 편찬이 있었
다. 한편으로는 챔버스의 『백과전서(百科全書)』(W. Chambers, R.
Chambers 공편, Information for the People)를 분야별로 재편집하
여 번역하였고, 다른 한편으로는 유서방식으로 일본의 역사와 문화
를 총정리하는 『고사유원(古事類苑)』을 편찬하였다. 전자가 근대 서
구의 지식을 수용하고 전파하여 부국강병을 지향한 과정이라면 후자
는 자신의 정체성을 확립하는 작업이었다.[51] 중국의 경우 신중국이
래 최대의 문화적 공정(工程)으로서 현대판 『고금도서집성』인 『중
화대전(中華大典)』의 편찬[52]을 현재 진행하고 있는 중이다. 중국학
에서 유서의 의의를 잘 보여주는 것의 하나가 바로 조셉 니덤의 『중

---

51) 다음을 참조하시오. 大隈和雄, 『事典の語る日本の歷史』, 講談社, 2008. 이 책에
　　대해서 가루베 다시시·가타오카 류 엮음, 고희탁·박홍규·송완범 옮김, 『교양
　　으로 읽는 일본사상사』(논형, 2010. 349쪽)는 "이 책은 중세상상의 대가인 저
　　자가 일본사상사라는 학문을 이야기할 때 좌표축이 부재하다고 하는 문제에 답
　　하기 위해 제출한 콤팩트한 책. 이러한 백과사전적 책에는 그것들이 성립된 시
　　대의 지식범위와 사고방식이 집약되고 있다는 생각"에서 다양한 사전을 예로
　　들어, "거기에 관철된 정신 계보를 탐구하였다"고 평가한다. 한편 챔버스 『백과
　　전서』의 원문은 Inter Archive(http://www.archive.org/)에서 관련 자료를 검
　　색하여 활용할 수 있다. 『고사유원』은 일본 국회도서관의 "근대 디지털 라이브
　　러리"(http://kindai.ndl.go.jp/)에서 활용할 수 있다. 이외에도 "『고사유원』 페
　　이지 검색시스템"(http://shinku.nichibun.ac.jp/kojiruien/index.html) 또는
　　國文學硏究資料館에서 운영하는 電子資料館(http://www.nijl.ac.jp/pages/
　　database/)의 "고사유원 데이터베이스"(http://base1.nijl.ac.jp/~kojiruien/
　　index.html)를 활용할 수 있다. 이외에 "고사유원 전문데이터베이스" (http://
　　ys.nichibun.ac.jp/kojiruien/)도 있다.

52) 이에 대해서는 다음을 참조하시오. 김진철, 「現代中國에서의 古籍의 編纂과 硏
　　究 現況 -『中華大典』과 『儒藏』을 중심으로」, 『민족문화』제32집, 한국고전번역
　　원, 2008.

국의 과학과 문명』편찬이다. 전통 중국의 유서가 진행했던 각양각
색의 자료 정리가 없었다면 이 방대한 작업은 결코 제대로 진행되지
못했을 것이다.

①은 한국학 전 분야에 걸친 백과사전이다. 제26책은 연표와 편
람, 제27책은 총색인, 제28책은 보유인데, 제 26책에 한국사연표, 왕
실세계도, 직관 변천표, 행정구역 변천표, 행정구역 변천도, 시호일
람, 문화재일람, 문화재 지역별 분포도, 향교·서원·사우·사찰·능
원 일람 등이 부록으로 수록되어 있다. 초판본은 1991년 전27권으로
발간되었고, 1995년 〈보유편〉1권이 추가되었다. 2001년 12월 제1
차 증보개정판인 『EncyKorea』가 시디롬 형태로 발간되었으며, 현
재 온라인상에서도 제공되고 있다.[53]

기관에 의해 진행되고 다수의 전문가가 참여한 작업인 ①에 비해
②와 ③은 개인에 의해 진행되었다는 점이 특색이다. 특히 ②는 『표
준국어대사전』(을유문화사, 1959)와 『새우리말 큰사전』(삼성출판
사, 1975)을 펴낸 신기철 선생의 유작이다. 정치, 경제에서 제도, 동
식물에 이르는 14개 분야 6만 5천여 항목을 아우르고 있다.

④는 전남의 향토문화 전반에 대한 균형과 연계성을 바탕으로 전
남 문화의 특징을 체계화하여 정리한 백과사전이다. 지정문화재, 인
물, 기념물, 음악, 음식 등 전남을 대표하는 문화 전반에 관한 내용
을 사진 자료와 함께 간략하게 소개한다. 가나다순 배열이며, 편의
를 위해 가옥, 고건축, 민속, 음식 등 유형별 항목찾기를 부록으로
제공한다.

---

53) 한국학중앙연구원 자체의 홈페이지는 다음과 같다.
  http://encykorea.aks.ac.kr/ 아울러 포탈인 네이트와 네이버에서도 제공된다.
  각기 네이트백과사전의 민족문화대백과 http://100.nate.com/minbaek/index.
  html 그리고 네이버지식사전의 한국민족문화대백과 http://terms.naver.com/
  minbaek 이다.

① 한국학중앙연구원, 『한국민족문화대백과사전 (전28책)』, 한국학중
앙연구원, 1991(초판), 2001(개정증보판).

② 신기철, 한국문화대사전간행위원, 『한국문화대사전(전10권)』, 진
한엠엔비, 2008.

③ 임종욱 편, 『동양학 대사전(전4권)』, 경인문화사, 2006.

④ 전라남도 전남대호남문화연구소, 『전남향토문화백과사전』, 태학
사, 2002. 1,247쪽.

3.3. 전문사전

전문사전은 용어사전, 분야별 사전, 인명사전, 지명사전과 기타로
나누어 소개한다.

3.3.1. 용어사전[54]

---

54) 온라인상으로 활용할 수 있는 용어사전을 간략히 소개한다. 먼저 한국고전번역원에
서 제공하는 고전종합DB (http://db.itkc.or.kr/itkcdb/mainIndexIframe.jsp#)
이다. 그중 화면 하단에 보이는 고전번역서 각주정보와 고전용어 시소러스가 유
용하다. 전자는 고전번역서와 국고문헌(조선왕조실록, 승정원일기, 일성록)의
번역과정에서 작성된 각주를 DB화한 것이다. 후자는 『한국문집총간』을 중심으
로 하고 고전국역총서, 지명, 법전을 포함해 추출된 1만 5천여 용어를 시대, 지
역, 유형에 따라 분류하고 용어들의 상관관계를 제시한다. 분류에 따른 검색과
통합 검색이 가능하다. 다음은 한국학자료센터(http://www.kostma.net/)에서
제공하는 용례사전이다. 이 중 "고문헌디지털사전"은 '고서'와 '고문서'를 포괄
하는 일종의 해제집이다. '고문헌용어 디지털사전' (http://www.kostma.net/
dic/dicMain.aspx?lang=ko)은 용어의 해설은 물론 출처나 참고문헌 경우에 따
라 음역과 의역에 의한 영문표기도 제공한다. 한편 박소동은 의궤번역의 현황
을 검토하면서 전문분야 용어 정리의 중요성과 의궤자료의 의의를 강조한 바
있다. 「조선왕조 儀軌 번역의 현황과 과제」, 『민족문화』제33집, 한국고전번역
원, 2009. 24쪽.

한국 한문 문헌의 번역과 관련해 가장 중요한 사전의 하나가 바로 ①이라고 할 수 있다. 국내 처음으로 역사서, 개인문집, 법전, 의학서를 망라해 5만5천여 용어를 담았으며, 한문으로 된 고전 용어뿐만 아니라 한글 고전 용어도 수록했다. 용어는 『삼국사기』, 『삼국유사』, 『고려사절요』, 『월인천강지곡』, 『조선왕조실록』 등 130여 종에서 뽑았다. 풀이뿐만 아니라 그 변천과정까지 설명돼 있고, 용례는 국역과 원문을 함께 실었다. 1991년 3년여 연구 끝에, 1권짜리 초판 (1,000쪽 분량) 출간 이래 10년여 작업 끝에 나온 개정증보판이다. 고전용어 관련 연구들을 망라하였지만, 정리가 엄밀하지 않아 참고할 때 자세히 살펴야 한다는 평가가 있다.

다음으로 ②는 초서로 쓰여 있고 독특한 용어가 많아서 읽기 어려운 간찰에서 주로 쓰이는 8,000여 개의 용어를 대상으로 의미, 어원과 용례를 해설하고 있다. 기존 사전에 수록되지 않은 용어나 수록되어도 의미가 다른 용례가 풍부하게 포함되어 있다.

③은 각 용어의 명칭과 뜻을 밝히고, 한자해석에 의한 용어의 단순한 뜻과 실제의 내용을 구분하여 제시하였다. 홀기(笏記)의 기록을 근거로 용어가 사용된 정재(呈才)와 그 용례를 밝히고, 용어의 내용과 정재마다 용어의 해석이 달라지는 이유를 설명하였다.[55]

④는 한국건축의 용어들을 풍부한 사진과 그림을 통해 알기 쉽게 설명한 것으로 조선시대 건축 현황을 알 수 있는 자료인 의궤를 근거로 하여 자주 사용하는 용어들을 정리했다. 내부까지 그림으로 묘사하고 자세한 풀이를 곁들여 한국건축 용어의 충실한 길잡이 노릇을 한다. 500여 개 건축용어와 그에 딸린 세부용어까지 합하여 빈도수 높은 1,000여 개의 용어를 소개한다.

---

55) 다음의 서평이 있다. 이종숙, 「정재를 위한 편리한 지침서: 『궁중정재 용어사전』」, 『韓國音樂史學報』제36호, 한국음악사학회, 2006. 271~277쪽.

성종 때 출간된 악서 『악학궤범(樂學軌範)』은 조선초기 궁중 공연
예술의 총집합체로서 조선시대에도 중요시된 문헌이다. 이혜구의 『
신역 악학궤범』에 의거한 ⑤는 음악용어, 정재(呈才)의 종목과 의물,
그리고 관복과 옷감 등과 관련된 모든 용어를 용례(用例)와 함께 정
리하고 있다.

⑥56)과 ⑦은 대우학술총서 자료집의 성과로 간행된 용어사전들이다.

① 세종대왕기념사업회 편, 『韓國古典用語辭典 (전5책)』, 세종대왕기
념사업회, 2001.

② 하영휘·전송열·이대형·임재완·제송희, 『옛편지 낱말사전 : 선인
들의 간찰 읽기』, 돌베개, 2011.

③ 손선숙, 『宮中呈才用語事典』, 민속원, 2005. 488쪽.

④ 김왕직, 『알기쉬운 한국건축 용어사전』, 동녘, 2007.

⑤ 송방송, 『악학궤범용어총람』, 보고사, 2010. 563쪽.

⑥ 崔在錫, 『韓國의 親族用語』, 民音社, 1988. 126쪽. (대우학술총서
자료집1)

⑦ 윤서석, 『한국의 음식용어』, 民音社, 1991. 489쪽. (대우학술총서
자료집3)

3.3.2. 분야별 사전

분야별 사전에서 주목을 끄는 것은 문학사전, 사상사전이다.57) 따

---

56) 최재석의 『한국의 친족용어』에 대해서는 왕한석의 다음 서평을 참조하시오.
『정신문화연구』통권35호(11-2), 한국정신문화연구원, 1988. 216~224쪽.
57) 한국사학계의 양적, 질적 발전에도 불구하고 역사사전의 경우 李弘稙 편, 『國史
大事典(2책)』(知文閣, 1963)그리고 柳洪烈 감수, 『韓國史大事典』(韓英出版社,
1978)이 여전히 가장 기본적인 사전이라는 것은 매우 유감스럽다.

라서 이를 중심으로 소개하고 문화 관련 사전을 덧붙인다.

1) 문학사전

90년대 이후 주요한 문학 관련 사전으로 다음의 몇 가지를 들 수 있다. 이중에서 ①은 고소설비평과 관련된 용어들을 정리한 사전이다. '가관괴설', '가담항설론(街談巷說論)'에서 '희담(戲談)', '희창쾌(喜唱快)'에 이르는 다양한 용어를 다루고 있다. 편자는 이렇게 말한다. "현재 우리 고소설비평 연구로 보아, 연구자들 간의 합의로 숙성·발효된 비평어를 기대하는 것은 이른 감이 있고, 이 방면에 대한 연구인력 또한 그리 많지 않다. 이 책은 모든 연구자들의 보편성을 담은 용어 선정 문제보다, '고소설비평어의 연구 필연성'에 더 무게를 두었다."

②는 역대 명승 및 유적지 답사자료에서 가장 중요한 사찰, 누정, 전장, 향교, 객관, 궁실 등에 관한 기문(記文)을 정리한 사전이다. 산수유기를 중심으로 이들 기문을 모아놓은 자료는 전통시대부터 상당히 있었다. 그러나 국토 전체를 대상으로 한 종합적이고 체계적인 답사자료집은 아직 간행되지 않았다. 이에 따라 임진왜란 이전까지 명승고적에 관련된 기문, 送序, 詩序 등 각종 자료를 정리한 것이 ②이다.

③은 조선후기인 17세기를 전후해서 생성되어 개화기까지 유통된 60개의 국문 고전소설 작품에 등장하는 어휘와 용례를 해석한 사전이다. 그중 특히 방각본을 주대상으로 삼았다. 표제어는 고유어와 한자어를 망라하고 있는데, 한자 어휘가 압도적으로 많다.[58]

---

58) 다음 서평은 고전소설 사전의 의의과 편찬에서 고려해야 할 여러 사항을 꼼꼼히 논의하고 있어 매우 유용하다. 홍윤표, 「고전소설 사전 편찬의 의의, 이광호 외, 『한국 고전사설 독해사전』(한국정신문화연구원, 1999)」, 『정신문화연구』 통권77호(22-4), 한국정신문화연구원, 1999. 287~306쪽.

④는 불교가사를 읽으면서 직면하는 어려움을 해결하고자 하는 사전이다. 불교용어라서 어려운 경우도 있고, 일반용어에 불교적 의미가 부가되어 어려운 때도 있기 때문이다. 지은이는 우리 고전을 지속적으로 주석하고 그 결실을 모아서 고전 읽기에 도움을 주는 많은 공구서를 꾸준히 만들어 나가자고 말한다.

⑤는 5백60여 개의 항목에 걸친 중국문학의 비평용어를 체계적으로 정리한 전문사전이다. 문학사, 문학론, 유파, 인물, 갈래, 풍격, 문체의 7개 항목으로 나눠 각 용어의 문학사적 특성과 비평적 의미를 풀이하고 있다. 인명, 작품명, 책명, 중요 용어, 중요 비평구문 등 네 방식으로 다뤄 다양하게 검색할 수 있도록 꾸몄으며, 부록으로 '중국문학개관', '간명중국고대문인사전', '중국연호일람표' 등 관련자료를 제공한다.

⑥은 한국 작가 683명, 당나라 작가를 중심으로 한 중국 작가 134명을 '가나다'순으로 소개하고 그들의 주요 작품을 '가나다'순으로 소개한 일종의 감상사전이다. 작가의 행적, 주요 작품의 원문, 번역, 어구해설, 작품감상의 순으로 제시된다.

① 간호윤, 『한국 고소설비평 용어 사전』, 경인문화사, 2007.
② 김건곤·안대회·이종묵·정민, 『한국 명승고적 기문 사전: 고려·조선전기 편』, 이회, 2005.
③ 서대석·이광호·이남순·정하영·조희웅, 『한국고전소설 독해사전』, 태학사, 1999.
④ 임기중, 『불교가사 독해사전』, 이회문화사, 2002. 488쪽.
⑤ 임종욱, 『동양문학비평용어사전』, 범우사, 1997.
⑥ 전관수 편, 『漢詩 作家 作品 事典: 漢詩 810人選(상하)』, 국학자료원, 2007. 1484쪽.

2) 사상사전

사상사전에서 두드러진 특징은 김승동의 작업이다. 동양사상 전 분야에 걸쳐 출간되었고 수정과 보완이 신속히 진행된 점도 주목을 끈다. 다만 경우에 따라 부적절한 표제어나 설명이 눈에 뜨이기도 하는 점은 아쉽다.

아울러 사상분야와 관련해 다음 두 가지가 주목된다. 먼저 인하대학교 한국학연구소의 "한국철학 연구 안내"[59] 서비스이다. '기본참고자료', '인물별 참고문헌', '주제별 참고문헌'으로 나누어 한국철학 연구를 위한 각종 공구서와 참고 자료를 소개한다. '기본참고자료'는 다시 각종 공구서, 선집, 통사 등을 소개하는 문헌류와 웹서비스를 소개하는 비문헌류로 구성되어 있다. 다음은 미조구치 유조 편, 김석근·김용천·박규태 역, 『中國思想文化事典』(민족문화문고, 2003)이다. 중국사상사를 이해하는 데 가장 기본적인 개념 66개 항목에 대해 「우주·인륜」, 「정치·사회」, 「종교·민속」, 「학문」, 「예술」, 「과학」 등 6개 분야로 나누어서 그 역사적 생성과 의미내용의 변천 과정을 서술한다. 중국의 사상과 문화의 이해에 필수적인 개념을 체계적이고 역사적으로 이해하는 데 매우 유용하다.[60]

①은 유교관련 대사전이다. 그중 1~2책은 학술편이고 제3책은 현황편이다. 현황편에 유림임원과 향교 및 서원, 사(祠)의 현황이 수록

---

59) 사이트 주소는 다음과 같다.
http://www.inhakoreanology.kr/search/philosophy_notice.php

60) 근래 같은 역자들에 의한 개정판이 나왔다. 미조구치 유조 편, 김석근·김용천·박규태 역, 『中國思想文化事典』, 책과함께, 2011. 참고로 한국사상사연구회 편, 『조선유학의 개념들(한국철학총서 20)』(예문서원, 2002)도 주목할 만하다. 이 책은 太極, 理氣, 四端七情, 未發已發, 格物致知, 道統, 朋黨, 井田 등 총 26개의 주요 개념을 선정해 「자연」, 「인간」, 「학문」, 「사회」의 4개 범주로 분류하여 그 어원과 중국 및 한국 사상에서의 변천 과정 그리고 현대적 함의를 연구한 것이다.

되어 있다. 증보판에는 유교의례와 성리학, 현대유학, 여성 관련 항
목 등이 보완되었다.

김승동의 작업에서 ②는 국내에서 최초로 발간된 도교사전이다.
부산대학교 한국민족문화연구소의 지원 아래 만들어진 사전으로 항
목은 총 7천 6백여 개이다. ④는 ②의 오자를 수정하고 2,086개의 항
목을 추가하여 9,700여 개의 표제어로 구성되어 있다. ⑤의 부록
(1595~1738쪽)은 '坎離交變十二卦循環昇降圖' 등 372개의 주역 관련
그림을 수록하고 있다.[61]

⑨는 대항목 중심의 사전이다. 「고대한국사상」, 「불교철학」, 「유
교와 실학철학」, 「민족종교와 도교철학」, 「그리스도교철학」, 「근대
수용기 및 현대한국철학」으로 시대적 흐름을 구분한 뒤 용어, 인물,
저술로 나누어 표제를 내세우고 있다.

① 유교사전편찬위원회, 『유교대사전(儒教大事典)』, 박영사, 1990(초
　　판), 2007(수정증보판).

② 김승동, 『도교사상사전』, 부산대학교출판부, 1996.

③ 김승동, 『易思想辭典』, 부산대학교출판부, 1998.

④ 김승동, 『(증보판) 도교사상사전』, 부산대학교출판부, 2004.

⑤ 김승동, 『(개정판) 易思想辭典』, 부산대학교출판부, 2006.

⑥ 김승동, 『불교 인도사상사전』, 부산대학교출판부, 2001.

⑦ 김승동, 『유교 중국사상사전』, 부산대학교출판부, 2003.

⑧ 김승동, 『불교사전(콘사이스판)』, 민족사, 2011.

---

61) 廖名春 외 지음, 심경호 옮김, 『주역철학사』(예문서원, 1994)는 충실한 색인 때
문에 일종의 역학사전 역할을 충분히 하고 있다. 여기서 상세한 색인이 있는, 체
계적이고 풍부한 내용의 통사나 학술사의 중요성을 확인할 수 있다. 참고로 『주
역』의 번역에 대한 다음 글을 소개한다. 문재곤, 「『주역』의 우리말 옮김에 대한
분석」, 『오늘의 동양사상』제1호, 예문동양사상연구원, 1998.

⑨ 한국철학사전편찬위원회 편, 『한국철학사전: 용어편 인물편 저술
편』, 동방의빛, 2011.

3) 문화 관련 사전

외국어 문헌을 올바로 이해하고 번역하기 위해 필요한 전제조건의
하나가 그 문화적 배경에 대한 지식이다.[62] 이는 한문 문헌의 경우
에도 동일하게 요구된다.. 특히 문화적 배경에 관한 공구서의 경우는
국외의 성과를 그대로 사용할 수 없다. 따라서 전통시대의 문화 특히
민속문화에 대한 이해가 중요하다. 이런 점에서 국립민속박물관에
서 중장기 사업의 일환으로 진행하는 『한국민속대백과사전』[63]의

---

62) 한문 자료와 밀접한 관계가 있는 중국의 고대문화에 대해서는 다음의 책들이
유용하다. 먼저 王力 저, 이홍진 역, 『중국고대문화상식』(형설출판사, 1989)이
다. 이는 중국의 대표적인 언어학자 王力이 주편한 『古代漢語』(中華書局, 1963)
의 『古漢語通論』에 나오는 「고대문화상식」의 부분을 완역한 것이다. 천문, 역
법, 악률, 지리에서 의식, 집물에 이르는 14분야를 다루고 있다. 참고로 고대 한
어 즉 한문의 이해와 학습에 매우 유용한 명저인 『고한어통론』은 국내에서 영
남중국어문학회에 의해 『중국어문학통론』(삼진사, 1984; 중문출판사, 1989;
중문출판사, 1991)으로 소개된 바 있다. 다음은 하야시 미나오 저, 이남규 역,
『고대 중국인 이야기』(솔, 1998)이다. "중국 고대 생활사"라는 부제의 이 책은
의식주의 물질 문화에서 오락·전쟁·서적은 물론, 종교·제사 등의 정신문화도
상세히 설명한다. 전래 문헌과 발굴 자료에 근거하고 사진과 도면을 풍부하게
활용하고 있다. 다음은 상해고적출판사 편저, 박소정 편역, 『문답으로 엮은 교
양 중국사』(이산, 2005)이다. 『中國文化史三百題』(上海古籍出版社, 1987)를 편
역한 것이다. 고대에서 청대까지 중국의 역사와 문화를 이해하는 데 필요한 지
식을 분야와 주제별로 나누어 문답식으로 서술한다. 정치·제도, 경제·생활,
종교·예속, 학술·사상, 과학·기술, 문화·교육·체육·예술의 분야로 구분하
고 있다. 끝으로 이스위 저, 정광훈 역, 『중국문화사전』(청어람, 2011)은 "발전
하는 중국의 밑바탕이 되는 중국 문화의 정수를 한눈에 읽는다"고 주제를 내세
운다. 중국 문화의 2백여 핵심어를 신화, 인물, 신체, 동물, 화초, 취미와 공예,
건축, 색깔, 숫자의 9가지 주제로 분류하고, 그들이 문화기호로서 어떤 색깔을
지니고 있는지 살펴본다.

63) 본 사업은 『한국세시풍속사전』, 『한국민속신앙사전』, 『한국민속문학사전』, 『한
국일생의례사전』, 『한국의식주생활사전』, 『한국민속예술사전』, 『한국생업기

편찬 작업은 그 의의가 매우 크다. 현재『한국세시풍속사전』이 완간
되었고『한국민속신앙사전』의 일부가 출간되었다. 이를 중심으로
문화 관련 사전 몇 가지를 소개한다.

사계절의 순환에 따라 반복되는 세시풍속은 산업화와 도시화에 의
해 급격한 변화를 겪고 있다. ①은 정월, 봄, 여름, 가을, 겨울로 나누
어 이 세시풍속을 정리한 것이다. 여기에 부록 및 색인편이 포함되어
총 6권으로 구성된다. 이외에『전자사전』(2007)과『영문편』(2010)
도 간행되었다.[64]

②와 ③은 '무속신앙편', '마을신앙편', '가신신앙편', '점복·속신·
풍수·기타신앙사전편'으로 발간되고 있는『한국민속신앙사전』의
일부이다. ①과 마찬가지로 웹서비스를 제공한다.

④는 한국인의 정신문화를 분야별로 집대성한 사전이다. 문화인
류, 민속생활, 철학, 한문학 등 여러 방면에 걸친 문화를 어원, 신화,
무속신화, 풍습 등 9개 층으로 나누어 풍부한 원색사진과 함께 해설
하였다.[65]

속사전』,『한국민속사회사전』의 8개 주제를 포괄한다. 국립민속박물관의 많은
성과들처럼 본 사업의 결과도 웹서비스로 제공하고 있다. 의의있는 사업의 진
행과 그 결과의 공유라는 점에서 매우 모범적인 사례라고 할 것이다. 관련 논의
로는 다음이 있다. 김진형,「한국민속대백과사전의 편찬을 위한 XML 전자문서
구조설계」,『실천민속학연구』제13호, 실천민속학회, 2009; 김창일,「한국민속
대백과사전의 편찬 방향과 전망」,『실천민속학연구』제13호, 실천민속학회,
2009; 김창일,「한국민속대백과사전 웹서비스 구축 현황과 향후 전략 모색」,
『한국사전학』제17호, 한국사전학회, 2011.
64) 국립민속박물관의 홈페이지에서 웹서비스를 제공한다. 초기화면에 보이는 '발
간자료 원문검색'을 통해 활용할 수 있다. 이는「자료마당」의 '자료이용'에서 제
공하는 서비스이다. 이 '원문검색'에서 '사전'을 키워드로 검색하면 해당 사전이
PDF파일로 제공된다. http://www.nfm.go.kr/Data/daPubintro.nfm
65) 참고로 이 사전의 모델이 된 다음 책을 소개한다. C. S. 윌리엄스 저, 이용찬 외
역,『중국문화 중국정신(대원동서문화총서 4)』, 대원사, 1989. 중국문화, 중국
정신의 핵심으로 안내하는 중국의 상징과 개념에 관한 해설서이다. 이 책은 중
국의 문화 전반에서 중요하게 자주 쓰이는 개념과 상징들을 266가지 항목으로

⑤는 삼국 시대부터 조선시대까지 우리 복식의 변천사 및 생활 문화에 관한 3,500개 항목과 2천여 컷의 도판자료를 담은 복식문화사전이다. 각종 의복, 관모, 장신구, 머리모양 등에서부터 관혼상제의 의례, 생활 공예품을 망라했다.

⑥은 단순한 풍수사전이 아니라 한반도에서의 풍수 용어의 수용과 정착 그리고 변천 과정을 정리한 '한반도 풍수학 사전'이다. 중요한 용어의 어원(語源)과 출전을 밝히고 그것이 언제 우리나라에 유입되어 변형되었는지를 추적하며, 풍수를 '한국학'의 하나라는 관점에서 접근한다.

⑦은 정악과 거문고의 대가이자 국악학자였던 장사훈의 업적이다. 전통음악, 악기, 무용 등에 관한 13,000여 항목이 수록되어 있다.

① 국립민속박물관, 『한국 세시풍속 사전 (전6책)』, 국립민속박물관, 2004~2007.
② 국립민속박물관, 『한국 민속신앙 사전 - 무속신앙 (2책)』, 국립민속박물관, 2009.
③ 국립민속박물관, 『한국 민속신앙 사전 - 마을신앙 (2책)』, 국립민속박물관, 2010.
④ 한국문화상징사전편찬위원회 편, 『韓國文化상징사전 1, 2』, 두산동아, 1992-1995. 672쪽, 774쪽.

정리하여 그 유래와 특수한 의미가 무엇인지를 깨닫게 한다. 삽화 402개를 곁들여 다양하고 미묘한 세계의 한가운데로 데려간다. 한편 마에노 나오아키 저, 윤철규 역의 『천지가 다정하니 풍월은 끝이 없네』(학고재, 2006)는 『시경』을 비롯하여 당·송 시대의 시가와 소설, 신화의 세계를 자유롭게 넘나들며 하늘, 땅, 초목, 새와 짐승의 자연 그리고 제왕에서 서민에 이르는 인간의 다양한 모습을 보여주고 들려준다. 경우에 따라 중국의 문학작품과 대비·대조되는 일본의 이야기를 함께 언급하고 있다.

⑤ 김영숙 편,『한국복식문화사전』, 미술문화, 1999. 510쪽.

⑥ 김두규,『風水學 辭典』, 비봉출판사, 2005. 808쪽.

⑦ 장사훈,『국악대사전』, 세광음악출판사, 1984. 1095쪽.

3.3.3. 인명사전

인명의 경우 근래 다양한 분야나 성격의 특수한 사전이 편찬되어 여러 면으로 도움을 주지만, 가장 유용한 것은 12만 명 이상의 정보를 제공하는 한국학중앙연구원의 "한국역대인물 종합정보시스템" (http://people.aks.ac.kr/index.aks)이다. 아울러 한 가지 더 소개할 것은 한국학자료센터의 "인물관계정보"(http://www.kostma. net/FamilyTree/)이다. 『만가보(萬家譜)』에 수록된 "전통시대 270 개 가문 엘리트집단을 대상으로 한 혈연 및 혼맥, 당파, 학파, 네트워크 정보"이다. 본관별, 성씨별 검색, 족보보기, 혼맥관계, 각종 통계 등 다양한 정보를 제공한다.

인명과 관련하여 중요한 자료의 하나가 조선 건국으로부터 숙종 때까지의 주요 인물 약 2,091명의 전기자료를 항목별로 나누어 편집한 『국조인물고』의 번역이다. 역대 인물의 주요 원전 자료를 그대로 가감없이 수록한 점에서 한국학 연구의 중요한 기초 자료이다.[66]

'인물로 읽는 한국사'라는 부제로 출간된 ①은 종교인을 비롯하여 학자·교육자, 정치인·법조인, 사회사업가, 문화·예술인, 언론인, 독립운동가 등 역사적 인물 1만 6천여 명을 포괄한다. 관련 기록을

---

66) 세종대왕기념사업회,『국역 국조인물고 (34책)』, 세종대왕기념사업회, 1999~ 2007. 원전과 달리 가나다순으로 재편집하였으며, 33집과 34집은 색인이다. 관련 연구로 다음이 있다. 신승운,『朝鮮朝 正祖命撰 人物考에 관한 書誌的 硏究』, 성균관대학교 석사학위논문, 1987.

폭넓게 수록해 '독서용 사전'으로 구성됐다는 점이 주목할 만하다. 어느 항목을 보든 그 인물과 관련된 역사적 사건의 맥락과 사상의 개략까지 파악할 수 있어, 인물을 통하여 한국사를 이해할 수 있다.[67]

②와 ③은 각종 사전을 비롯한 다양한 공구서 작업을 진행하고 있는 편자의 인명사전이다.

④는 역사상 실존 인물 외에 중요 설화상의 인물, 대표적인 고전의 등장인물, 한국사에서 중요한 외국인물도 수록하고 있다. 오랫동안 인물사전의 표준으로 사용되었던 사전으로 여전히 유용성을 지니고 있다.

⑤는 고전부터 현대에 이르는 총 2,468명의 한국여성문인들에 대한 이력 및 작품명을 기술한 인명사전이다. 고전문학 분야는 한국문학사에서 언급되고 작품이 전해지는 작가, 현대문학 작가는 신춘문예 및 유명 문예지로 등단했거나 작품집을 출간한 작가를 수록 대상으로 삼았다. 작품명 색인을 수록하였다.

⑥은 한국의 문집 자료에서 추출한 자료를 중심으로 한 자료집과 이에 관한 인물 및 교류 정보를 같이 엮어 자료집과 사전의 기능을 같이 하도록 한 것이다. 교류의 증거가 되는 구체적인 자료를 바탕으로 인물정보와 교류정보를 함께 제시하여 자료 활용의 편익을 도모하였다.

⑦은 삼국시대부터 근현대에 이르는 서화가 3,000여 명, 화원 2,000여 명, 불화승 2,400여 명, 현존 작가 2,000여 명 등 1만여 명의 인물을 수록한 사전이다. 17~18세기의 화원을 연구한 논문과 조선후기 불화승의 계보를 참고해 작가들의 화맥과 계보를 일목요연하게 정리했다. 특히 지방에서 활동한 많은 인물을 읍·군지 등을 통해 새로

---

67) 다음 서평은 한국 인물사전의 역사 속에서 본 사전의 의의를 검토하고 있다. 김기승, 「한국 인물사전의 역사 : 한국정신문화연구원 편, 『한국인물대사전』의 역사적 의의」, 『정신문화연구』76호(22-3), 한국정신문화연구원, 1999, 219~239쪽.

발굴, 포함시켰다.

⑧은 한국의 경학가 700여 명의 간략한 생애와 관계 자료를 정리한 책으로 생몰연대, 자, 호, 본관 및 부모의 이름을 밝혔다. 과거 급제, 관직과 사제 관계를 언급하고 관련 경학 자료와 그 성격을 소개하고 있다. 저자는 중국의 경학가에 대한 인명사전도 편찬하였다.[68]

⑨와 ⑩은 고대인명 사전이다. ⑨는 6~10세기 중국에서 활동한 신라, 고구려, 백제, 발해 및 고려계 사람과 그 후예들로 간주되는 6 백여 명의 인물에 대해 한·중 사서에 기록된 내용을 발췌하여 분석 정리한 것이다.

⑩은 "한양대학교 한국학연구소 인문학총서 1"로서 국어학자에 의한 고대인명의 사전과 그 연구이다. 제1부 「사전」은 국내자료와 국외자료에 보이는 인명을 수록하고 그 내용과 출전을 밝혔다. 제2부는 「복수인명의 표기법과 해독 시도」이다.

⑪는 재야학자가 정조부터 순종까지(1776~1910) 각 지방에서 관직을 역임한 관료들의 명단을 정리한 것이다. 총 538관직 3만 9,655 명의 색인을 첨부해 관직에 임명 전보된 사실 등을 쉽게 찾아볼 수 있도록 하였다.

인명과 관련하여 중요한 공구서의 하나가 각종 별호에 관한 것이다. ⑫, ⑬, ⑭는 이와 관련된 공구서이다. ⑮는 역대 경상도 도정 책임자에 대한 인명록이다.[69]

---

68) 최석기 외,『중국 경학가 사전』, 경인문화사, 2002. 334쪽.

69) 선생안(先生案)은 조선시대 중앙 및 지방의 각 기관과 관아에서 전임(前任) 관원의 성명·관직명·생년·본적 등을 적어놓은 책이다. 한국고전번역원의 "고전번역서 서지정보검색"에서는 다음 세 가지가 확인된다. 『경상도선생안』, 상주문화원, 1997; 『완역 척주집(척주지·척주선생안·척주절의록·척주지)』, 삼척시, 1997; 『국역 경주선생안』, 경주시·경주문화원, 2002. 이『증보 慶尙道先生案 (상,하)』(한국국학진흥원, 2005)는 검색되지 않는다.

① 한국정신문화연구원 편, 『한국인물대사전』, 중앙M&B, 1999. 2,830쪽.

② 임종욱, 『한국역대인명사전』, 이회문화사, 2009.

③ 임종욱, 『중국역대인명사전』, 이회문화사, 2010.

④ 한국인명대사전편찬실 편, 『韓國人名大事典』, 신구문화사, 1972.

⑤ 숙명여자대학교 한국어문화연구소, 『한국여성문인사전』, 태학사, 2006. 1109쪽.

⑥ 단국대학교 동양학연구소 동아시아 역대 문화교류 인물집성 사업팀, 『동아시아 역대 문화교류 인물 자료사전 I』, 문예원, 2011. 1262쪽.

⑦ 한문영, 『한국서화가 인명사전』, 범우사, 2000. 966쪽.

⑧ 최석기, 『한국 경학가 사전』, 성균관대학교 대동문화연구원, 1998. 536쪽.

⑨ 최근영 외, 『古代韓國人名辭典』, 주류성, 2004. 482쪽.

⑩ 장세경, 『한국 고대 인명사전』, 역락, 2007. 670쪽.

⑪ 신희철 편, 『外案考』, 보경문화사, 2002. 917쪽.

⑫ 이두희·홍순석 등, 『韓國人名字號辭典』, 계명문화사, 1988. 741쪽.

⑬ 박희영 외 편, 『한국 호 대사전』, 계명대학교 출판부, 1997. 1322쪽.

⑭ 임종욱, 『한국인명자호사전』, 이회문화사, 2010. 607쪽.

⑮ 한국국학진흥원 국학연구실 편, 『증보 慶尙道先生案 (상·하)』, 한국국학진흥원, 2005.

3.3.4. 지명사전

①은 서울 지명을 통해 서울의 역사를 살필 수 있는 사전이다. 동명, 자연명, 가로명, 시설명으로 대분류하여 가나다순으로 편집하였다. 동명은 법정동, 행정동, 조선시대 행정구역, 마을 순으로 구분 배열하였다.

②, ③, ④는 대우학술총서 자료집으로 출간된 지명 관련 공구서다. 90년대 이후 지명과 관련하여 가장 주목할 업적의 하나가 ⑤일 것이다. 주요 문헌에 수록된 고지명을 고지도와 읍지, 지형도와 대비하면서 현대지명으로 바꾸는 조사법을 택하였다. 약 5,300여 개의 고지명을 수록하였으며 同名異地의 지명은 항목을 달리하고 있다. 부록과 찾아보기도 충실하지만, 일부 미상의 내용이 있고 지명의 연혁이 충분하지 못한 점은 아쉽다.70)

① 서울특별시사편찬위원회, 『서울지명사전』, 서울특별시사편찬위원회, 2009. 1554쪽.
② 최문휘, 『충남토속지명사전』, 民音社, 1988. 253쪽. (대우학술총서 자료집2)
③ 오성찬, 『제주토속지명사전』, 民音社, 1992. 276쪽. (대우학술총서 자료집4)
④ 유재영, 『전북전래지명총람』, 民音社, 1993. 595쪽. (대우학술총서 자료집5)
⑤ 전용신, 『한국고지명사전』, 고려대학교 민족문화연구소, 1993. 451쪽.

3.3.5. 기타

①은 국내에서 보기드문 텍스트 전문사전71)이다. 모두 4,731개의

---

70) 이에 대해서는 다음의 소개가 있다. 이영택, 「〈자료소개〉『한국고지명사전』」, 『아세아연구』제89호(36-1), 고려대학교 아세아문제연구소, 1995, 181~182쪽.
71) 중국의 고전텍스트 사전에 관해서는 이미 논자가 발표한 바 있다. 이동철, 「중국 고전텍스트사전의 현황과 과제」, 『제5회 동양학연구소 학술심포지엄: 동아시아의 사전학(II) 동아시아 한자 사전의 현황과 과제』, 단국대학교 동양학연구

사서 관련 표제어를 수록하였다. 이 중에는 명사, 동사, 형용사 외에
도 대명사, 부사, 어기사, 조사, 접속사 등도 포괄하였으며 각 표제어
아래에 해당표제어가 쓰인 문장을 발췌하여 번역하였다. 본 사전은
각종 경전에 근거하여 각 표제어의 의미를 설명하였으며 인물이나
지명에 관련된 경우 자세히 설명함으로써 사서를 읽을 때 그 전후 관
계를 쉽게 파악할 수 있도록 하였다.

① 성보사 편집부,『사서집해사전』, 성보사, 2003. 986쪽.

IV. 비사전형 공구서의 현황

비사전형 공구서는 크게 「색인」, 「표보」, 「목록」, 「지도와 지지」,
「도감과 도록」으로 나누어 정리하였다.

4.1. 색인

색인은 인문학과 고전학 연구에서 무엇보다 중요한 자료이다. 색
인의 중요성은 중국학의 사례를 보면 충분히 알 수 있다. 중국은 물
론이거니와 일본과 구미의 중국 (고전) 연구에서 색인 작업은 커다
란 역할을 하였다. 근래에는 자료의 디지털화에 의해 검색이 매우 편
리해 졌지만, 색인과 색인 작업은 여전히 중요하다.[72]

소, 2011. 41~57쪽.
72) 앞서 소개한 한국학 자료센터의 "한국학 유관기관" 안내의 각 기관별 사업 설명
을 활용하면 그 내용을 쉽게 파악할 수 있다.
http://www.kostma.net/sub/gateway.aspx?lang=ko

색인에 관련된 국내의 관계 논저로는 다음과 같은 것들이 있다. 먼저 潘樹廣 저, 裵賢淑 역, 『索引槪論』(경인, 1995)이다. 고전적 색인의 개념, 역사와 현황, 종류와 기능, 검색, 편찬 등 이론과 실무 양자를 포괄하는 명저이다.[73] 다음은 박준식의 『색인사 연구』(태일사, 2005)이다. 색인의 기원에서 최근의 각종 서비스까지 다루고 있으며 특히 제6장에서 「우리나라 색인의 발전」을 다루고 있다. 끝으로 서진원, 『漢文資料의 索引에 관한 硏究』(성균관대학교 박사학위논문, 1994)이다. 한문자료 색인의 역사, 유형, 작성 등 일반론을 다룰 뿐만 아니라 『增補文獻備考索引』, 『三國史記索引』, 『孟子引得』, 『三國

---

[73] 원서의 서지사항은 다음과 같다. 潘樹廣, 『古籍索引槪論』, 書目文獻出版社, 1984. 부록의 「古典籍索引要目」은 중국, 일본, 미국 등 세계 각지에서 편찬 간행된 중국의 고전적 색인 550여 종을 수록하고 있어서 오래되었지만 여전히 유용하다. 한편 중국의 색인에 대한 공구서로서 盧正言 주편, 『中國索引綜錄』(上海辭書出版社, 2000. http://book.chaoxing.com/ebook/detail_10450255.html)이 있다. 1900년에서 1998년까지 대만, 홍콩을 포함해 중국에서 출간되고 발표된 각종 색인 그리고 일본 등에서 출판된 漢籍索引 등 모두 3,192종의 색인을 소개한다. 아울러 중국의 索引 현황에 관해서는 中國索引學會(http://www.cnindex.fudan.edu.cn/)와 그 간행물로서 홈페이지에 공개되어 있는 『中國索引』, 『索引通信』, 『年會論文集』을 통해 알 수 있다. 특히 위의 성과를 보완하는 다음의 글들이 매우 유용하다. 먼저 李文濤의 「《古籍索引要目》 增補(一)」, 『中國索引』2009년 4기(7권4기), 2009; 「《古籍索引要目》 增補: 史部(一)」, 『中國索引』2010년 4기, 2010; 「《古籍索引要目》 增補: 史部(二)」, 『中國索引』2011년 1기, 2011; 「《古籍索引要目》 增補: 史部(三)」, 『中國索引』2011년 2기, 2011; 「經部古籍索引綜錄(一)」, 『中國索引』2011년 3기, 2011. 그리고 平保興의 「『中國索引綜錄』補遺」, 『中國索引』2010년 3기, 2010; 「『中國索引綜錄』續編」, 『中國索引』2011년 3기, 2011. 끝으로 한문문헌의 색인과 관련하여 매우 중요한 자료를 소개한다. 許逸民의 「古籍索引釋例 (上,下)」으로 다음에 발표되었다 『古籍整理出版情況簡報』2002년 제1기(총371기), 2002년 제5기(총375기), 全國古籍整理出版規劃領導小組辦公室主辦, 2000. 이 색인석례는 고적정리에 관련된 다른 지침과 함께 다음 보고서에 수록된 바 있다. 윤재민 외, 『(연구과제 보고서 2008-1) 한문고전 정리·번역 시스템 연구』, 한국고전번역원, 2009. 「참고자료」, 199~210쪽. 참고로 근래 출간된 허일민의 『고적정리석례』(중화서국, 2011.10)는 고적의 표점, 교감, 주석(注釋), 금역(今譯), 집일(輯佚), 색인, 영인에 관한 석례(釋例) 그리고 고적정리에 관련된 실질적인 문제를 다루고 있다.

遺事引得』의 사례 분석을 행하고 있다.[74]

색인은 국내의 실정에 따라 축자색인, 항목색인, 한글음순색인으로 나누어 소개하고자 한다.

4.1.1. 축자색인

축자색인에서 무엇보다 의의가 있는 것은 ①의『삼국유사인득』이다. 본격적인 전산화에 근거한 최초의 축자색인이기 때문이다.[75] 또한 축자색인에서 주목되는 것은 시어(詩語)에 관한 것이 대부분이라는 점과, 대부분 동일 출판사에서 출간되었다는 점이다. 향후 다른 분야의 중요한 고전에도 축자색인이 출간되기를 기대한다.[76]

---

74) 한국 고서의 색인에 관해서는 오래되었지만 다음의 논의가 여전히 참고가 된다. 李春熙,「古典國譯書 索引의 現況과 問題點」,『민족문화』제11집, 민족문화추진위원회, 1985; 송정숙,「고서 색인의 현황과 개발방안」,『서지학연구』9, 서지학회, 1993. 다음은 기술적인 문제를 다루는 논의이다. 이지영,「고서의 디지털화와 색인에 관한 연구」,『서지학연구』15, 서지학회, 1998; 김은혜,「고서 MARC 해제필드를 이용한 주제색인어 처리 방안」,『서지학연구』18, 서지학회, 1999; 정영미 외 편역,『색인지침』, 문헌정보처리연구회, 1996; 이지영,『고서의 디지털화와 색인에 관한 연구』, 이화여자대학교 대학원 석사학위논문, 1998.특히 다음 두 글은 중국과 한국의 고적색인 실무 경험에 근거하였기에 매우 의의가 크다. 子微 撰, 趙順姬 역,「古籍索引의 編纂과 出版에 관한 나의 意見」,『민족문화추진회보』제25호, 민족문화추진회, 1992; 김성애,「고전 국역서 색인에 대하여 - 한수재집(寒水齋集) 색인을 중심으로 -」,『민족문화추진회보』제26호, 민족문화추진회, 1997.
75) 하정룡의「『삼국유사』의 교감과 색인」,『韓國傳統文化研究』12호(효성여자대학교 한국전통문화연구소, 1997)는『삼국유사인득』을 검토하고 있다. 한편 그는 "韓國古代文化研究所學術叢書 1"로서『三國遺事 一字索引』(민속원, 1998)을 출간한 바 있다.
76) 중국학의 경우 근래의 성과로 홍콩의 中文大學과 商務印書館이 함께 진행한 다음의 두 시리즈가 매우 중요하다.『先秦兩漢古籍逐字索引叢刊』, 香港中文大學中國文化研究所.『魏晉南北朝古籍逐字索引叢刊』, 香港中文大學中國文化研究所. 전자는 103종의 서적을 다루는 65부에서『說文解字』,『方言』,『前漢紀』가 미간이며, 후자는 別集類 文獻 중심으로 현재 22부가 간행되었다. 이 색인시리즈

②는 명 가정(嘉靖) 연간에 나온 함분루본(涵分樓本)『주문공집(朱文公集)』과 조선 신묘년(1771) 전주감영 장판본『주자문집대전』을 저본으로 하였다. 주자시 원문에 일련번호를 붙여 찾아보기 쉽게 새로 수록하였고 한글음순에 익숙하지 않은 사람을 위하여 한자 필획 검자표를 부록으로 수록하였다.

③은 퇴계집에 수록되어 있는 시구는 물론 시제 및 서문, 주석 등을 모두 포함한 축자 색인이다. 퇴계의 시는 내집 5권과 외집, 별집, 속집 2권 그리고 유집 3권 등 모두 12권의 원문을 영인하고 2판을 1페이지씩으로 묶었다.

④는 1979년 북경 중화서국에서 출간한『도연명집』을 저본으로 하였다. 부록으로「도연명집서」와「도연명의 사적과 시문계년」을 수록하였다.

⑤는 대만 유학생 출신의 연구자에 의한 한국한시 축자색인집이다.

⑥~⑩은 모두 원문 전체를 제시하고, 자별로 작품상의 모든 용례를 제시한 다음, 뒷부분에 글자별 통계와 빈도별 통계를 덧붙여 한눈에 쉽게 알아볼 수 있도록 구성하였다.

⑪과 ⑫는『사서색인』이다.

① 김용옥,『삼국유사인득』, 통나무, 1992. 1468쪽.

② 장세후 편,『朱子詩 索引』, 이회문화사, 1996. 826쪽.

③ 장세후 편,『退溪詩 索引』, 이회문화사, 2000. 1126쪽.

④ 장세후 편,『陶淵明集 索引』(영남대 중국문학연구실총서 14), 중문, 2001.

⑤ 董達 편,『韓國漢詩分析索引 - 松江·蘆溪·孤山作品을 중심으로』,

는 온라인 검색시스템으로도 제공된다.
http://www.chant.org/info/publish_word.asp

태학사, 1995.

⑥ 김진영·김동건,『河西 金麟厚 詩語 索引』, 이회문화사, 2002. 1104쪽.

⑧ 김경수,『이규보 시어 색인』, 이회문화사, 2000. 773쪽.

⑨ 김진영·김동건,『목은이색 시어색인 (상·하)』, 이회문화사, 2007.
1024쪽; 1132쪽.

⑩ 김진영·김동건,『가정이곡 시어 색인』, 이회문화사, 2005. 375쪽.

⑪ 진갑곤,『사서색인』, 보고사, 1997.

⑫ 박헌순,『사서색인』(한문고전신서 1), 신서원,1995. 488쪽.

4.1.2. 항목색인

1) 인명 지명 색인

①은『고려사색인』의 증보판이다. 1961년에 간행된『고려사색인』
을 바탕으로 하였으며, 가나다 순으로 인명과 지명을 수록하였다. 한
국사 특히 고려사를 연구하는 사람들에게 도움을 준다.[77]

②는 조선시대 역사와도 관련이 많은 조선 후기 역학가(曆學家)와
산학가(算學家)들의 종합적인 연구를 위해 역산가보(曆算家譜) 관계
자료 9종을 모으고 인명 색인을 붙인 것이다. 원전은 운과(雲科) 관
계의『운관선생안(雲觀先生案)』,『운과방목(雲科榜目)』,『삼역청허
참록(三曆廳許參錄)』,『삼역청선생안(三曆廳先生案)』,『본청완천안
(本廳完薦案)』,『별천안(別薦案)』의 6종이고, 산학(籌學) 관계의『산
학팔세보(籌學八世譜)』,『산학입격안(籌學入格案)』,『산학선생안(算
學先生案)』의 3종이다.

③은 조선 왕실의 주요 인맥들의 계보를 파악할 수 있는 주요 왕실

---

[77] 이와 관련하여 다음 논문은 함께 참조할 필요가 있을 것이다. 조병학,「고려사
몽골인명색인」,『몽골학』3, 73~172쪽. 한국몽골학회, 1995.

자료인 장서각 소장 『돈녕보첩(敦寧譜牒)』의 인명 검색을 위한 색인 집이다. 제1권부터 제8권까지를 대상으로 하였다. 보첩류의 특성에 맞게 인명과 인명 관련 단어를 모두 추출하여 수록하였다.

④는 장서각 소장의 『돈녕보첩 (왕후편)』 영인본의 인명 검색을 위한 색인집이다. 보첩류의 특성에 맞게 인명과 인명 관련 단어를 모두 추출하여 수록하였다.

① 연세대학교 국학연구원, 『증보 고려사색인: 인명·지명편』, 신서원, 1996(2005). 692쪽.
② 연세대학교 국학연구원, 『朝鮮後期 曆算家譜·索引』, 한국문화사, 1991.
③ 국학진흥연구사업추진위원회, 『돈녕보첩색인』(장서각소장 사부총서 1, 왕실보첩류), 한국학중앙연구원, 2006.
④ 국학진흥연구사업추진위원회, 『돈녕보첩 왕후편 색인』, 한국학중앙연구원, 2007. 149쪽.

2) 어휘색인

어휘색인으로는 다음의 것들이 있다.[78] 이 중 ⑩은 『석보상절』에 나타난 문법형태를 예문으로 정리하고 부록으로 원문과 형태소별 목록을 덧붙였다.

① 이호열, 『두시언해색인집1.2』, 이회문화사, 1995. 1421쪽.
② 조의성, 『월인석보(권일)어록색인』, 박이정, 2002. 279쪽.
③ 김재호, 『國語語彙史硏究資料篇 : 歷代 文獻의 語彙 索引(전3권)』,

---

78) 이와 관련하여 다음을 참조할 수 있다. 임기중·임종욱, 『한국고전시가 어휘색인사전: 작품편』, 보고사, 1990. 1054쪽.

弘文閣, 1991.

④ 조남호, 『두시언해 어휘 색인』, 태학사, 2001.

⑤ 김동소, 『원각경 언해 어휘 색인』, 대구가톨릭대학교출판부, 2001.

⑥ 김동소, 『석보상절 어휘 색인』, 대구효성가톨릭대학교출판부, 2000.

⑦ 서상규, 『옛말 자료 연구 총서 (전6권)』[79], 박이정, 1997.

⑧ 이한섭, 『西遊見聞 연구시리즈 . 제2권 , 語彙索引』, 박이정, 2000.

⑨ 박은용, 『韓漢淸文鑑 語彙索引 : 滿韓篇』, 효성여자대학교 국어학연
구실, 1989.

⑩ 편집부, 『석보상절문법형태색인집』, 태학사, 1994. 444쪽.

3) 편목색인

총서나 단행본에 수록된 편명과 제목을 확인할 수 있는 편목색인
에는 다음과 같은 것들이 있다.[80] ①은 350여 종의 한국문집 소재
약 15만 항목의 제목을 가나다순으로 색인해 놓았으며 각 문집의 권
수를 함께 표시하여 단행 문집만을 가지고도 출처를 쉽게 찾아볼 수
있게 하였다. 특히 범례 뒤에 권별, 문집별, 인명별 목차를 모두 첨부
하여 본 자료를 활용하는 데 편리하게 하였다. ②는 경인문화사에서
영인, 간행한 한국 역대문집총서목록(1-3000권)을 기본으로 각 문집
의 저자명, 생몰연대, 문집명, 간행연대, 판본, 권수, 문집 총서 간행
번호를 집대성한 책이다.

---

79) 서상규, 1.『飜譯 老乞大 語彙索引』, 박이정, 1997; 2.『老乞大諺解 語彙索引』, 박
이정, 1997; 3.『平安監營重刊 老乞大諺解 語彙索引』, 박이정, 1997; 4.『重刊老乞
大諺解 語彙索引』, 박이정, 1997; 서상규, 5.『淸語老乞大 語彙索引』, 박이정,
1997; 6.『蒙語老乞大 語彙索引』, 박이정, 1997.

80) 국내 최초의 편목색인(표제색인)인 윤남한의 『韓國文集記事綜覽類別索引 雜著
記說類記事索引』(한국정신문화연구원, 1982)은 10책으로 예정된 『韓國文集記
事綜覽類別索引』의 제4책이다. 이를 위해 편자는 18년간에 걸쳐 6,000여 종의
문집을 조사하고 내용별로 분류하였다.

① 진갑곤,『韓國 文集 總索引 (전 5권)』, 國學資料院, 1995. 2478쪽.

② 김성환,『한국역대문집총서 목록색인 (1-3)』, 경인문화사, 2000.

③ 임종욱 편,『한국문집소재 논·설·사·부 작품집 총목차 및 색인』,
역락, 2000. 489쪽.

4) 용어색인

①은『소학』전 내용과『소학집주』의 중요 내용을 대상으로 표제
어 및 그에 따른 관련어를 출처와 함께 선정한 색인집이다. 각 표제
어는 두 개의 관련어 및 출처와 함께 제시하고, 관련어는 다시 표제
어로, 표제어는 다시 관련어로 기능하게끔 재배치하였다.

③은 퇴계의 저술에서 그의 사상적 정수를 간직하고 있는 '書'(서
간) 49권을 주제에 따라 분류하고 주요 개념어와 용어를 쉽게 검색
할 수 있도록 편집한 색인이다. 서간 전체를 내용에 따라 세밀하게
분류하여 퇴계의 삶과 사상을 연구하는 사람들이 퇴계 서간의 내용
을 효과적으로 이용할 수 있도록 편집하였다.

⑤와 ⑥은 금석문과 묘지명에 대한 색인집이고, ⑦은『비변사등록』
에 대한 색인이다.

⑧, ⑨, ⑩은 서울시립대학교 서울학연구소에 의해 편찬된 서울관
련 사료의 색인이다.

① 구기고전연구회,『소학색인』, 민창문화사, 1994. 403쪽.

② 이의조(한국고전의례연구회),『가례증해. 1: 해제 총목 통례1 총색
인』(한국고전의례연구회 국역총서 3), 민속원, 2011. 444쪽.

③ 금장태 편,『退溪書分類索引』, 서울대학교, 2002. 397쪽.

④ 국학진흥연구사업추진위원회 편,『이재난고색인집(韓國學 資料叢
書 v.3)』, 조은문화사(정신문화사), 2004.

⑤ 김용선,『고려묘지명집성색인(개정판)』, 한림대학교, 1997.

⑥ 권덕영,『한국고대금석문종합색인』, 학연문화사, 2002.

⑦ 국사편찬위원회,『비변사등록 색인』, 국사편찬위원회, 1997.

⑧ 서울학 연구소,『조선왕조실록 중 서울 관련 기사색인』, 서울시립
대학교, 1996.

⑨ 서울학 연구소,『비변사등록 중 서울 관련 기사색인』, 서울시립대
학교, 2002.

⑩ 서울학 연구소,『일성록 중 서울 관련 기사색인』, 서울시립대학교,
2002.

4.1.3. 한글 음순 색인

이것은 외국의 공구서를 용이하게 활용하고자 우리말 음순으로 배
열하여 해당 항목의 위치를 제시하는 색인이다.

①은 이런 유형의 사전 중 제일 먼저 출현한 색인의 개정증보판이
다. 초기에는『한화대사전』,『중문대사전』,『경적찬고』를 대상으로
하다가 개정증보판에서『한어대사전』이 추가되었다.

⑤는 이러한 유형 중에 가장 방대한 것이다. 다음 15종의 대사전
에 실린 어휘를 바탕으로 한다.『漢和大辭典』,『中文大辭典』,『漢語
大詞典』,『韓國漢字語辭典』,『宋元語錄辭典』,『全唐詩典故辭典』,『全
宋詞典故辭典』,『中國儒學百科全書』,『中國人名大辭典』,『朝鮮人名辭
典』,『中國大百科全書 文學篇』,『中國大百科全書 歷史篇』,『中國大百
科全書 哲學篇』,『中國古典詩詞地名辭典』,『語錄總覽』.

⑥과 ⑦은 한글자모순으로 분류정리한『문연각본 사고전서』와,
『속수사고전서』의 서명, 저자명 색인집이다.[81] 편목색인이기도 하
지만, 그 특징에 따라 여기에 분류하였다.

① 강성위,『(개정증보판) 한문사서한글음순색인』, 學古房, 2001. 646쪽.

② 頭流古典硏究會 편,『「中國歷代人名大辭典」한글 音順 索引』, 景仁
文化社, 2002. 476쪽.

③ 동광출판사 편,『漢語大詞典 한자음 색인』, 동광출판사, 발행년불
명. 372쪽.

④ 동광출판사 편,『大漢和辭典 한자음 색인』, 동광출판사, 발행년불
명. 709쪽.

⑤ 편집부,『동양학관련대사전어휘색인총람 (전 10권)』, 이회문화사,
2008.

⑥ 김창원 편, (단국대학교 율곡기념도서관 총서 제2집),『문연각 사
고전서 한글색인집』, 태학사, 1994.

⑦ 김창원 편,『속수 사고전서 한글색인집』, 신성출판사, 2003; 한국
학술정보, 2005. 390쪽.

4.2. 표보(表譜)

4.2.1. 연표(年表)

연표와 관련해서 특기할 것은『한국민족문화대백과사전』제26권
의 연표가 가장 상세하다는 점이다.[82] 아울러 중국사와 일본사 연표

---

81)『사고전서』와 관련하여 다음 목록과 색인이 매우 유용하다. 復旦大學圖書館古
籍部 編,『四庫系列叢書目錄·索引』, 上海古籍出版社, 2007. 14종의 "四庫系列叢
書"와 그 子目을 著錄하여 약 18,000여 종의 古籍을 수록하고 있다. 여기에 수록
된 대표적 총서는 다음과 같은 것들이다.『影印文淵閣四庫全書』,『四庫全書薈
要』,『四庫全書存目叢書』·『補編』,『四庫未收書輯刊』,『四庫禁燬書叢刊』·『補
編』,『續修四庫全書』 등.

82) 연표와 관련해서는 다음 논저도 주목할 만하다. 한국정신문화연구원 인문연구
실,『한국학편년사료대계』, 한국정신문화연구원, 1997.

도 적절히 활용하면 한국사의 입체적 파악에 도움이 될 것이다.[83]

①는 한동안 널리 보급되었던 본격적인 단행본 연표이다.

④에서 25권은 1875년의 개항 이전을, 26권은 개항 이후 1992년까지 다루고 있다. 근현대가 상세한 점이 특징이다.

⑤는 고려시대의 대외관계만을 다루었지만 매우 수준 높은 중요한 성과이다. 저자는 이렇게 말한다. "최근 수년간에 걸쳐 고려시대에 해당하는 10세기부터 14세기에 만들어졌던 중국 및 일본의 각종 자료를 검토하고 한반도에 관련된 기사들을 정리하는 과정에서 연표의 중요성을 새삼 실감하며 기획하였다."

⑥은 한국미술의 역사를 연표로 정리한 『한국미술사연표』의 개정증보판이다. 기원전 57년부터 한일합방의 해인 1910년 사이에 일어난 한국미술사에 관한 사항을 기재하였다. 20여 년 만에 펴낸 이번 개정증보판에는 시간이 흐르면서 증가한 자료 및 내용은 물론, 각종 사료와 개인 문집에 담긴 다양한 자료를 보충하였다. 또한 유물의 소장처와 외국관계 미술사 자료 및 중요 사건도 겸하여 새롭게 수록하였다.

① 이만열 편, 『한국사연표』, 역민사, 1996. 475쪽.

② 한국정신문화연구원, 『한국사 연표』, 동방미디어, 2004. 805쪽.

③ 다할편집실, 『한국사 연표(개정판)』, 다할미디어, 2008. 658쪽.

④ 편집부, 『한국사 25, 26 (연표 1, 2)』, 한길사.

⑤ 장동익, 『高麗時代 對外關係史 綜合年表(동북아역사 자료총서 16)』, 동북아역사재단, 2009. 521쪽.

83) 중국사와 일본사에 관련된 것으로 다음이 있다. 심규호, 『연표와 사진으로 보는 중국사』, 일빛, 2002; 박경희, 『연표와 사진으로 보는 일본사』, 일빛, 1998. 또한 같은 출판사에서 세계사 연표도 출간되었다. 남궁원 외, 『연표와 사진으로 보는 세계사』, 일빛, 2003.

⑥ 진홍섭,『개정증보판 한국미술사년표』, 일지사, 2006. 471쪽.

⑦ 윤경혁,『차문화연보』, 홍익재, 2005.

4.2.2. 연보(年譜)

연보 또한 오늘날 한국학에서 적극적으로 활용하고 나아가 새롭게 편찬해야 할 전통 공구서의 중요한 유형이다. 그럼에도 불구하고 연보에 대한 인식이 취약한 것은 매우 유감스럽다. 연보는 생애 연구의 기본적인 자료이며 작품과 저작의 시기별 재편집에 의한 새로운 저작집의 편찬을 가능하게 만든다. 따라서 대상인물의 심화된 연구를 위해 연보의 정리와 편찬은 무엇보다 시급한 과제이다.

②는 퇴계가 남긴 문헌과 실록 등 관련 기록을 총망라하여, 퇴계 생평에 따른 연월일 순으로 재구성한 역작이다. 이에 따라 퇴계의 일생을 역동적이고도 입체적으로 살필 수 있게 되었다. 국내에는 매우 드문 연보관계 업적이다. 한편 이 성과는 선행하는 ①의 권오봉 업적을 바탕으로 이루어진 성과이다.

① 권오봉,『退溪家年表』(退溪學研究叢書 제2집), 退溪學研究院, 1989.
  581쪽.

② 정석태,『退溪先生年表月日條錄 1~4』(퇴계학연구총서 제3집~제6
  집), 退溪學研究院, 2001~2005.

4.2.3. 연력(年歷)

시대별로 그 당시 사용하던 날짜들을 현재 사용하는 역법에 맞춰 변환하여 사용할 수 있도록 만든 연력표에는 다음과 같은 것들이 있

다. 한편 한국천문연구원에서 운용하는 〈천문우주지식정보〉의 '생활
천문관'에서는 음양력 변환 계산 서비스를 제공한다. 음력 기준 1391
년 1월 1일부터, 양력 기준 1391년 2월 5일부터 변환이 가능하다. 조
선시대를 포괄한다.[84]

   ① 안영숙 등, 『삼국시대 연력표』(한국표준연력표 01), 한국학술정보,
     2009. 365쪽.[85]

   ② 안영숙 등, 『고려시대 연력표』(한국표준연력표 02), 한국학술정보,
     2009. 196쪽.

   ③ 안영숙 등, 『조선시대 연력표』(한국표준연력표 03), 한국학술정보,
     2009. 211쪽.

   ④ 한보식 편, 『韓國 年歷大典(상): 전58년 - 서기 917년』, 영남대학교
     출판부, 2001. 985쪽.

   ⑤ 한보식 편, 『韓國 年歷大典(하): 서기 917년 - 2050년』, 영남대학교
     출판부, 2001. 1146쪽.

   ⑥ 한보식 편, 『日本 年歷大典 서기 445년 - 1912년』(영남대 중국연구
     센터 중국연구총서 4), 영남대학교 출판부, 2003.

   ⑦ 한보식 편, 『中國年歷大典 (상): 서기 전 1384년 ~서기 2년』, 영남
     대학교 출판부, 2003. 1398쪽.

   ⑧ 한보식 편, 『中國年歷大典 (중): 서기 1년 ~ 1002년』, 영남대학교

---

84) 사이트 주소는 다음과 같다.
http://astro.kasi.re.kr/Life/ConvertSolarLunarForm.aspx?MenuID=115
참고로 대만의 中央研究院 計算中心은 서기 원년 2월 11일부터 2100년 2월 9일
에 이르는 兩千年中西歷轉換을 제공한다. http://sinocal.sinica.edu.tw/

85) ①, ②, ③은 다음과 관계가 깊은 듯하지만, 확인하지 못하였다. 안영숙 등,
『삼국시대 연력표』, 한국천문연구원, 2002. 514쪽; 안영숙 등, 『고려시대 연력
표』, 한국천문연구원, 1999. 257쪽; 안영숙 등, 『조선시대 연력표』, 한국천문연
구원, 2000. 284쪽.

출판부, 2003. 1013쪽.

⑨ 한보식 편,『中國年曆大典 (하): 서기 1001년 ~ 2002년』, 서기 2년』,
영남대학교 출판부, 2003. 1398쪽.

4.3. 목록

목록류86)는 편의상 '고서목록', '해제', '문헌목록', '논저목록'으로
나누어, 별도의 설명 없이 목록만 제시한다.

4.3.1. 고서목록

고서의 목록87)에 관해서는 아래에서 소개하는 목록들보다 국립중
앙도서관에서 제공하는 '한국고전적종합목록시스템'(http://www.nl.
go.kr/korcis/)이 무엇보다 중요하다. 이는 국내외에 소재하고 있는
한국 고문헌의 서지사항 및 원문, 목차, 해제(초록)를 하나의 홈페이
지에서 열람할 수 있도록 만든 시스템으로 그 소장기관이 연계되어
있어 쉽게 책의 소장사항을 파악할 수 있다. 현재 규장각 등 국내 52
개 기관, 일본의 東京大學 등 국외 33개 기관88)이 참여하고 있다.

---

86) 고전목록에 관해서는 강순애의 『고문헌의 조직과 정보활용』(아세아 문화사,
2011개정판; 2006)이 있다. 아울러 국내에 소개된 중국의 논저는 다음과 같다.
蔣禮鴻 저, 심경호 역,『목록학과 공구서』(한학연구총서 1), 이회문화사, 1992;
라이신샤 저, 박정숙 역,『(체계적으로 이해하는) 중국의 고전목록학』, 한국학
술정보, 2009; 여경용 저, 남태우·송일기 역,『중국목록학사상사』, 태일사,
2009; 반건국 저, 김수연 역,『중국 고소설 목록학 원론』,청계(휴먼필드), 2010.
87) 다음 글은 짧지만 고서목록 활용의 의미와 주의 사항을 잘 말해주고 있다. 안병
희,「古書目錄書의 활용을 위하여」,『민족문화추진회보』제24호, 민족문화추진
회, 1991.
88) 참고로 천혜봉 외 3인,『국외소재 한국 고문헌 수집 성과와 과제(개정판)』(국
립중앙도서관, 2011)은 절판된 2009판의 개정판이다. 2010년까지의 수집실적

100만 종 223만 여 책으로 추정되는 고전적에 대해서 2010년까지 이미 42만여 건이 구축되어 있으며 나머지 58만여 건도 지속적으로 진행할 예정이라고 한다.[89] 한편 국립문화재연구소에서 제공하는 "국외 한국문화재 자료정보관 (통합시스템)"도 해외에 소장된 전적 문화재를 파악하는 데 유용하다. 이는 종래의 "국외 한국문화재 자료정보관"과 "해외소장 한국전적문화재"(koreanbooks.nricp.go.kr) 자료관을 통합하여 서비스하는 것이다.[90]

다음으로 일제시대의 한문 문헌을 정리한 傅德華의『日據時期朝鮮刊刻漢籍文獻目錄』(上海人民出版社, 2011)을 소개한다. "復旦大學亞洲研究中心學術書系"의 하나로 2011년 12월 21일에 출간된 극히 최근의 성과이다. 국내에서도 아직 충분한 관심과 연구가 이루어지 않은 영역에 대한 중요한 업적이라고 생각된다.[91]

한편 번역에서는 기존의 성과에 대해 파악하는 것도 중요하다. 한국고전번역원의 '고전번역서 서지정보검색'(http://db.itkc.or.kr/itkcdb/text/mks/mksMainPopup.jsp)은 그런 점에서 매우 유용하다. 이는 국내에서 간행되는 한국 고전번역서의 서지사항, 목차, 해제 등의 정보를 DB로 구축하여 효율적으로 검색하도록 한 것이다. 2010년 기

그리고 하바드대학 옌칭도서관과 컬럼비아대학도서관의 디지털화 자료목록이 추가된 것이다.

89) 고전적 목록과 관련하여 일본의 全國漢籍データベース - 즉 Kanseki Database 도 유용하다. 이는 일본에 소장된 漢籍 즉 中文古籍에 대한 데이터베이스로서 서명, 저자명, 刊年, 出版者, 子目, 키워드 등 다양한 정보를 제공한다. 예컨대 中國의 叢書類에 대해서 그 子目을 파악할 수 있고, 역으로 어떤 총서에 수록되어 있는지 알 수 있다. 일본 소장 한국 고전적에 대해서도 검색이 가능하다.

90) 사이트 주소는 다음과 같다. http://overseas.nricp.go.kr/

91) 상세한 내용은 다음을 통해 알 수 있다. 傅德華, 「研究中日韓東亞文化史的一部重要文獻資料書目: 寫在《日據朝鮮時期漢籍書目》出版之際」, 『中國索引』2009년 1기(7권1기), 中國索引學會, 2009. 이를 보면 제목의 변경이 있었던 듯하다. 본서의 출간은 경상대학교 한문학과 장원철교수의 교시로 알게 되었다.

준 3,000책 이상의 상업, 비상업 고전 번역서에 대한 정보를 제공한다.[92] 이와 관련해 중국과 일본의 한문고전 번역서 정보도 필요하다고 생각된다.

① 『古書目錄(上·下, 國立圖書館, 奎章閣, 藏書閣 소장 고서)』, 이상은 편, 보경문화사, 1987.

② 『古書目錄』, 成均館大學校 中央圖書館, 1979.

③ 『古書目錄(1·2)』, 연세大學校 中央圖書館, 1987.

④ 『古書目錄』, 동국大學校 中央圖書館, 1981.

⑤ 『貴重圖書目錄(舊藏本, 石洲文庫, 新菴文庫, 景和堂文庫, 華山文庫, 晩松文庫)』, 고려대학교 중앙도서관, 1980.

⑥ 『奎章閣韓國本圖書解題』, 서울대 규장각, 1993.

⑦ 『嶺南文集解題』, 영남대 민족문화연구소, 영남대출판부, 1988.

⑧ 『藏書藏書閣圖書 韓國版 總目錄』, 정신문화연구원, 1984.

⑨ 『藏書目錄』, 高麗大學校 六堂文庫, 1974.

⑩ 『韓國古書 綜合目錄』, 국회도서관, 1968.

⑪ 『韓國文集解題 1—3』, 영남대 민족문화연구소편, 1983.

⑫ 『韓國典籍綜合目錄 1집(山氣文庫)』, 국학자료보존회, 1974.

⑬ 『韓國典籍綜合目錄 2집(尙熊)』, 국학자료보존회, 1974.

⑭ 『韓國典籍綜合目錄 3집(玩樹文庫, 誠嚴文庫)』, 국학자료보존회, 1974.

---

92) 참고로 특수한 분야의 한국학 관련 한문문헌의 번역문을 볼 수 있는 사이트를 일부 소개한다. 먼저 국방부 군사편찬연구소 정보자료실의 원문서비스(http://www.imhc.mil.kr/imhcroot/data/pdf_design.jsp)이다. 여기서는 『병장설. 진법』을 비롯해 『동국병감』, 『해동명장전』, 『민보의·민보집설』, 『역대병요』, 『병학지남연의』 등 주요한 군사문헌의 번역문을 읽을 수 있다. 또한 농업진흥청의 농업과학도서관의 「전자책」(http://lib.rda.go.kr/ebook/userpage/ index.asp)에서는 전자책 서비스를 통해 농업고서의 번역문을 읽을 수가 있다.

⑮『韓國典籍綜合目錄 4집(誠庵文庫)』, 국학자료보존회, 1975.

⑯『韓國典籍綜合目錄 5집(仁壽文庫)』, 국학자료보존회, 1975.

⑰『韓國典籍綜合目錄 6집(陶南文庫, 元堂文庫, 悳愚文庫)』, 국학자료
보존회, 1976.

⑱『韓國典籍綜合調查目錄 1(경북, 대구)』, 문화재관리국, 1986.

⑲『韓國典籍綜合調查目錄 2(충청남도)』, 문화재관리국, 1987.

⑳『韓國典籍綜合調查目錄 3(강원도)』, 문화재관리국, 1989.

㉑『韓國典籍綜合調查目錄 4(전라북도)』, 문화재관리국, 1990.

㉒『韓國典籍綜合調查目錄 5(안동시, 군, 상·하)』, 문화재관리국, 1991.

㉓『韓國典籍綜合調查目錄 6(광주직할시·전라남도)』, 문화재관리국,
1992.

㉔『韓國典籍綜合調查目錄 7(부산시)』, 문화재관리국, 1993.

㉕『漢籍目錄』, 고려대학교 중앙도서관, 1984.

㉖『漢籍目錄』, 단국대학교 율곡기념도서관, 1994.

㉗『漢籍目錄』, 해군사관학교 중앙도서관, 1977.

㉘『東洋學研究所所藏 圖書目錄』, 단국대학교동양학연구소, 1984.

㉙『海外典籍文化財調查目錄(美議會圖書館 所藏 한국본목록)』, 한국
서지학회, 1994.

㉚『海外典籍文化財調查目錄(河合文庫所藏 한국본)』, 한국서지학회, 1
993.

㉛『한국기독교박물관 소장 고문헌 목록』, 숭실대학교 한국기독교박
물관, 2005.

㉜『雅丹文庫 藏書目錄 2: 古書』, 아단문화기획실, 1996.

㉝『海外典籍文化財調查目錄: 日本 天理大學 天理圖書館 所藏 韓國本』,
國立文化財研究所, 2005.[93)]

4.3.2. 해제

해제[94]는 기본적으로 리스트만 제시한다. 다만 이와 관련하여 몇 가지를 간략히 소개한다. 먼저 李春植 주편, 『中國學資料解題』(신서원, 2003)이다. 이 책은 『簡明中國古籍辭典』과 『中國史籍解題』를 저본으로 하고 다른 책들을 참고하여 집필한 것이다. 의학과 불교를 제외한 역사·문학·철학·법률·기술·군사·지리·일반문화 등에 관련된 3,500여 종의 서적을 포괄한다. 중요 판본과 통용본, 수록 총서를 아울러 소개하고 있다. 다음은 李仙竹 주편, 『北京大學圖書館藏古代朝鮮文獻解題』(北京大學出版社, 1997)이다. 3백여 종의 고문헌을 소개한다.

역사분야의 문헌 즉 사료를 집중적으로 소개하는 다음 두 책도 주목할 만하다. 먼저 蘇有永 편, 『韓國史料解題總錄』(總務處 政府記錄保存所, 1988)이다. 奎章閣 장서를 중심으로 약 2,900여 종을 선정하여 한국사 연구자에게 안내서·입문서 구실을 할 수 있도록 한 것이다. 官撰史書類, 私撰史書類, 記事·雜史類에서 拓本類, 書目類까지 34분야로 구분해 수록하고 있다. 550여 쪽에 이르는 이 책은 비매품 등의 여러 이유로 그다지 활용되지 않은 듯하다. 다음은 黃純艶 저,

---

93) 참고로 다음은 중국에 소장된 한국 고전적의 목록이다. 黃建國·金初昇 주편, 『中國所藏高麗古籍綜錄』, 漢語大詞典出版社, 1998. 이는 大宇學術財團에서 지원하는 "韓國硏究叢書"의 제10권으로 출간된 것이다. 중국 전국의 51개 단위에서 소장하고 있는 한국에 관련된 古籍 자료 2,754종을 수록한다. 1911년 이전 출판된 古籍이 2,028종, 이후 출판된 것이 426종, 중국과 일본에서 출판된 관련 자료 300종이다.

94) 이와 관련하여 다음의 논의가 주목된다. 송정숙, 「고서 해제의 유형과 개발방안」, 『서지학연구』11, 서지학회, 1995. 아울러 김성애의 다음 글은 해제의 특성과 의의를 이해하는 데 유용하다. 「한국문집총간 해제를 읽는 단 한 가지 방법」, 『민족문화추진회보』제52호, 민족문화추진회, 1998. 7~12쪽.

『高麗史史籍槪要』(甘肅人民出版社, 2007)이다. 270쪽에 이르는 이
책은 고려사에 관련된 각종 220종의 漢文 史料를 紀傳體(6종), 編年
體(18종), 典章制度(5종), 地理志(8종), 文集(69종) 등 10여 항목으로
분류하여 소개한다. 한편 저자는『高麗大覺國師文集』(甘肅人民出版
社, 2007)의 點校작업도 진행한 바 있다. 이 두 가지는 저자가 上海市
의 重點學科인 "域外漢文古文獻學" 과제의 일환으로 2007년 2월에서
7월까지 서울대 규장각에 연구원으로 파견되었을 때의 성과이다.

온라인에서 활용할 수 있는 주요한 해제류를 소개하면 다음과 같
다. 먼저 해제의 기능도 제공하는 한국학자료센터 용례사전의 "고문
헌디지털사전"이다. 다음으로 소장도서의 해제를 제공하는 한국학
중앙연구원의 "왕실도서관 장서각 디지털 아카이브"95)이다. 서울대
학교 한국학연구원 규장각96)도 역시 해제를 제공한다. 경상대학교
도서관 문천각의 "남명학 고문헌시스템"97)은「경상우도지역 문집해
제」를 제공한다. 그리고 성균관대학교 존경각의 "한국경학자료시스
템"에서 경학자료의 원문과 해제를 제공하고 있다.98) 한국고전번역
원의 한국고전종합DB에서 해제를 제공하고 있음은 대부분의 연구
자가 잘 알고 있을 것이다.

① 한국국학진흥원,『(한국국학진흥원 소장) 문집해제 1~14』, 한국국
   학진흥원, 2003~2010.
②『연세대학교 중앙도서관 소장 고서해제 1-12』, 2008.99)

---

95) http://yoksa.aks.ac.kr/main.jsp
96) http://e-kyujanggak.snu.ac.kr/sub_index.jsp?ID=HEJ
97) http://nmh.gsnu.ac.kr/
98) http://koco.skku.edu/ 해제는 해당 텍스트에 연계되어 있다.
99) 연세대학교 도서관 소장 국학관련 희귀본 자료에 대한 해제 및 정리사업의 성
    과물을 모았다. 1, 2권은 희귀문집 중 개인문집류를 주 대상으로 하여 해제하

③ 김일환·원창애·홍우의, 『장서각 소장 왕실보첩류 목록 및 해제(장서각연구총서 11』, 민속원, 2010. 802쪽.

④ 국학진흥연구사업추진위원회, 『(장서각소장) 왕실도서해제1-3』, 한국학중앙연구원, 2006~2008.

⑤ 서울대학교 규장각, 『규장각 소장 왕실자료 해제·해설집 1-4』, 서울대학교 규장각, 2005.

⑥ 서울대학교 규장각, 『규장각소장어문학자료(전5책)』, 태학사, 2001.

⑦ 이화여자대학교 한국문화연구원 편, 『이화여대 중앙도서관 소장 고서해제 1,2』, 평범사, 2008.

⑧ 계명대학교 한국학연구원 편, 『계명대학교 동산도서관 소장 선본고서 해제 1,2』, 계명대학교 출판부, 2008~2009.

⑨ 민족문화추진회 편 한국문집총간해제 1~7』, 민족문화추진위원회, 1991~2006.[100)]

⑩ 국립중앙도서관 편, 『국립중앙도서관 선본해제 1~4』, 국립중앙도서관, 1970~1973.

국립중앙도서관 편, 『국립중앙도서관 선본해제 5~12』, 국립중앙도서관, 2003~2009.

⑪ 국립중앙도서관 편, 『국립중앙도서관 고문서해제 1,2』, 국립중앙

여 문집명의 가나다순에 따라 배열하였고, 3, 4권은 기사류, 사신록류, 일기류 등을 선별하여 가나다순으로 배열하고 해제를 달았다. 5, 6권은 개인문집류, 시화류, 악부류, 가사류, 시선집류, 기행록류를, 7~10권은 유서류, 철학류, 전통 천문학류, 불서류, 악보류 등을, 11권과 12권 史部類(조선 전기와 조선 후기 그리고 근대사 자료)를 주 대상으로 한다.

100) 이에 대해서는 다음을 참조하시오. 양기정, 「한국고전번역원 출간 한문번역 관련 공구서 현황과 과제」, 『2011년 하반기 정기학술대회: 동아시아 한문번역 관련 공구서의 현황과 과제』, 한국고전번역원, 2011. 김성애, 「한국문집총간 해제를 읽는 단 한 가지 방법」, 『민족문화추진회보』제52호, 민족문화추진회, 1998. 7~12쪽.

도서관, 1972~1973.

국립중앙도서관 편, 『국립중앙도서관 고문서해제 3~7』, 국립중앙
도서관, 2006~2010.

⑦ 『嶺南文集解題』, 영남대 민족문화연구소, 영남대출판부, 1988.

⑪ 『韓國文集解題 1-3』, 영남대 민족문화연구소편, 1983.

⑫ 동국대학교 국문학과, 『국학고전 연행록해제 1,2』, 동국대 한국문
화연구소, 2003, 2005.

⑬ 윤충남·김성환, 『하바드연경도서관 한국귀중본해제(색인)』, 경인
문화사, 2005.

⑭ 국립문화재연구소, 『불교민속문헌해제』, 국립문화재연구소, 2005.
153쪽.

⑮ 김기주·문동규·황갑연, 『지리산권 불교문헌 해제』(지리산권문화
연구단 자료총서 8), 심미안, 2009.

⑯ 김선기 외, 『격동의 근현대 대전·충남 한학가의 문헌 해제』, 역락,
2007. 636쪽.

⑰ 김수중, 『강화학파 연구 문헌 해제』(인천학연구총서 5), 인천대학
교 인천연구원, 2007. 439쪽.

⑱ 이해준, 『조선시대 민속문헌 해제』, 국립문화재연구소, 2005, 428쪽.

⑲ 박인호, 『제천 관련 고문헌 해제집』(지역문화총서 1), 이회문화사,
2005.

⑳ 세종대왕기념사업회, 『한글문헌 해제』, 세종대왕기념사업회, 2003.

㉑ 김용구 하영선 편, 『한국외교사연구 : 기본사료·문헌해제』(나남신
서 460), 나남출판, 1996. 646쪽.

㉒ 박완식 등, 『전북 선현 문집 해제 (전4책)』: 민족문화추진회 부설
국역연수원 전주분원, 2003.[101]

㉓ 이십세기 근현대 호남 한문학 자료 수집 및 연구팀, 『20세기 호남

한문 문집 간명해제』, 景仁文化社, 2007.

㉔ 경상대학교 남명학연구소,『南冥學 關聯 文集 解題 1~3』, 경상대학
교 남명학연구소, 2006~2008.[102]

㉕ 문석윤 등,『全國 主要 圖書館 所藏 退溪先生 主要著作 目錄과 解題
』, 한국학술진흥재단, 2007.

㉖ 문석윤 등,『全國 主要 圖書館 所藏 木板本『退溪集』目錄과 解題』, 한
국학술진흥재단, 2007.

4.3.3. 문헌목록

① 경기개발연구원,『경기개발연구원 경기관련문헌목록』, 경기개발연
구원, 1995.

② 京畿道史編纂委員會,『京畿道史資料集 : 文獻目錄』, 京畿道, 1999.

③ 국립나주문화재연구소,『호남 문화유산 문헌목록』문헌목록시리즈; 3,
국립나주문화재연구소, 2008. 631쪽.

④ 국립나주문화재연구소,『호남건축사 문헌목록』문헌목록시리즈; 2,
국립나주문화재연구소, 2007. 319쪽.

⑤ 국립나주문화재연구소,『호남고고학 문헌목록』문헌목록시리즈; 1,
국립나주문화재연구소, 2006. 614쪽.

⑥ 김희락,『韓國出版關係文獻目錄』, 한국출판연구소, 1989.

⑦ 대한출판문화협회,『임진왜란 관계 문헌 목록 : 국내외 단행본.연
구논문』, 대한출판문화협회, 1992.

---

101) 각 권의 제목은 다음과 같다. 1.『간재의 학통과 문인』; 2.『간재의 문인』; 3.
『간재의 문인』; 4.『蘆松의 門人』.

102) 각 권의 제목은 다음과 같다. 1. 南冥 從遊人 및 門人 一部; 南冥學 關聯 文集 解
題. 2. 南冥 門人 一部 및 私淑人 一部; 南冥學 關聯 文集 解題. 3. 南冥 私淑人
一部.

⑧ 민족건축미학연구회 편,『한국건축사 문헌목록』, 발언, 1994. 437쪽.

⑨ 부산광역시,『부산학연구문헌목록집』, 부산광역시, 2001.

⑩ 서울시립대학교,『서울학 문헌 목록집 : 1910~1945 서울관계 문헌』, 서울시립대학교부설서울학연구소, 1994.

⑪ 이문교,『제주감귤문헌목록』, 제주발전연구원, 2000.

⑫ 이헌재,『한국고고학문헌목록』, 학연문화사, 1995. 886쪽.

⑬ 이화여자대학교,『民俗學 關係 文獻目錄』,이화여자대학교 한국문화연구원, 1978.

⑭ 제홍규,『韓國 書誌學 關係 文獻目錄』, 景仁文化社, 1995.

⑮ 최인학,『한국민속학문헌총목록 1920-1995』, 인하대학교출판부, 1999. 556쪽.

⑯ 충북학연구소,『忠北學文獻目錄集』, 충북학연구소, 1999.

⑰ 한국무속박물관,『무속연구 문헌 목록집』, 한국무속박물관, 1995.

⑱ 최련·이영학·최갑순,『중국의 한국학(조선학) 문헌자료목록 (1991-2000)』, 한국외국어대학교 출판부, 2002.

4.3.4. 논저목록

한국학 관련 논저목록으로 매우 중요한 것이 국사편찬위원회에서 간행하는 연 4회 발행하는 『한국사연구휘보』이다. 1975년 창간되었으며 분야별로 논문과 저서의 목차를 수록하고 있다. 한국 한문원전의 연구도 상당 부분 이를 통해 파악할 수 있다. 국사편찬위원회의 "한국사데이터베이스"에서 『한국사종합논저목록』(국사편찬위원회, 2003)과 함께 이용과 검색이 가능하다. 103)

---

103) 사이트는 다음과 같다.
http://db.history.go.kr/front2010/report/reportFrameSet.jsp

① 김시준, 서경호 편, 『한국중국학연구논저목록 (1945년~1999년)』, 솔출판사, 2001.

② 불교사학연구소 편, 『증보 삼국유사 연구논저목록』, 중앙승가대학, 1994.

③ 불교사학연구소 편, 『元曉硏究論著目錄』, 중앙승가대학, 1996.

④ 류승주, 『한국인물사 논저목록』, 경인문화사, 2003.462쪽.

⑤ 경상북도, 『(논저목록으로 보는) 경주·신라의 역사와 문화 I, II』, 경주시, 2010.

⑥ 고구려연구재단, 『고구려사 연구논저 목록』, 고구려연구재단, 2004.

⑦ 고구려연구재단, 『발해사 연구논저 목록』, 고구려연구재단, 2005.

⑧ 고구려연구재단, 『한중관계사 : 연구논저 목록(중세)』, 고구려연구재단, 2004.

⑨ 고구려연구재단, 『한중관계사 : 연구논저 목록(근·현대)』, 고구려연구재단, 2005.

⑩ 고려사학회 편, 『고려시대사논저목록』, 경인문화사, 2000.

⑪ 고려사학회 편, 『조선후기사논저목록 - 총류·정치·경제·사회』, 경인문화사, 2001.

⑫ 국사편찬위원회 편집부 편, 『북한역사학 논저 목록 (상·하)』, 국사편찬위원회, 2001.

⑬ 김동수, 『韓國史論著 分類總目. 3, 근대사·현대사』, 혜안, 1996.

⑭ 김시준, 서경호 편, 『한국중국학연구논저목록 5(1945년~1999년)』, 솔출판사, 2001.

⑮ 대한출판문화협회, 『임진왜란 관계 문헌 목록 : 국내외 단행본·연구논문』 대한출판문화협회, 1992. 35쪽.

⑯ 동국대학교 BK21 불교문화사상사 교육·연구단 제2교육연구팀, 『밀교학 연구논저 목록』, 동국대학교, 2004.

⑰ 동국대학교 BK21불교문화사상사 교육·연구단, 『한국불교사상사 연구논저 목록 . 1 , 불교수용기 ~ 통일신라시대』, 동국대학교, 2002.

⑱ 동국대학교, 『경주신라관계논저총람』, 東國大學校 慶州圖書館, 2003.

⑲ 동국대학교, 『新羅硏究 論著 目錄』, 동국대출판부, 1993.

⑳ 동북아역사재단, 『고조선·단군·부여 : 연구논저 목록』, 동북아역사재단, 2007.

㉑ 동양사학회, 『한국동양사연구자 논저총목록』, 경인문화사, 1999.

㉒ 동학농민혁명참여자명예회복심의위원회, 『동학농민혁명사 논저목록』, 동학농민혁명참여자명예회복심의위원회, 2006.

㉓ 문철영, 『정도전연구 논저목록. 상: 총론·일반·정치편』, 새와나무, 2009.

㉔ 문철영, 『정도전연구 논저목록. 하: 경제·사회·문화·사상·해외 및 북한 편』, 새와나무, 2009.

㉕ 박성봉, 『廣開土太王과 高句麗 南進政策 : 廣開土太王 論著目錄』, 學硏文化社, 2002.

㉖ 박윤철, 『원불교학논저목록』, 원불교영산대학교연구원, 1993.

㉗ 서울시립대학교, 『서울학 논저 목록집』, 서울시립대학교부설서울학연구소, 1994.

㉘ 송인창, 『기호유학 연구논저목록』, 다운샘, 2005.

㉙ 역사학회, 『現代 韓國歷史學論著目錄 : 1945 - 1980』, 一潮閣, 1984.

㉚ 이선영, 『(1986-1990)한국문학논저 유형별총목록. 4, 연도·장르별 논저목록, 대상작가별논저목록, 필자·저자별 논저색인』, 한국문화사, 1994.

㉛ 이선영, 『(1991-1999)한국문학논저 유형별총목록』, 한국문화사, 2001.

㉜ 이인철, 『中國의 高句麗硏究 : 연구동향·연구자·연구논저목록』, 백산자료원, 2006.

㉝ 이철교,『한국 불교관계 논저 종합목록 1892-2002 (상·하)』,고려 대장경연구소출판부, 2002.

㉞ 전북대학교 전라문화연구소,『全北研究論著目錄 1945-1995 : 全北 大學敎 開校50年記念』, 혜안, 1997.

㉟ 조성을 외,『실학연구 논저목록 : 실학연구 1세기의 흐름(상·하)』, 경기문화재단, 2005.

㊱ 창원대학교,『경남학논저목록』, 선인, 2007.

㊲ 창원문화재연구소,『伽耶研究論著目錄』, 昌原文化財研究所, 1991.

㊳ 한국미술연구소,『韓國美術史 論著目錄 : 1890-1994』, 시공사, 1995.

㊴ 한국법제연구원,『韓國法史學論著目錄 : 1945-1990』, 韓國法制研 究院, 1992.

㊵ 한국학관계 논저목록 전산화작업운영위원회,『한국학관계논문집 및 목록집안내』, 한국정신문화연구원, 1991.

㊶ 한일관계사연구회,『韓日關係史 論著目錄』, 玄音社, 1993.

㊷ 홍치모,『한국교회사 논저목록』, 형상사, 1993.

㊸ 화경고전문학연구회,『설화문학관계 논저목록 - 1893-1998』, 단국 대학교출판부, 1999.

㊹ 황패강 외,『鄉歌.古典小說關係 論著目錄 : 1890-1982』, 단국대학 교출판부, 1996.

4.4. 지도와 지지

지도 특히 고지도는 옛날 지명을 확인하는 데 빠트릴 수 없는 도구 이다. 지리정보를 알 수 있는 지도와 지지(地誌)를 간략히 소개한다. 그에 앞서 관련 서적을 일부 소개한다. 먼저 지도학의 발달을 체계적 으로 정리한 본격적 서적인 국토해양부 국토지리정보원의『한국 지

도학 발달사』(국토해양부 국토지리정보원, 2009)104)이다. 다음은
국외 학자의 한국 고지도 연구인 개리 레드야드 지음,장상훈 옮김,
『한국 고지도의 역사』(소나무, 2011)이다.

먼저 ①은 국내 최초의 본격적인 역사지도이다. 다양한 시각자료
를 통해 고대에서 현대에 이르는 한국사를 생생하게 표현하고 있다.
최초의 시도로서 아쉬움이 없지 않지만 이를 계기로 장차 역사지도
가 활성화되기 바란다.105) 같은 시리즈로 출간된 박한제 등의 『아
틀라스 중국사』(사계절, 2007)106)와 일본사학회의 『아틀라스 일본
사』(사계절, 2011)도 매우 중요한 성과이다.

②는 한국 최초의 지리학 박사로서 지리분야 전반에 큰 공헌을 하
고 역사지리학과 고지도에서도 중요한 성과를 남긴 이찬107)의 대표
적 업적이다.

③의 규장각 소장 고지도108)는 대표적인 것이 영인출판되어 구입
할 수 있다.109)

---

104) 국토지리정보원에서 운용하는 국토포털사이트의 "국토관련서적"에서 제공하
고 있으며, 사이트는 다음과 같다. http://www.land.go.kr/info0303.do "국
토관련서적"에서 함께 제공되는 『한국지명유래집』은 지역별 현재지명의 유래
를 알려주고 있다.
105) 다음 서평을 참조하시오. 신병주, 『선비문화』제3호, 남명학 연구원, 2004. 129~
131쪽; 이기석, 『역사교육』제92집, 역사교육연구회, 2004. 249~252쪽
106) 김영제의 서평이 있다. 『역사학보』제196집, 역사학회,2007. 325~332쪽.
107) 장혜정과 김영주의 다음 글을 참조하시오. 「지리교육의 선구자 이찬」, 『사회
과교육연구』제12권1호, , 2005. 특히 문화지리학과 역사지리학의 공헌은 류
제헌, 「문화·역사지리학」, 『한국의 학술연구: 인문사회과학편』제3집, 대한민
국학술원, 2002.
108) 한국역사정보통합시스템에서 고지도의 기관별 소장 상황을 검색할 수 있다. 한
편 한국학자료센터의 한국학자료포털(http://www.kostma.net/dbMain.aspx)
가 제공하는 전자지도의 고지도에서 『대동여지도』와 유사한 『동여도』를 자
유롭게 활용할 수 있다.
109) 자세한 내역은 다음과 같다. ①『해동지도 3책 (상·하·색인)』, 1995; ②『조
선후기 지방지도(전라도편)』, 1996; ③『조선후기 지방지도(경기도편)』,

④는『신증 동국여지승람』에 이은 조선 후기 인문지리서의 모범인『여지도서』의 완역이다. 조선 후기 역사 연구의 기초자료인『여지도서』는 1757년(영조 33)부터 1765년(영조 41) 사이에 편찬된 전국지리서로서 본 번역은 1973년 국사편찬위원회 영인본에 누락된 읍지(邑誌) 39개, 영지(營誌) 6개의 지리지를 보유편에 추가하였다. 특히 색인CD가 있어서 매우 유용하다.[110]

① 아틀라스 한국사편찬위원회 저,『아틀라스 한국사』, 사계절. 2004. 227쪽.
② 이찬,『한국의 고지도』, 범우사, 1991.
③ 서울대학교 규장각 소장 고지도.
④ 문용식 외,『국역 여지도서(전50권, 색인CD)』(전주대학교 고전국역총서 1), 디자인흐름, 2009.

4.5. 도감과 도록

도감이나 도록은 특정한 문화를 이해하는 데 매우 중요한 공구서이다.[111] 한국의 전통문화에 관련하여 특히 취약한 부분이기도 하다. 이와 관련하여 국립민속박물관에서 진행하는『한민족역사문화

1997; ④『조선후기 지방지도(충청도편)』, 1998; ⑤『조선후기 지방지도(경상도편)』, 1999; ⑥『조선후기 지방지도(강원도, 함경도편)』, 2000; ⑦『조선후기 지방지도(황해도편)』, 2001; ⑧『조선후기 지방지도(평안도편)』, 2002; ⑨『東輿圖』, 2003; ⑩『朝鮮全圖』, 2004; ⑪『朝鮮地圖』, 2005; ⑫『鄭尙驥의〈東國地圖〉』, 2006; ⑬『朝鮮後期 大縮尺 朝鮮分圖』, 2007.
110) 출판사의 홈페이지는 다음과 같다. http://heureum.com/home/
111) 다음 글은 자신의 경험을 통해 번역에서 도판의 중요성을 역설한다. 강민정,「번역사랑방 : 번역과 도판_설수외사의 번역에 대한 소고」,『고전사계 』(창간호), 고전번역원, 2011.

도감』의 편찬은 매우 의미있는 작업이다.[112] 한국학과 관련된 한문
자료의 이해와 연구에도 매우 유용할 것이다. 이를 먼저 소개하고 다
른 성과도 언급하고자 한다.

①은 관·모, 의류, 대구, 신발, 장신구, 관·복합으로 나누어 머리
부터 발끝까지 전통 의생활 전반을 정리하였다. 수록 자료는 156종
의 표제어와 271건의 유물이다. 함께 발간된 CD-ROM에는 책에 명
시되지 않은 세부 사진과 도안 및 설명문이 수록되어 있다.

②는 가구, 침구, 조명구, 난방구, 문방구, 화장구, 위생용구, 재봉
구, 신변잡구, 장식용구, 보자기의 11가지로 나누어 집에서 사용한
다양한 기물을 소개한다. ①처럼 수록되지 못한 자료들은 CD-ROM
에 실었다.

③은 음식, 반상, 취사, 저장운반, 가공의 5장으로 구성되어 식생
활 전반에 대해 정리하였다. ①, ②처럼 수록되지 못한 자료들은
CD-ROM에 실었다.

④는 농업, 어업, 축산, 양잠·양봉, 수렵의 5장으로 구성되어 생업
에 대해 정리한 것이다. 지면의 한계로 수록하지 못한 자료들은
DVD에 수록하고 있다.

송대부터 문물도록(文物圖錄)이 저술되고 명나라 때『삼재도회』
가 출간된 중국에 비하면, 한국은 도록이 미흡하다.

⑤는 이미지를 중심으로 우리의 문화유산을 설명한 '한국문화 안

---

112) 본 도감은 의생활, 주생활, 식생활, 산업, 생업, 사회생활, 종교·신앙, 교통·통
신, 군사, 과학기술, 민속공예, 문화예술의 총 10권으로 발간될 예정이다. 이
분류는 '박물관 유물 관리 전산화를 위한 유물 분류 표준화'에 의거한 것이라고
한다. 현재 의생활, 주생활, 식생활, 생업이 출간되었다. 표제어에 대한 세부
사진과 도안이 제공되어 매우 유용하다. 2008년 생업편 이후 후속편이 나오지
않는 것은 유감스럽다.『한국세시풍속사전』,『한국민속신앙사전』처럼 웹서비
스가 제공되고 있다. 본 도감은 모두 국립민속박물관 홈페이지 자료마당의 발
간자료 원문검색을 통해 다운로드할 수가 있다.

내서'로서 사찰, 가옥, 민속, 복식, 서화 등 한국문화 전 분야를 망라한다. 문화유산과 관련된 도면을 수집해 정리하고 경우에 따라 사진을 첨가하고 있다.

도량형은 전통시대 제도에서 매우 중요한 역할을 하였다. 그러나 시대와 지역에 따라 상이하기 때문에 정확하게 파악하기 어렵다. 또한 한국의 도량형은 중국과 밀접한 연관을 지녔다. ⑥은 중국의 역대 도량형에 대한 실물과 문헌에 근거한 자료집이다.

⑦은 역사와 문화를 올바로 이해하기 위해서 꼭 필요한 기초적인 자료를 정리한 책이다. 연대, 한·중·일 국왕 재위 연대표, 고구려부터 조선까지 각 왕조의 왕위 계보도, 사찰의 구조, 건축, 도량형 등에 대해 엮었다.

⑧은 건축 유형별 구성을 통해 한국건축의 전반을 익힐 수 있도록 한 책이다. 각 유형별 특징을 먼저 소개하고 개별 건물에 대한 정보를 주고 있어서 그 유형 전반을 알 수 있게 하며, 같은 유형의 다른 건물과 차이를 볼 수 있게 할 뿐만 아니라 한발 더 나아가 건물을 보는 자신만의 눈을 가질 수 있게 한다.

⑨는 선사 시대부터 현대에 이르기까지 우리 생활사를 담은 〈한국생활사박물관〉 시리즈이다. 당시 사람들의 생활상을 그림과 사진을 통해 복원하고 있어서 각 시대상을 이해하는 데 매우 유용하다.[113]

---

113) 이와 유사한 중국사 관련 시리즈로 다음이 국내에 소개되었다. 먼저 중국사학회 엮음, 강영매 옮김, 『중국역사박물관 1~10』, 범우사, 2004~2005. 다음은 자오춘칭 외 지음 조영현 옮김, 『문명의 새벽(중국의 문명 1:원시시대)』, 시공사, 2003; 인성펑 지음 김양수 옮김, 『신권의 일천 년(중국의 문명 2:상·주시대)』, 시공사, 2003; 리우웨이, 허홍 지음 조영현 옮김, 『패권의 시대 (춘추전국시대)』, 시공사, 2004; 리우웨이 지음 김양수 옮김, 『황제의 나라 (진한시대)』, 시공사, 2004. 후자는 『中華文明傳眞』(전 10권)의 일부를 번역한 것이다. 양자 모두 각종 연구성과와 출토유물을 근거로 다양한 시각자료를 통해 중국사에 대한 심도있는 이해를 도와주는 훌륭한 시리즈이다. 일부만 출간된 후

⑩은『국조오례의』,『세종실록』,『악학궤범』을 비롯해 각종 의궤와 문집, 읍지 등 약 290여 종의 국내 문헌에서 그림과 표를 모으고 출전과 예문을 붙여 엮은 일종의 유서이다. 이는 일본의『화한삼재도회(和漢三才圖會)』[114]에도 영향을 주었던 왕기(王圻)의『삼재도회(三才圖會)』[115]를 본떠 편찬한 것인데, 그 노고와 의의에 비해 상대적으로 덜 알려지고 활용도 미흡한 것 같아서 유감스럽다.

⑪은 국립민속박물관 기획전의 도록[116]이다.「천명」,「하늘을 기록하다」,「하늘을 궁리하다」,「하늘에 담은 꿈」으로 구성되어 있다. 전통사회에서 차지한 천문의 위상을 생각하면 그에 대한 이해가 매우 중요함은 말할 필요도 없다.

① 국립민속박물관,『한민족역사문화도감: 의생활』, 국립민속박물관, 2005. 429쪽.

② 국립민속박물관,『한민족역사문화도감: 주생활』, 국립민속박물관, 2006. 442쪽.

③ 국립민속박물관,『한민족역사문화도감: 식생활』, 국립민속박물관, 2007. 411쪽.

자도 완간되기를 기원한다.

114) 데라시마 료오안(寺島良安)의『화한삼재도회』가 18·19세기 조선 학술계에 수용된 과정이 근래의 연구에 의해 해명되고 있다. 안대회에 의하면 이덕무가 이 책을 학계에 소개하고 적극 활용하였다고 한다. 안대회,「18,19세기 조선의 백과전서파(百科全書派)와『화한삼재도회(和漢三才圖會)』」,『대동문화연구』제69집, 성균관대학교 대동문화연구원, 2010.

115) 영문의 발췌번역본이 있다. John A. Goodall, Qi Wang『Heaven and Earth: album leaves from a Ming encyclopedia, San-ts'ai t'u-hui, 1610』, Shambhala, 1979. 아울러 근래에 나온『삼재도회』연구서를 소개한다. 王逸明,『1609中國古地圖集: 三才圖會地理卷導讀』, 首都師範大學, 2010.

116) 국립민속박물관 홈페이지 자료마당의 발간자료 원문검색을 통해 다운로드할 수 있다.

④ 국립민속박물관,『한민족역사문화도감: 생업』, 국립민속박물관,
   2008. 420쪽.

⑤ 코리아비주얼스 편집부,『(그림과 명칭으로 보는) 한국의 문화유산』,
   시공테크, 2002.

⑥ 중국역사박물관·고궁박물관 주편(김기협 역),『中國度量衡圖集』,
   법인문화사, 1993.

⑦ 한국역사연구회,『역사문화수첩』, 역민사, 2000.

⑧ 한국건축역사학회 편,『한국건축답사수첩』, 동녘, 2008. 684쪽.

⑨ 한국생활사박물관 편찬위원회 편,『한국생활사박물관 1~12』, 사계
   절, 200~2007.

⑩ 박성훈,『한국삼재도회 (전2권)』, 시공사, 2002.

⑪ 국립민속박물관,『天文 : 하늘의 이치·땅의 이상』, 국립민속박물
   관, 2004.

V. 결론

이상과 같이 한문번역 관련 공구서 현황을 고전공구서, 사전형 공
구서, 비사전형 공구서로 나누어 90년대 이후 주요한 성과를 중심으
로 살펴보았다. 그 결과 한편으로 미흡한 면이 있지만 분야나 영역에
따라서 상당한 발전이 있었음도 볼 수 있었다.

한편 논자는 1977년 이후 중국의 공구서 편찬에는 다음과 같은 특
징이 있다고 보고한 바가 있다.[117] 첫째, 대량의 대형공구서가 출현
하였다. 둘째, 항목과 내용이 완비된 전문 사전이 출판되었다. 셋째,
소수민족의 공구서 출판이 진흥되었다. 넷째, 각종 공구서가 발전하

---

117) 이동철,「현대 중국 공구서의 현황」,『2009년 하계학술대회 한자 문화권의 사
   전과 공구서』, 고려대 한자한문연구소, 2009.

면서 체계를 형성하였다. 다섯째, 외국공구서의 번역이 날로 증가하였다. 여섯째, 소형 공구서가 발전하였다. 일곱째, 공구서의 편집 역량이 성장하였다. 여덟째, 공구서의 이론적 연구가 전개되었다. 아울러 근래 중국의 공구서 사업이 크게 발전한 주요 원인으로서 다음 세 가지를 들었다. 첫째, 중국 정부가 공구서 편찬을 대단히 중시하였다. 둘째, 공구서편찬의 규획(規劃)을 제정하였다. 셋째, 공구서 작업자의 헌신적인 노력과 사심없는 봉사가 뒷받침되었다.

이처럼 현대 중국의 공구서 편찬의 특징과 발전 원인을 검토한 뒤, 논자는 한국 학계의 한문 문헌 정리와 연구에 대한 시사점으로 다음 몇 가지를 언급하였다. 첫째, 공구서 편찬에 관한 정부와 학계의 관심이 일차적으로 중요하다. 둘째, 공구서의 편찬과 관련된 장기적이고 체계적인 계획이 필요하다. 셋째, 분야별 유형별 전문 공구서의 편찬이 활성화되어야 한다. 넷째, 공구서의 이론적 학술적 연구가 활성화되어야 한다. 다섯째, 필요할 경우 외국의 공구서도 적극적으로 번역해야 한다. 여섯째, 무엇보다 관련분야 종사자의 자질과 노력이 요구된다. 이 요구에 앞서 관련 전문가에 대한 처우와 작업 여건의 개선이 필요하다는 것은 구태여 말할 필요도 없을 것이다.

이제 논자는 현대 중국의 공구서 편찬에 비추어본 위의 시사점들을 부연함으로써, 한문번역 관련 공구서의 과제에 대한 본 논의의 결론을 대신하고자 한다.

첫째, 정부와 학계 그리고 사회는 공구서 편찬에 대해서 강한 관심을 가지고 나아가 구체적이고 적극적인 지원과 배려를 아끼지 말아야 한다. 사전을 비롯한 각종 공구서의 편찬은 궁극적으로 문화적, 학술적 인프라의 구축으로 연결되기 때문이다.

둘째, 장기적이고 체계적인 계획이 필요한 이유는 공구서의 편찬이 오랜 기간과 많은 비용을 필요로 하기 때문이다. 따라서 여러 가지 우발적 요인에 좌우되지 않고 작업이 진행될 수 있도록 환경을 조성하는 것이 무엇보다 중요하다.

또한 유관 단체나 기관 상호 간에 각자의 능력과 특성, 필요에 따른 유기적인 연관이 이루어지도록 노력해야 한다. 예컨대 교과부, 한국연구재단, 한국학중앙연구원, 한국고전번역원 등 한국학 관련 각종 기관과 단체들이 한국학의 현황과 과제에 연계하여 공구서 편찬을 기획하고 진행할 것이 요청된다. 또한 한국고전번역원의 경우 권역별 거점연구소와 밀접하게 연계하여 진행하는 시스템을 구축할 필요가 있다고 생각된다.

셋째, 분야별 유형별 전문 공구서의 편찬이 활성화되기 위해서는 먼저 영역과 분야에 따른 공구서의 현황에 대한 정확한 조사가 선행되어야 한다. 또한 각종 공구서 편찬의 진행과 성과에 대한 주기적인 파악과 공유 체계를 만들어야 한다. 한국고전번역원의 경우 한문번역에 관련된 공구서의 정보를 축적하고 전파하는 체계와 매체를 개발할 필요도 있다고 생각된다.

활성화와 관련된 다음 절차로서 해당 분야의 필요와 능력을 파악하여 구체적인 목표와 계획을 수립해야 한다. 이와 관련해 공구서 편찬을 위한 지원체계의 구축이라고 무엇보다 시급하고 중요한 과제이다.

또한 유형별, 수준별로 다양한 공구서를 기획하고 진행하여 학계와 사회의 다양한 요구에 부응해야 한다. 각종 색인이나 분야별 소사전, 중요한 원전에 대한 텍스트 사전의 편찬은 그런 점에서 매우 시급하다.[118] 아울러 전통적 공구서 유형인 연보와 유서에 대한 정리와 가공도 필요한 작업이다.

---

118) 이와 관련해서는 다음을 참조하시오. 이동철, 「중국 고전텍스트사전의 현황과 과제」, 『동아시아의 사전학(Ⅱ): 동아시아 한자 사전의 현황과 과제』, 단국대학교 동양학연구소, 2011.

넷째, 공구서의 이론적, 학술적 연구가 활성화되어야 하는 이유는 공구서의 편찬이 결코 기술적이거나 기계적인 작업이 아니기 때문이다. 시간과 비용보다 능력있는 전문가가 더욱 중요하다. 공구서 편찬에 관련된 경험, 기술, 노하우를 공유하고 축적하여 편찬 방법론을 체계화해야 한다. 외국의 다양한 사례와 연구를 조사하고, 전통적 성과를 정리하며, 필요한 교과 과정과 교재 등을 계발해야 한다.

다섯째, 필요하다면 외국의 공구서를 적극적으로 번역하고 아울러 관련 연구 성과를 적절히 소개해야 한다. 특히 중국과 일본의 공구서에 대한 이해와 활용은 경우에 따라 관련된 연구와 번역 그리고 공구서의 수준에 상당한 영향을 끼칠 수 있다. 그에 대한 소개와 활용은 매우 시급한 과제라고 생각된다. 이런 작업도 역시 장기적이고 체계적으로 진행되어야 한다.

여섯째, 해당 종사자의 처우 및 신분을 보장하며 작업 여건을 개선하여야 할 것이다. 공구서의 편찬에서 관련 전문가의 능력과 헌신이 무엇보다 중요하게 작용하기 때문이다. 교육과 평가 체제를 정립하고 제도화함으로써 전문가를 양성해야 한다. 이와 더불어 학제 간, 분야 간의 유기적 협력을 강화할 수 있도록 노력해야 할 것이다.

참고문헌

김혈조(1999), 「중국공구서의 현황과 그 특징」, 『인문연구』20(2), 영남대학교 인문
　　과학연구소.
박소동(2009), 「조선왕조 儀軌 번역의 현황과 과제」, 『민족문화』33, 한국고전번역원.
박준식(2005), 『색인사연구』, 태일사.
반수광 저, 배현숙 역(1995), 『색인개론』, 경인.
배현숙 편(1994), 『중국자료 탐색방법』.
심경호(2007), 『한학 입문』, 황소자리.
吳小如(2011), 『中國文史工具資料書擧要』, 世界圖書出版公司.
王力 주편(2000), 『王力古漢語字典』, 中華書局.
劉潔修(1999), 『成語源流大詞典』, 江蘇敎育出版社.
윤재민, 이동철 등(2009), 「한문고전 정리 번역 시스템 연구」, 『민족문화』33, 한국
　　고전번역원.
윤재민, 이동철 등(2008), 『한문고전 정리·번역 시스템 연구』, 연구과제 보고서,
　　한국고전번역원.
오시마 쇼지 저, 장원철 역(2003), 『한자에 도전한 중국: 갑골문에서 간체자까지 한
　　자 형성 공간의 탐색』, 산처럼.
이동철(2008), 「동아시아 유서편찬과 『임원경제지』의 특성」, 『전북대 쌀삶문명 연구
　　원 제2차 포럼 임원경제지 연구의 문명사적 의의』, 전북대 쌀삶문명 연구원.
이동철(2008), 「한국 고전적 정리에서 교감과 표점의 현황과 과제」, 『민족문화』31,
　　한국고전번역원.
이동철(2009), 「현대 중국 공구서의 현황」, 『2009년 하계학술대회 한자 문화권의
　　사전과 공구서』, 고려대 한자한문연구소.
이동철(2011), 「중국 고전텍스트사전의 현황과 과제」, 『동아시아의 사전학(II): 동
　　아시아 한자 사전의 현황과 과제』, 단국대학교 동양학연구소.
이상하(2008), 「한문고전 문집번역의 특성과 문제점 - 典據의 문제를 중심으로 -」,
　　『민족문화』31, 한국고전번역원.
張力偉(2005), 「古籍整理與古籍工具書」, 『古籍整理出版叢談』, 廣陵書社.
蔣禮鴻 저, 심경호 역(1992), 『목록학과 공구서』(한학연구총서 1), 이회문화사.
趙國璋 등(2006), 『文史工具書槪述』, 江蘇敎育出版社.
朝鮮史研究會 편(2011), 『朝鮮史研究入門』, 名古屋大學出版會.
진재교(2008), 「한문고전 번역의 특수성의 안과 밖」, 『민족문화』32, 한국고전번역원.
최은주 배순자 남영준(2011), 『인문 사회과학 주제정보원』, 한국도서관협회.
최환(2008), 『한.중 유서문화 개관』영남대학교출판부.

한국학 사전 편찬의 현황

일본 동양문고 소장
한국 고전적(古典籍)의 해제 및 디지털화
사업 현황 소개

정우봉 · 이국진[*]

Ⅰ. 머리말

해외로 반출되거나 유출된 우리나라의 고전적 자료에 대해서는 그간 국립중앙도서관과 문화재관리국을 중심으로 조사가 이루어져 왔다. 하지만 기왕의 해외 고문헌 조사 작업은 소장 기관 일부 자료에 대해 간략한 서지 정보를 작성하고, 흑백 마이크로필름으로 영인하는 방식이었다. 따라서 해당 기관 한국 고전적 자료의 전모를 파악하고, 원 자료의 구체적인 서지 정보와 실상을 제대로 보여주며, 국내 연구자나 일반인이 편리하게 이용할 수 있도록 하는 데에는 많은 한계가 있었다.

* 정우봉, 고려대학교 국어국문학과 교수
　이국진, 고려대학교 민족문화연구원 연구교수

이러한 배경 속에서 고려대학교 민족문화연구원 해외한국학자료 센터는 〈해외소장 한국전적의 해제 및 디지털화를 통한 공유화 사업〉을 기획하였다. 그리하여 한국학중앙연구원 한국학기초자료사업단의 지원을 받아, 제1 단계로 버클리대학 소장본(아사미문고와 리치몬드 별치본)에 대한 해제 작업과 디지털화 작업을 마쳤다. 그리고 1단계 연구의 경험을 바탕으로 연구 방법과 내용을 더욱 심화하여, 제2 단계로 일본 동양문고 소장 한국 고전적에 대한 해제 작업과 디지털화 작업을 수행하고 있다.[1]

II. 연구 내용 요약

2.1. 연구 목적

1) 동양문고 소장 한국 고전적 자료 전체에 대한 정확하고 유효한 서지목록 작성
2) 각 분야 전문연구자 및 검수 시스템에 의한 주요 자료의 상세한 해제 작성
3) 주요 자료에 대한 고화질의 디지털이미지 구축
4) 이상의 내용을 웹 DB로 구축하고 홈페이지 및 출판물을 통해 제공

---

1) 1단계 연구 사업은 지난 2008년 11월부터 2011년 6월까지 32개월간에 걸쳐 진행되었다. 그리고 2단계 연구 사업은 2011년 7월에 연구를 시작하였으며, 오는 2014년 6월까지 36개월간 진행할 예정이다. *1단계 버클리대 소장 자료에 대한 사업은 한국학진흥사업 중에서 우수사례로 선정되어 성과발표회를 가졌다.(2011년 12월 20일)

2.2. 연구의 필요성

1) 일본은 가치가 높은 한국 고전적을 다수 소장하고 있으나 이에 대한 조사 성과가 불완전하고 특히 원문이미지의 입수실적이 매우 저조하다.
2) 동양문고는 약 2,000여 종의 한국 고전적을 소장하여 일본 내 기관 가운데 그 양이 가장 많은 편이며 자료 수준과 가치가 타 기관에 비해 높다. 또한 일본의 타 기관에 비해 한국 고전적에 대한 관심이 높다.
3) 지금까지 기관 및 개인에 의해 조사가 일부 이루어지기는 했지만 한국 고전적 자료 전체에 대한 현지방문조사에 기초한 전면적이고 체계적인 조사가 없었다.
4) 1단계 사업의 성과를 유지·발전시켜 1단계와 통합·표준화된 디지털이미지 및 데이터베이스를 제공할 필요가 있다.

2.3. 연구 방법

1) 동양문고에 소장되어 있는 한국 고전적 자료 전체를 대상으로 하고, 서지적·내용적 가치에 따라 등급을 분류한다. 나아가 중국본으로 잘못 분류된 한국 고전적 및 일제에 의해 작성된 조선·한국의 언어·역사·사회·문화에 대한 보고서류를 확인하여 추가한다.
2) 현지방문조사와 목록대조 작업을 통해 정확하고 상세한 서지목록을 작성한다. 이는 동양문고 소장 한국 고전적 자료에 대한 기본서지정보를 갖춘 최초의 서지목록이 된다.
3) 주요 자료를 전문연구자에게 의뢰하여 상세해제를 작성한다.

특히 1단계에 비해 전문연구자 의뢰 및 검수시스템을 강화하여 내용의 질을 높이고 일반대중을 위해 〈간략 안내〉 정보를 붙여 대중화에 기여한다.

4) 고화질의 디지털이미지를 구축한다. 1단계에 준한 형식의 자체 뷰어를 개발하여 이미지에 대한 접근과 열람의 편의를 도모한다.

5) 이상의 정보를 사업팀 자체 홈페이지 및 출판물을 통해 제공한다.

Ⅲ. 동양문고 소장 자료의 가치와 연구의 필요성

동양문고(東洋文庫, The Oriental Library)는 일본의 유명 기업인 미쓰비시(三菱)의 제3대 총수인 이와사키 히사야(岩崎久彌)가 1924년에 설립한 동양학 전문도서관으로서, 동양학 분야에서는 일본 최고(最古)의 연구 도서관으로 손꼽힌다. 장서(藏書) 수는 국보 5점, 중요문화재 7점을 포함하여 약 100만 책에 달한다. 1948년에 일본 국회도서관 지부로 편입되었다가, 다시 2009년 3월 말일부로 재단법인 형태로 독립하였다.[2]

동양문고에서 소장하고 있는 한국 고전적 자료 가운데 가장 큰 비중을 차지하는 컬렉션은 마에마 쿄사쿠(前間恭作, 1868-1942)[3]가 수집하여 기증한 재산루(在山樓) 장서이다. 마에마 쿄사쿠는 1924년

---

2) 동양문고 홈페이지 http://www.toyo-bunko.or.jp/의 연혁(沿革)을 참조.

3) 마에마 쿄사쿠는 대마도(對馬島) 출신의 한국어학자로서 1894년에 조선의 영사관(領事館)에 서기(書記)로 부임하였다. 후에 조선총독부의 통역관으로 재직하였으며, 재직 기간 동안 조선의 고서(古書) 수집과 연구에 큰 관심을 기울였다. 저서로는 자신이 수집한 서적에 대한 목록인 『재산루수서록(在山樓蒐書錄)』과 열람한 서적에 대해 간략한 해제를 기록한 『고선책보(古鮮冊譜)』가 있다.

과 1942년, 두 차례에 걸쳐 자신이 수집한 한국 고서를 동양문고에 기증하였다. 1924년 3월 25일에 기증한 책이 423종 1,764책이며,[4] 1942년 마에마 쿄사쿠 사후(死後)에 유족이 기증한 책이 431종 714 책이다. 따라서 동양문고에 소장되어 있는 재산루 장서는 모두 합쳐 854종 2,478책에 달한다.

이처럼 동양문고 소장 한국 고서는 마에마 쿄사쿠의 기증서가 주축을 이루고 있다. 이 밖에 일제강점기에 조선을 거쳐 갔던 역사지리 학자인 요시다 도고(吉田東伍, 1864-1918)와 교육관료인 시데하라 다이라(幣原坦, 1870-1953)가 소장했던 자료가 상당수 남아있다. 또한 동양문고 산하 자체 연구회를 중심으로 1970년대에 한국에서 상당수의 고서를 구입해갔다.

이렇게 동양문고는 해외의 여타 기관에 비해 한국 고전적을 체계적이면서도 단계적으로 수집하였으며, 여러 차례 소장 자료 목록을 간행하기도 하였다. 이에 동양문고 소장 한국 고전적 자료의 규모는 전체 2,000여 종으로 예상하고 있다. 그 중에는 국내외에서 발견하기 어려운 유일본, 선본(善本), 대조의 가치가 높은 이본(異本)이 상당수 존재한다. 그럼에도 불구하고 지금까지 국립중앙도서관 및 개인 연구자에 의해 일부 자료에 대한 조사가 이뤄졌을 뿐, 고전적 자료 전체에 대한 체계적인 조사는 없었다.

이에 본 사업팀에서는 다각도의 논의와 예비적 고찰을 거쳐 일본

---

4) 1924년에 개관한 동양문고의 설립 과정을 감안할 때, 마에마 쿄사쿠의 1차 기증은 동양문고의 개관과 함께 이루어진 것으로 보인다. 白井 順의 연구에 의하면, 1923년 관동 대지진으로 인해 많은 문헌이 소실되었음을 우려한 시라토리 구라키치(白鳥庫吉, 1865-1942)가 마에마 쿄사쿠에게 동양문고에 장서를 기증할 것을 권하였고, 이듬해에 기증하였다고 한다. 이에 대해서는 白井 順, 「마에마 쿄사쿠(前間恭作)와 오구라 신페이(小倉進平)의 交流 -자료 및 昭和 6년(1931)의 교류에 대하여-」, 규장각 제67회 콜로키엄 발표문(2012. 11. 8)을 참조.

동양문고를 사업 대상 기관으로 선정했고, 한국학중앙연구원 한국학 기초자료 심사에서 본 사업의 의의를 인정·승인 받았다. 이 과정에서 해외 소장 한국 고서 서지학의 석학인 후지모토 유키오(藤本幸夫) 교수의 후원과 자문을 받았다. 또한 국내에서는 안승준 고문서학 전문위원(한국학중앙연구원)과 박철상 고문헌 연구자의 자문을 받았다. 아울러 1차년도에는 후지모토 유키오 교수와 일본 문헌 서지학에 능한 히나타 가즈마사 교수의 특강을 개최하였다.

3.1. 동양문고 소장 유일본의 가치 사례

동양문고에는 유일본 한국 고전적 자료가 총 약 250여 종이 있고, 아직 국내에 본격적으로 소개되지 않은 자료만 150여 종 이상 존재한다.

한문학자료

『唐駱賓王詩集』

중국에서 역대로 간행된 낙빈왕의 시집과 시문집의 기록을 살펴보면, 본서와 동일한 서지 사항이나 내용을 갖춘 판본이 있었다는 기록을 찾아볼 수 없다. 또한 일본의 연구자료에서도 이와 동일한 내용이나 서지사항을 갖춘 일본본이 없다고 밝히고 있다. 한국에 소장된 조선본 자료들을 살펴보아도 본서와 동일한 서적이 없는 것을 보면, **본서는 한국과 중국, 일본을 통틀어 유일한 고본(孤本)**이라고 할 수 있다.

역사학자료

『記事撰草』

이 책은 우선 이본을 찾아볼 수 없다는 점에서 유일본으로서의 가치를 갖는다. 『인조실록』을 간행하는 데 핵심자료로 쓰인 사초라는 점에서 중요한 사료적 가치를 지닌다. **『인조실록』에 누락된 기사의 내용을 보완한다는 면에서도『기사찬초』의 가치는 높다.** 또한『인조실록』과 일일이 교차 비교를 함으로써 실록편찬 과정의 단면을 파악해볼 수 있다는 점에서 서지학적으로도 가치가 크다.

문자학자료

『草字原』

본서는 일본 동양문고 소장의 유일본으로서 가치가 결코 적지 않다. 또한 저자가 서문과 범례에서 그 차별성을 강조한 바와 같이, **우리나라 사람이 편찬한 독자적인 초서 자전**이라는 점에 의의가있다.

국어학자료

『吏文襍例』

『이문잡례』는 일본 동양문고 소장본이 현재 학계에 알려져 있는 **유일본**이며 인쇄와 보관 상태가 좋은 **선본(善本)**이어서 책의 내용을 확인하는 데 전혀 문제가 없다. 따라서 이 자료를 연구하는 데에 동양문고본은 절대적인 가치를 지닌다.

『山圖』

이 책은 우선 이본을 찾아볼 수 없다는 점에서 유일본으로서의 가치를 갖는다. 이 책은 산론과 그림지도의 구성이 잘 짜인 산도로서 그림의 섬세함이나, 기록의 세밀성에서도 뛰어난 책이다. 내용면에서는 **비결서류의 산도를 연구하는데 유용한 자료로 사용될 수 있다는 점**에서 가치가 있다.

3.2. 동양문고 소장 이본의 가치 사례

첫째
- 조선후기 서적의 유통방식과 대붕의 기호에 맞춘 개작상황을 알 수 있는 세책본 자료.
  예) 11종의 방각본과 31종의 세책본 자료

둘째
- 본문 내용의 일부를 삭제하거나 자구(字句) 교정을 지시한 부전(附箋)이 책 곳곳에 있어 서적이 수정·보완되어 가는 과정을 살펴볼 수 있는 자료 . 예)『연암집(燕巖集집』

셋째
- 편집과정에서 수정의 흔적 또는 수정 표시를 남겨 놓은 자료.
  예)『가곡원류(歌曲源流)』,『화해당원(華海黨源)』

넷째
- 작가·창작 시기·창작 경위 등 중요한 정보가 담겨 있는 자료.
  예)『종옥전(種玉傳)』

다섯째
- 국내서적의 오탈자를 바로잡을 수 있는 자료.
  예)『동사회록초(東史會錄抄)』

여섯째
- 보존상태가 좋고 내용의 정확성이 뛰어난 선본(善本) 자료.
  예)『서경질서(書痙疾書)』,『고암신편사과록(辜庵新編四科錄)』

일곱째
- 국내 소장본이 영본(零本)인데 비해, 동양문고 소장본이 완본인 자료.
  예)『상훈집편(常訓輯編)』,『정유각초집(貞㽔閣初集)』

여덟째
- 장서인이 찍혀 있어 책의 소장자와 유통 과정을 알 수 있는 자료.
  예)『야언(野言)』,『오산집(五山集)』

3.3. 국립중앙도서관 연구 사업과의 차이 및 실무 협력 현황

3.3.1. 국립중앙도서관 연구 사업 내역

① 국립중앙도서관의 동양문고 소장 한국 고전적 자료 조사 및 수집 사업은 1991년에 40종, 1993년에 46종, 1994년에 8종, 총94종의 자료에 한정되었다. 이는 동양문고 소장 한국 고전적 자료 2,000여 종 가운데 1/20 수준에 지나지 않는다.

② 국립중앙도서관의 작업 성과는 서지정보, 원문이미지, 초록 및 자료의 접근성에 한계가 있다. 국립중앙도서관에서는 총 94종에 대해 간략한 서지정보를 조사하였다. 원문이미지 역시 이 자료에 국한하여 흑백마이크로필름으로 영인하는 것에 그쳐 실물 형태로 확인하기가 어렵다. 또한 초록은 94종의 자료 중 21종에 대해서만 작성하였다.

	본 사업단	국립중앙도서관
종수	2,000여 종 전체 자료 전수조사	94종 (전체 자료의 약 1/20)
연구사업 내용	• 상세 서지 목록 작성 • 550여 종 주요 자료의 컬러 디지털 이미지 촬영 • 200여 종 중요 자료에 대한 상세 해제 작성	• 간략한 서지 정보 작성 • 흑백마이크로필름 촬영 • 21종의 일부 자료에 대한 초록 작성
열람 방식	• 홈페이지를 통한 온라인 열람으로 연구자 및 일바나 이용자의 접근 용이	• 국립중앙도서관 내에서 제한적인 열람만 가능
집중연구	• 동양문고 소장본 장서인 집중연구 • 동양문고 방각본·제재본 집중연구	
연구결과 간행	• 동양문고 소장본 전체 목록집 간행 • 200여 종의 자료에 대한 상세 해제집 간행 • 동양문고 소장본에 대한 학술논문집 간행	

〈표 1〉 본 사업팀과 국립중앙도서관 연구 사업의 차이

서명	국립중앙도서관에서 작성한 서지정보	오류를 수정한 본 연구 사업팀의 서지 정보
각양매득전담도장 공물노비도안 (各樣買得田畓導掌 貢物奴婢都案)	· 25.1 x 18.0 cm, 不分卷1冊(230張) · 四周雙邊 半郭, 18.2 x 12.7 cm, 界線, 11行18字, 註雙~行, 內向二葉花紋魚尾	· 크기: 28.0×20.3/선장, 1책(224장)/저지/한자 ·판식: 四周雙邊 半郭, 22.1 x 14.5 cm, 有界, 10行18字 註雙行, 上下內向2葉花紋魚尾
광사칠집 (廣史七集)	· 24.3 x 14.3 cm, 49권18冊 · 四周雙邊 半郭, 17.4 x 12.5 cm, 界線 10行20字, 註雙行, 上下~向黑魚尾	·크기: 24.3×14.3/선장, 43卷18冊/저지/한자 ·판식: 左右雙邊 半郭, 21.4 x 14.9 cm, 有界, 10行20字 註雙行, 上下中黑口, 上下向黑魚尾
농정촬요 (農政撮要)	· 24.6 x 15.3 cm, 4卷2冊 · 無界, 12行19字, 注雙行	·크기: 23.0×15.5/선장, 3卷1冊/저지/한자 ·판식: 四周雙邊 半郭, 16.9 x 11.6 cm, 12行23字, 新式版心
무주군적상산성선원 보각장서목록 (茂朱郡赤裳山城璿源 寶閣藏書目錄)	· 24.6 x 16.8 cm, 不分卷41冊(79張) · 四周雙邊 半郭, 18.5 x 14.2 cm. 界線, 13行 字數不同, 註雙行, 上下向黑魚尾	·크기: 26.7×19.1/선장, 不分卷1冊(65張)/저지/한자 ·판식: 四周雙邊 半郭 20.8 x 15.2 cm, 朱絲欄, 有界, 13行字數不同 註雙行, 上下向黑魚尾

〈표 2〉국립중앙도서관에서 작성한 서지정보의 오류 수정 사례

3.3.2. 국립중앙도서관과의 사업 영역 분담 및 실무 협력

본 사업팀은 국립중앙도서관과 긴밀한 협력 관계를 유지함으로써 불필요한 예산 낭비를 줄이고 연구 사업의 효율을 극대화하였다.

┌─────────────────────────┐
│ 해외 조사 기관 중보고 방지 │
└─────────────────────────┘

- 1단계 사업 때부터 긴밀한 협력 관계를 유지. 제1단계 사업을 시행할 때, 국립중앙
도서관에서 하버드 대학을 담당하고 본 사업팀에서 버클리 대학을 담당.

┌─────────────────────────┐
│ 서지 정보 작성 규칙 통일 │
└─────────────────────────┘

- 본 사업팀의 모든 서지 정보를 국립중앙도서관이 제정한 '한국고서목록기술규칙'에
의거하여 작성

┌─────────────────────────┐
│ 전체 서지 정보 제공 │
└─────────────────────────┘

- 본 사업팀에서 완성한 전체 서지 정보를 국립중앙도서관이 구축한 '한국고전적종
합목록시스템'에 연동시킴으로써 이용자가 국내 소장본과 일괄 검색 및 대조가 가
능하도록 조치

IV. 연구 방법 상세 설명

4.1. 서지목록 작성 방법

1) 본 사업팀은 동양문고 소장 한국고전적 자료 전체에 대한 상세
서지 목록 작성을 목표로 한다. 이에 본 사업팀에서는 국내외 서지
목록 대조 작업과 현지 방문 조사를 통해 국립중앙도서관에서 제정
하여 시행하고 있는 〈한국고문헌자동화목록기술규칙〉에 부합하는
서지목록을 작성하고 있다. 동시에 중앙허브(한국학중앙연구원)에
서 요청하는 양식과 항목에 맞추어 기본정보를 작성하고 있다.

2) 본 사업팀은 1차년도에는 서지 전문 연구가를 포함한 사업팀
연구원들의 단기 방문 조사를 통해 서지목록을 작성하였다. 이후 본
사업팀은 사업 예산, 사업 기간, 동양문고의 폐쇄성과 작업환경의 한
계를 극복하고 연구의 성과와 효율성을 극대화할 수 있는 서지조사

방법을 모색하였다.

　이에 2차년도부터는 서지학에 조예가 깊고 일본어에 능통한 연구원을 동양문고에 장기 파견하여, 서지목록 작성 작업의 일관성, 정확성, 효율성을 극대화하였다. 아울러 2014년 5월에는 서지학 전문연구원, 연구책임자, 공동연구원, 전임연구원 등이 모두 포함된 단기방문조사를 진행할 계획이다. 이를 통해 미처 파견연구원이 해결하지 못한 부분과 최종적인 서지 목록의 점검이 이뤄질 것이다.

　이렇게 본 연구사업팀이 시행하고 있는 전면적인 개방에 의한 자유로운 조사 및 연구 사업은 동양문고는 물론 일본을 비롯한 해외 소장 자료 조사 및 연구에서 처음 있는 일이다.

　3) 본 사업팀은 동양문고 소장 한국 고전적 전체 자료에 대한 판사항, 형태사항, 주기사항 등을 갖춘 상세한 서지 정보를 구축하고 이 서지목록을 모두 국립중앙도서관에 제공하여 〈한국고전적종합목록시스템〉을 통해 서비스하도록 협조함으로써 연구자가 국내 자료와 서지적 비교 검토를 할 수 있는 정확하고 충분한 정보를 제공할 것이다.

항목	동양문고에서 작성한 서지사항	본 사업팀에서 새로 작성한 서지사항
서명	月沙先生集	月沙先生集
권차	六三卷 附錄五卷 別集七卷	卷1-63, 附錄 卷1-5, 別集 卷1-7
저자사항	朝鮮李廷龜	李廷龜(朝鮮) 著
판사항		木板本
간사사항	朝鮮肅宗四六(淸康熙五九)刊	慶尚道監營龍淵寺 : 李翊相·李喜朝·李雨臣, 肅宗 46(1720)

항목	동양문고에서 작성한 서지사항	본 사업팀에서 새로 작성한 서지사항
형태사항		原集63卷, 附錄5卷, 別集7卷, 合22冊 : 四周雙邊 半郭 20.2 x 14.0 cm, 有界, 10行21字 註雙行, 內向2葉花紋魚尾 ; 30.2 x 19.6 cm
주기사항	印記「耆英堂藏」	表題: 月沙集 版心題: 月沙集 手書刻序: 汪煇撰 手書刻序: 南州姜日廣拜撰 手書刻序: 梁之垣撰 手書刻序: 德水張維撰 手書刻序: 著雍執徐(戊辰, 1688) 　　　　 三月日恩津宋時烈撰 別集卷末: 崇禎紀元九十三年庚子 　　　　 (1720)...李喜朝識 藏書印: 耆英堂藏 ; 在山樓蒐書之一
소장처 분류기호	Ⅶ 四-二	7-4-2

〈표 3〉 상세 서지정보 작성 예시

4.2. 디지털이미지 구축 방법

1) 본 사업팀은 2012년 1월 30일에 동양문고와 정식 협정서를 체결하고, 2012년 3월 15일에 일본의 대표적인 디지털이미지 제작업체인 '인포마쥬'와 정식 계약을 맺어 디지털 이미지 구축작업을 진행하고 있다.

디지털이미지 제작 형식은 2100만 화소, A3, 300dpi, JPEG 형태로 확정하였다. 디지털이미지 제작 업체와의 계약 체결(총 예산 3억원)은 동양문고 서적의 종수가 아니라 면수를 기준으로 하였는데, 전체 550여 종에 대한 디지털 원문이미지 촬영을 예상하고 있다. 또한 결과물의 오류를 줄이고 질적 수준을 유지하기 위하여 계약시에 제

작된 이미지파일의 검사 및 무상 보정 청구, 하자의 보수 및 대체 요
구에 관한 조항을 명기하였다.

2) 본 사업팀은 서지적·내용적 가치를 판별하여 자료의 등급을 분
류하고, 각 등급에 따라 연구 성과물의 구축 내용을 달리하고 있다.
따라서 이를 바탕으로 선별한 자료에 한해 동양문고 및 인포마쥬와
협력하여, 디지털 원문이미지를 DB로 구축하고 있다.

등급	판별기준	구축 내용		
		서지 정보	상세 해제	디지털 이미지
S	국내외에서 발견하기 어려운 유일본(唯一本), 주요 필사본(筆寫本), 선본(善本), 탁본(拓本) 등 서지적·내용적 가치가 높은 자료	○	○	○
A	국내에 유사본이 있기는 하지만 이본(異本) 혹 은 대조본(對照本)으로서의 가치가 높은 자료	○	○	○
B	국내에 동일본이 존재하여 자료의 실체를 국내 에서도 온전히 파악할 수 있는 자료들이지만 간사 시기가 비교적 앞선 시기의 자료	○		○
C	국내에 완전한 동일본이 존재하거나 20세기 이 후에 근대적인 방식으로 다량으로 간행된 자료	○		

〈표 4〉 대상 자료의 등급 분류 기준 및 구축 내용

주관	내용
1. 본 사업단	• 등급 선별 작업을 통해 S, A, B, C급 자료 목록 작성 • 중요도 및 작업 순서에 따라 우선순위 부여
2. 동양문고	• 위 목록 및 우선순위에 따라 자료의 반출 및 촬영 허가
3. 업체	• 자료 촬영 및 디지털화 • 완료된 자료를 순차적으로 동양문고 및 본 사업단에 전달
4. 본 사업단	• 위 자료를 서지사항, 상세해제와 연동시켜 홈페이지에 게시

〈표 5〉 디지털이미지의 제작 및 입수 절차

앞으로 디지털 원문이미지 구축 작업이 완료되면, 전체 550여 종의 원문이미지 중에서 유일본 자료가 270여종에 이를 것이다. 그리고 나머지 원문이미지 자료들은 선본(善本), 이본(異本) 혹은 대조본(對照本)으로서의 가치가 높은 자료와 해당 연구 전문가로부터 특별히 서지적·학술적 가치를 높게 평가받은 자료들로 이뤄질 것이다. 이 과정에서 무엇보다도 원문이미지 자료가 일부 전공 분야에 편중되지 않도록 신중을 기할 것이다.

4.3. 상세해제 작성 방법

본 사업팀에서는 동양문고 소장 한국 고전적 자료 중에서 200여 종의 자료에 대한 상세해제를 목표로 하고 있다. 상세해제 작성은 원문이미지를 확보한 이후에 이루질 수 있다. 따라서 본 사업팀에 원문이미지 촬영본이 들어오면, 그 중에서 학술적 가치가 높은 자료를 선정하고 해제 전문가들을 엄선하여 해제를 요청한다. 이후 작성한 해제 원고는 각 전공별 전문가들로부터 감수를 받고, 그 결과를 다시 원해제자에게 통보해서 수정 보완한다. 그리고 감수후 수정본 해제 원고에 대해 본 사업팀의 연구자들이 DB로 구축하게 된다.

항목	내용	비고
1. 정의	• 자료에 대한 정의(3줄 이내)	
2. 편저자사항	• 저자·편자에 대해 핵심 사항 소개	
3. 구성 및 내용	• 전체적인 목차 혹은 구성 • 문체별로 작품 수와 주요 작품	
4. 자료 가치 　① 서지적 가치 　② 내용적 가치	• 국내 소장 자료와의 비교를 중심으로 서술하되, 　그 차이점에 대해 상세하게 적시함 • 해당자료의 당대적 위상, 연구 현황, 전망 등	

항목	내용	비고
5. 참고문헌	• 선행 연구 자료(3종 이내)	
6. 기존 서지사항의 수정사항	• 기존 서지사항 중 수정해야할 사항 • 기타 새로 밝혀낸 사실	
7. 간략 안내	• 일반대중을 위해 쉽게 서술된 안내(10줄 내외)	2단계 추가

〈표 6〉 상세해제의 양식과 주요 내용

4.3.1. 대상 자료의 엄선과 자료가치의 상세한 서술

본 사업팀에서는 전문연구자와의 협의를 통해 이뤄진 원문이미지 촬영 자료를 바탕으로, 운영·기획위원회의 논의를 거쳐 상세해제 자료 및 그에 적합한 상세해제 작성자를 선별하고 있다. 이 과정에서 한국고전번역원에서 해제가 이뤄진 문집 자료나 국내 다른 기관에서 해제 작업이 이뤄진 자료는 꼭 필요한 경우가 아니면 배제함으로써 일차적으로 상세해제 대상 자료를 엄선하고 있다. 아울러 상세해제 원고가 일부 전공 분야에 편중되지 않도록 신중을 기할 것이다.

특히 본 사업팀은 자체 상세해제 원고 양식에서 '4. 자료가치 - ① 서지적 가치 ② 내용적 가치'항목을 설정하여, 상세해제 자료의 가치와 중요성을 매우 구체적으로 서술하고 있다.

유일본 한문학 자료의 상세해제 원고 사례

4. 자료가치
① 서지적 가치
　　중국에서 역대로 간행된 낙빈왕의 시집과 시문집의 기록을 살펴보면, 본서와 동일한 서지 사항이나 내용을 갖춘 판본이 있었다는 기록을 찾아볼 수 없다. 또한 일본의 연구자료에서도 이와 동일한 내용이나 서지사항을 갖춘 일본본이 없다고 밝히고 있다. 한국에 소장된 조선본 자료들을 살펴보아도 본서와 동일한 서적이 없는 것을 보면, 본서는 한국과 중국, 일본을 통틀어 유일한 고본(孤本)이라고 할

수 있다.

본서는 정덕(正德) 연간과 가정(嘉靖) 연간 사이에 전란(田瀾)이 편정한 중국본을 기본으로 하여 조선 중종(中宗)과 명종(明宗) 연간 사이에 간행한 목판본으로 추정된다. 1585년경에 간행된『고사촬요(故事撮要)』의 밀양(密陽) 책판(冊版) 항목에는『낙빈왕집(駱賓王集)』이 기록되어 있는데, 본서가 이 밀양부 간행본일 가능성도 있는 것으로 보인다.

본서에는 많은 장서인이 찍혀 있는데 앞에 있는 "일본국왕지인(日本國王之印)"과 "대재대이(大宰大貳)"는 대내의륭(大內義隆, 1507-1551)의 장서인이다. 대내의륭은 전국(戰國) 시기의 다이묘로서, 조선과 중국과의 문화 교류에 적극적이었으며 특히 조선에 여러 차례 사신을 보내어 문물을 요청한 바 있었다. 이로부터 본서는 대내의륭을 통하여 일본으로 전래되었음을 알 수 있다. 그 밖에 본서에 찍혀 있는 장서인 중 태향산방(苔香山房)의 목촌소암(木村素岩), 심천문고(深川文庫)와 금정문고(今井文庫)의 영목진년(鈴木眞年)(1831-1894), 운촌문고(雲邨文庫)의 화전유서랑(和田維西郎)(1856-1920) 등의 인장을 보면, 본서는 19세기에 화전유서랑을 경유하여 동양문고(東洋文庫)로 귀속되었음을 짐작할 수 있다. 본서의 15장에는 본서가 명치(明治) 원년 영목진년(鈴木眞年)의 금정문고(今井文庫)에 소장되었던 정황과 전전길정(田畑吉政) 등과의 관련 등을 설명하는 글이 삽입되어 있다.

본서의 저본이 된 중국본이 현존하지 않는 상황에서 조선본인 본서가 한국과 중국, 일본을 통틀어 유일한 고본(孤本)이라는 점은 그 자체로 충분한 학술적 가치가 있다고 하겠다.

② 내용적 가치

전란(田瀾)이 본서를 편정했을 때는 당연히 그전에 나온 낙빈왕의 시문집 판본들을 참고하였을 것이지만, 어떤 판본을 보았는지는 정확히 알 수 없다. 확실한 것은 기존에 나온 판본들 중 본서와 동일한 체제와 내용을 가진 판본은 없다는 것이다.

본서의 중국본 중 가장 이른 시기에 나온 송판본(宋版本) 중의 하나로 북경도서관(北京圖書館) 소장본이 있는데, 1986년 중화서국(中華書局)에서 이 송판본을 고일총서삼편(古逸叢書三編)으로 간행한 바 있다. 이 송판본은 모두 10권으로 구성되었는데, 6-10권은 보판(補版)한 것이지만, 1-5권은 송판본의 모습을 유지하고 있다. 이 판본과 본서를 비교해보면, 본서는 시체(詩體)를 오언고시·칠언고시·오언율시·오언배율·오언절구·칠언절구로 분류하여 모두 1권으로 구성하였으며 송판본에 포함된 부(賦)는 수록하지 않았다.

본서와 송판본을 비교해보면, 본서에 수록된 시 중에는 송판본에 수록되지 않은 시들이 있는데,「행로난(行路難)」과「증도사(贈道士)」,「별송오지문(別宋五之問)」,「송유소부유월주(送劉少府遊越州)」 등의 9수가 그러하다. 그리고「악대부만사(樂大夫挽詞)」,「단양자사만사(丹陽刺史挽詞)」는 송판본의 권10 잡저(雜著) 부분에 수록되어 있지만, 본서에서는 오언율시로 편정되었다. 그리고 본서에 수록된 시들의 내용을 송판본의 시와 대조해보면, 송판본에서 공격(空格)으로 남긴 것들을 조선본에서는 묵정(墨釘)으로 남겼거나 혹은 글자를 보충하여 넣은 것을 볼 수 있는데, 이로부터 본서가 송판본의 흔적을 유지하면서도 이를 보충하는 판본임을 알 수 있다.

본서의 중국 판본들 중에 가장 완정하다고 평가되는 통행본인 청(淸) 진희진(陳熙晉)이 전주(箋注)한『임해집(臨海集)』의 판본과 본서를 비교해보면, 본서의 시

중 68수는 그 중에 포함되어 있지 않은 것이다. 이와 같이 본서는 내용적인 측면에서도 낙빈왕 시문의 연구에 빼놓을 수 없는 중요한 학술 자료임에 틀림없다.

〈사례 1〉 동양문고 소장본 『낙빈왕시집』의 상세 해제 중 자료 가치에 대한 설명

유일본 역사학 자료의 상세해제 원고 사례

4. 자료 가치
 ① 서지적 가치
　이 책은 일본 동양문고(東洋文庫) 소장본으로 시데하라 타이라(幣原坦; 1870~1953)가 1941년에 기증한 것이다. 국내에서는 찾아볼 수 없으며 한 가문에서 3대에 걸쳐 한 인물의 사적에 관련된 문서와 내용을 집대성한 책이라는 점에서 가치를 찾을 수 있다. 책 전체에 대한 서문과 발문 뿐 아니라, 책에 포함된 각 문헌에 대해서도 서문과 발문을 붙여 책의 격식을 최대한 갖추고자 하였다. 의주부윤 조흥진이라는 한 개인의 사적을 중심으로 정부측 동향에 대한 풍부한 자료를 담고 있다는 점에서 홍경래난 자료로서도 특별한 가치를 지닌다.
　상소문 등 여기 수록된 정부의 공식 문서의 경우 정부 연대기에서도 그 내용을 찾을 수 있다. 예를 들어 위화도를 개간하게 해달라는 의주부윤 조흥진의 상소는 『승정원일기』순조 11년 2월 15일에 찾을 수 있으며, 순조 13년 5월 의주부윤 조흥진의 회계 부정을 지적하고 처벌을 요청한 평안도 암행어사 이서의 서계 또한 『일성록』 5월 12일자 기록으로 남아 있다. 평안도관찰사가 조흥진에 대한 포폄도 『일성록』에서 찾을 수 있다. 하지만 연대기에 실린 기록이 발췌본임에 비해 이 책에 실린 상소문 등은 원문 기록 그대로인 것으로 판단된다.

 ② 내용적 가치
　책의 제목을 '충헌공이 평안도의 병란을 평정한 기록'이라고 한 데서도 확인되듯이, 이 책의 중심을 이루는 「경란일기」는 19세기의 대규모 반란에 대해 의주라는 한 지역이 어떻게 대응했는가를 전체적으로 살필 수 있는 자료이다. 의주 출신 의병장인 김견신(金見臣) 허항(許沆) 등의 활동을 비롯한 군사 작전을 비롯하여, 반란군 우두머리에 대한 현상금 1천 냥을 거는 등의 대민 정책,정탐장교 등을 풀어 반란군 동향을 조사한 내용, 반란 진압에 지역민이 가담한 사정, 그와 반대로 인근에서 반란이 터진 것을 기화로 그곳에서도 강도들이 무리지어 일어나 부유한 집을 약탈하던 사정 등 그곳 지방민의 동향에 이르기까지 의주의 상황이 자세하게 수록되었다. 관속을 비롯하여 의주 인물들의 동향을 자세하게 수록하여 19세기 의주의 사회 변화, 특히 홍경래난 시기의 사회상황을 파악하는 데 중요한 자료가 된다. 학계 일각에서는 의주 거상인 임상옥(林尙沃)이 홍경래난에 동조하였던 것처럼 설명하기도 했으나 이 자료에 의하면 그는 반란이 일어나자마자 동료들과 함께 성을 지키겠다고 자원하였고, 그에 따라 민병천총(民兵千摠)에 차임되어 활동하였다는 구체적인 사실이 확인되기도 한다.

〈사례 2〉 동양문고 소장본 『충헌감서록』의 상세 해제 중 자료 가치에 대한 설명

4.3.2. 국내외 판본과의 세부적인 비교

본 연구 사업팀에서는 해제를 작성하고 있는 200여 종의 중요 자료에 대해, 국내외 판본과의 비교 정보를 비롯한 보다 자세한 서지정보를 작성하고 있다. 이를 위해 본 연구 사업팀에서는 자체 해제 원고 작성 양식을 만들고, 그 속에 '4. 자료가치 - ①서지적 가치' 항목을 설정하였다. 실제 해제 원고의 예를 들면 다음과 같다.

---

4. 자료가치

① 서지적 가치

『좌계부담』이 당대로부터 어느 정도 읽혀지고 필사되어 유통되어졌는지 상세히 알 수는 없다. 다만 시화관련 내용이 임렴의 『양파담원』과 편자 미상의 『청운잡총(靑韻襍叢)』에 각각 22화, 17화, 그리고 사화(史話)가 김재화의 『번천만록』에 10화, 여항인들의 전기가 유재건의 『이향견문록』에 2화 인용되었다. 또한 현재 여러 이본이 전하고 있는 것으로 보아, 지속적으로 읽히고 유통되어졌음을 추정할 수 있다.

현존하는 『좌계부담』의 이본은 7종 정도로 확인된다. 본서를 포함해서 각 이본의 서지사항은 다음과 같다

소장처	표제	내제	책수	분권표시	비고
국립중앙 도서관	東谿裒譚	左溪裒譚	3권 3책	天·地·人 (표제) /上·中·下 (내제)	211화/ 목차아래 부제(副題) 부기(附記)
개인	靑邱野○		1책		148화
장서각	左溪裒談		1책	『野乘』권20	160화
동국대 도서관	左溪裒談		1책	『野乘』권21	160화
규장각	靑野漫錄	靑野漫緝 /左溪裒談	5권 1책	金,木,水,火,土	160화, 〈忠逆辨〉
일본 東洋文庫	靑野漫緝 /名賢實記	左溪裒談	5권 5책	金,木,水,火,土	160화, 〈忠逆辨〉
일본 阿川文庫	左溪裒談			『叢史』제15책	

이중 국립중앙도서관본이 211화를 수록하고 있어 가장 분량이 많은 반면 다른 이본에 비해 오사(誤寫) 흔적이 많다. 개인소장본은 비록 앞뒤가 누락된 채 148화를 필사하고 있는데, 다른 본에서는 전혀 보이지 않는 '김구(金構)'조를 제외하면 모두 국립중앙도서관 본과 겹치는 내용이다.

나머지 5종 가운데 아직 실물을 확인하지 못한 아천문고본을 제외한 4종은 모두 160화본으로 수록인물과 순서, 내용이 거의 동일하다. 상호 오탈자가 있는 정도의 차이만 보이지만, 국립중앙도서관 본에 비하면 4종 모두 오사가 적은 편이다. 더 세부적으로는 두 『야승』본이, 그리고 본 동양문고본과 규장각본이 상호 더 친연성을 보인다. 특히 규장각본과 동양문고본은 분권(분책 형태만 다른데, 동양문고본은 각권을 그대로 분책하고 규장본은 5권을 한 책으로 묶음)이나 표제뿐만 아니라 목차 및 본문에서 나타나는 오자(誤字)까지도 거의 일치해서 저본(底本)과 사본(寫本)의 관계일 것으로 추정된다. 예를 들면 목차상에서 '김육(金堉)'을 '이육(李堉)', '김진규(金鎭圭)'를 '김진옥(金鎭玉)', '박순(朴淳)'을 '박순(朴純)'으로 오사(誤寫)하고 있는 점, 다른 본에서 모두 '이언경(李彦經)'이라고 기록하고 있는 것을 호를 써서 '천유재(天遊齋)'라고 적고 있는 점 등이 규장각본과 동양문고본은 완전히 일치한다. 한편, 약자(略字)를 많이 사용한 본 동양문고본에 비해 규장각본이 글씨체도 더 바르고 깨끗하게 정사하였다.

그러나 목차에서 '이동표(李東標)'의 경우, 동양문고본은 정확하게 기록한 반면, 규장각본은 '이병표(李秉標)'라고 잘못 기록하고 있는 등과 같이 본 동양문고본이 정확하게 쓴 경우를 확인할 수 있다. 즉, 본 동양문고본은 비교적 오탈자가 적은 이본으로써 다른 이본들과 상호 보완·교감을 통해 『좌계부담』을 정본화 하는데 기여할 수 있다.

〈사례 3〉 동양문고 소장본 『좌계부담』의 상세 해제 중 서지적 가치에 대한 설명

4.3.3. 감수 과정을 통한 상세해제 원고의 질적 수준 제고

본 사업팀에서는 모든 상세해제 원고를 대상으로 외부 전문가의 감수를 거쳐 수정 보완함으로써 원고의 질적 수준을 더욱 높이고 있다.

해제 원고 제목	관동록(關東錄) 해제

게재 가	수정 또는 보완 후 게재
	○

수정 또는 보완 사항

수많은 誤字를 하나하나 대조해서 바로잡느라 무척 애를 많이 쓴 원고입니다. 다음 몇 가지 점을 수정 또는 보완해주시면 독자에게 친절한 해제가 되겠습니다.

1. 해제 집필자가 수정한 서지사항에 따르면 동양문고본은 21장입니다. 한데 국내 도서관에 소장되어 있는 이본들은 대개 이보다 많습니다. 아래와 같습니다.

   27장(국립, 성암고서, 동국대), 29장(성균관대, 성암고서),
   31장(규장각), 38장(전남대)

   전남대본 이외는 모두 목판본이기는 합니다만, 국내 이본들과 비교할 때 분량의 차이가 나는 듯합니다. 더욱이 동양문고본은 뒤쪽에 「관동록」 이외의 두 가지 글이 더 붙어 있는데도 장수는 제일 적습니다. 이유가 무엇인지, 국내 소장본들과 비교해볼 필요가 있을 듯합니다.
   또 하나, 위 국내 소장본들은 대개 목판본인데 책에 따라 분량이 차이가 나는 이유는 무엇인지, 아울러 설명이 있으면 더 친절한 해제가 되겠습니다. 혹시 초-재판의 차이인지도 모르겠습니다만, 소장 기관의 서지정보로는 확인이 불가능한 듯합니다.

2. <u>말미에는 소상팔경(瀟湘八景) 및 『구소수간초선(歐蘇手柬抄選)』의 일부가 전사되어 있다.</u>
   → '소상팔경'이 책 이름인가 하는 혼동을 일으킬 염려가 있고, '구소수간초선'이 書名인 줄을 모르는 사람은 '抄選'이 이미 일부를 뽑았다는 말이라고 혼동하게 됩니다.

3. <u>매부 남언경(南彦經, 1528-1594), 허충길 등과 함께 금강산을 비롯한 관동 일대를 유람하고</u>
   → 뒤쪽의 기술로 보아서 남언경이 매부인 줄을 알 수 있습니다만, 위 문장은 두 사람이 다 매부인 줄로 읽힐 가능성이 있습니다. 아울러, 허충길에 대한 설명이 있으면 더 친절한 해제가 되겠습니다.

4. <u>(是歲重陽前數日眞城李滉謹書) 율곡의 발문은 홍인우의 아들 홍진이 문집 간행을 위해 1576년(선조9)에 이이에게 부탁하여 받은 것이다.(丙子仲春德水李珥書)</u>
   → 괄호 안의 한문 원문은 굳이 제시할 필요가 없을 듯합니다.

5. a, b면이라는 용어—앞면, 뒷면이 어떨지요? 이 해제에만 해당할 문제는 아니고, 전체 원고의 체제 문제입니다. 연구원이 결정해야 할 문제입니다.

참고로, 규장각 소장본 가운데 '奎6308'에는 〈洪象漢印〉이라는 장서인이 있다고 합니다. 홍상한은 洪仁祐의 후손으로 18세기 후반의 저명한 인물입니다. 어디까지나 추측입니다만, '奎6308'본이 가장 선본일 가능성이 있을 듯합니다.
또 하나, 규장각의 이 문건에 대한 해제에는 홍인우가 퇴계와 화담의 제자라고 기술하고 있습니다. 본 해제에서는 제자로 보지 않는 듯한데, 조금 더 분명하게 기술하시면 독자에게 도움이 되겠습니다.

〈사례 4〉 감수의견서 양식과 실제 감수 사례

4.3.4. 선행 연구 및 기존 해제의 오류 수정

이상의 과정을 통해 본 사업팀의 상세해제 원고는 그 정확성과 구체성을 최대한 높이고 있다. 그 결과 선행 연구 및 기존 해제의 오류를 지속적으로 바로잡아 가고 있다.

서명	본 연구 사업팀 상세해제 원고의 서술
이문잡례 (吏文襍例)	선행 연구에서는 이 책의 서명을 "이문집례(吏文集例)"라 하는 경우가 있으나 "이문잡례(吏文襍例)"가 옳다. 또한 기존 해제 가운데 『유서필지(儒胥必知)』의 '이두휘편(吏讀彙編)'이 『이문잡례』에서 옮겨 실은 것이라고 되어 있는 경우가 있으나 전혀 그렇지 않다.
황려향약 (黃驪鄕約)	기존 연구에서는 이 자료를 1823년(순조 23)의 것으로 추정하였으나 최초 작성연대는 1883년(고종 20)이며 대상지역이 불명이었으나 여주의 4개 동을 대상으로 한 것이다.
대산공이첨록 (臺山公移占錄)	『고선책보』 해제의 수정사항 : 김매순 친필 →필사자 미상 〈규장각〉 해제의 수정사항 : 편저자 미상 → 金邁淳 ; 收藏者 石陵 金英淳 → 金邁淳 ; 藏書記 石陵藏(金英淳) → 金邁淳 ; 章堂別紙 → 籌堂別紙

〈표 7〉 선행 연구 및 기존 해제의 오류 수정 사례

V. 결과물 활용 방안

1. 홈페이지 개통 및 구성 : 본 사업팀은 2012년 4월 13일 DB 구축 전문업체인 한테크미디어와 계약을 체결하고, 연구 성과의 DB를 구축한 자체 홈페이지를 구성하였다.

(http://kostma.korea.ac.kr/riks/)

이에 지속적으로 서지사항, 원문이미지, 상세해제를 DB로 구축하고, 본 사업팀의 집중 연구 성과를 담은 〈집중 연구〉 부분을 특별 관리하고, 반복적인 시스템 오류 점검을 거쳐 2013년 4월에 자체 홈페이지를 개통했다. 이를 통해 일본 동양문고 한국고전적자료의 정보와 기존에 사업팀에서 작성을 완료한 버클리대학교 소장 한국고전적자료의 정보를 동시에 제공하게 되었다. 그리고 자체 홈페이지에 구축한 자료를 한 달마다 중앙허브인 한국학자료센터의 홈페이지(http://www.kostma.net/)에 업데이트하고 있다.

구분	버클리대	동양문고
기본정보(서지목록)	2,100여 종	600여 종(2,000여 종)
상세정보(해제)	350여 종	70여 종(200여 종)
원문이미지	900여 종(2,100여 종)[5]	180여 종(550여 종)

〈표 8〉 현재 DB 구축 자료의 규모

1) 본 사업의 특성상 홈페이지에서 가장 중요한 것은 해당 서적의 서지사항, 원문이미지, 상세해제를 정확하고 편리하게 서비스하는 것이다. 이에 홈페이지에 구축되어 있는 동양문고 및 버클리대 소장 자료의 정보 사항에 대해 연구원들이 반복적으로 전수 검사하여 오류사항을 지속적으로 수정 보완하였다.

---

5) 현재 버클리대학교와 IA(Internet Archive)가 연계하여 버클리대 소장 한국고전적의 원문이미지 촬영 작업이 진행되고 있다. 이 촬영 작업이 완료되면, 버클리대 소장 한국 고전적의 원문이미지 전체를 본 사업팀 홈페이지를 통해 제공할 예정이다.

특히 원문이미지의 열람과 출력에 대해서는 엑티브 X를 사용하지 않고 웹상에서 바로 출력할 수 있는 개방형 플랫폼 형식을 취함으로써 이용자들의 편의를 최대한 돕고자 했다. 그러면서도 원문이미지를 개인의 학술적 연구 목적이 아닌, 상업적 목적으로 무단으로 가공하거나 배포하지는 못하게 조치하였다.

2) 본 사업팀은 동양문고 소장본의 장서인(藏書印)을 〈집중연구〉부분으로 선정하여, 특별 관리하면서 자체 조사 및 연구를 진행하고 있다. 그리고 홈페이지의 〈집중연구〉메뉴에서 장서인을 소개하고 일반인들이 쉽게 이해할 수 있도록 상세하게 설명하고 있다.

무엇보다도 장서인은 개별 자료의 유전 경로를 파악할 수 있는 증거이다. 동양문고 소장본에는 자료의 원 소장자인 조선 문인들의 장서인이 온전한 형태로 남아있는 것들이 많다. 현재 강백년(姜栢年, 1603-1681), 이우(李俁, 1637-1693), 신대우(申大羽, 1735-1809), 안동(安東) 김씨(金氏) 후손가, 구한말 한남서림(翰南書林)의 주인이었던 백두용(白斗鏞) 등의 장서인을 확인할 수 있다.

또한 장서인은 한국 고전적 자료가 유출된 경위를 확인할 수 있는 증거이다. 동양문고 소장본 중 특히 마에마 쿄사쿠(前間恭作), 요시다 도고(吉田東伍), 시데하라 다이라(幣原坦) 등의 장서인은 본 자료가 어떤 경로를 거쳐 동양문고에 보관되었는가를 파악하는 데에 중요한 정보를 제공한다.

이에 본 사업팀은 2013년 4월에 박철상 고문헌 연구가의 특강(〈조선시대 장서인〉)을 개최하여 장서인 연구에 대한 전문적인 지식을 습득하고, 동양문고 소장본 장서인의 조사 및 연구에 관한 자문을 받았다.

3) 본 사업팀은 일본 동양문고 소장 세책본과 방각본을 〈집중연구〉 부분으로 선정하여, 특별 관리하면서 자체 조사 및 연구를 진행하고 있다. 그리고 자체 홈페이지의 〈집중연구〉 메뉴에서 자료를 상세하게 소개하고 연구의 기초를 제공하고 있다.

동양문고에는 31종의 세책본과 11종의 방각본 자료가 소장되어 있다. 특히 안성판(安城版) 방각본 소설과 세책본 자료들이 온전한 형태로 다수 보존되어 있어서 조선후기 출판문화와 방각본 간행 현황을 재구하는데 중요한 근거가 된다.

아울러 동양문고 소장 방각본과 세책본은 조선후기에 급격하게 성장한 대중의 문화적 욕구를 살펴보고, 조선후기 소설 유통의 한 양상을 파악하는 데 중요한 근거 자료이다.

2. **학술대회 개최** : 본 사업팀은 2014년 초에 학술대회를 개최함으로써 사업과 전문 연구와의 연계성을 실질적으로 도모하고, 동양문고 소장 한국 고전적 자료의 중요성을 고취시키려 한다. 아울러 2단계 사업의 의의와 앞으로의 과제에 대해서도 구체적으로 점검하려 한다.

3. **연구 결과물 간행** : 본 사업팀은 서지목록과 상세해제의 DB 구축 작업과 별도로 목록집과 해제집을 간행하려 한다. 또한 학술대회 발표 원고를 수정 보완하여 학술논문집으로 간행하려 한다. 이를 통해 동양문고 소장 한국 고전적의 온라인 서비스와 함께 오프라인 서비스에도 만전을 기하고, 이차적·학제적·국제적 연구를 촉진하려 한다.

4. **국내 유관 기관과의 협력** : 국내 유관 기관과의 협력 관계를 구

축해서 자료와 정보를 제공하는 실질적 도움을 주는 것은 본 사업의 중요한 취지 중 하나이다. 현재 이에 대한 성과는 크게 다음 두 가지 방식으로 진행되었다.

1) 해외 소장 한국 고전적을 조사할 예정인 기관들과의 협력 관계
   ① 2012년도 〈안성판방각본 판본의 실태조사〉 연구 사업단의 요청으로 동양문고본 서적의 이미지 자료 제공
   ② 2013년도 〈이조후기여항문학총서속집 자료수집 및 해제〉 연구신청 사업단의 요청으로 동양문고본 서적의 이미지 자료 제공 협약

2) 콜로키엄, 기획학술대회에 참여해 노하우를 공유하고 협력적 관계 구축
   ① 2012년 6월 29일 60차 열상고전 연구회 57차 학술발표회 발표 :「일본 동양문고(東洋文庫) 소장 한국 고서에 대하여」
   ② 2013년 5월 16일 71회 규장각콜로키엄 강연 발표 :「해외소장 한국 고전적 자료의 정리 현황과 앞으로의 과제 - 연구 사업의 관점에서 -」

5. **고전 강의 및 관련 행사 협력** : 본 사업팀은 앞으로 학생 · 연구자 및 일반 대중 대상의 고전 강의 및 관련 행사에서의 자료 제공에 협조할 것이다.

참고문헌: 동양문고 소장 자료를 대상으로 한 선행 연구 논문

〈학위논문〉

강경호(2011), 「가곡원류계 가집의 편찬 특성과 전개 양상 연구」, 성균관대학교 박
　　사학위논문.

김송죽(2007), 「『남정팔난기』의 문헌적 연구」, 인천대학교 박사학위논문.

노현종(2008), 「현대시에서 나타난 "춘향" 모티프의 수용 양상 연구 : 옥중(獄中)장
　　면을 중심으로」, 아주대학교 석사학위논문.

신선연(2008), 「『續三綱行實圖諺解』연구 : 국어 표기법과 어휘를 중심으로」, 동국
　　대학교 석사학위논문.

윤경덕(1976), 「만언사 연구」, 단국대학교 석사학위논문.

윤미란(2003), 「『숙녀지기』이본 연구」, 연세대학교 석사학위논문.

이경희(2003), 「『장경전』이본 연구」, 연세대학교 석사학위논문.

홍정희(2008), 「옥난빙 연구」, 교원대학교 석사학위논문.

황인완(2008), 「『歌曲源流』의 異本 系列 硏究」, 고려대학교 박사학위논문.

〈학술지논문〉

권순회(2009), 「『고금가곡(古今歌曲)』의 원본 발굴과 전사(轉寫) 경로」, 『우리어문
　　연구』34, 우리어문학회.

김경숙(2007), 「『이대봉전』 異本考-동양문고본을 중심으로」, 『열상고전연구』25,
　　열상고전연구회.

김명호(2010), 「일본 東洋文庫 소장 『燕巖集』에 대한 고찰」, 『한국문화』51, 규장각
　　한국학연구원.

김영진(2012), 「朝鮮 刊 『剪燈新話句解』 諸本 硏究(1)」, 『어문논집』65, 민족어문학회.

김지용(1986), 「東洋文庫本 『歌謠』」, 『시조학논총』2, 한국시조학회.

박갑수(1986), 「東洋文庫本 春香傳(1)」, 『어문연구』14(3), 한국어문교육학회.

박갑수(1987), 「東洋文庫本 春香傳(2)」, 『어문연구』15(1), 한국어문교육학회.

박갑수(1987), 「東洋文庫本 春香傳(3)」, 『어문연구』15(2·3), 한국어문교육학회.

박갑수(2004), 「동양문고본(東洋文庫本) "춘향전"의 문학 문체 양상 -종결어미를 중
　　심으로」, 『선청어문』32, 서울대 국어교육과.

박상석(2009), 「한문소설 『종옥전(鍾玉傳)』의 개작, 활판본소설 『미인계(美人計)』
　　연구」, 『고소설연구』28, 한국고소설학회.

박원호(2003), 「崔溥 『漂海錄』版本考」, 『서지학연구』26, 서지학회.

백진우(2012), 「일본 동양문고 소장 한국 고서에 대해」, 『열상고전연구』36, 열상고
전연구회.

성무경(2005), 「주제별 분류 가곡 가집, 『고금가곡(古今歌曲)』의 문화도상 탐색 -
마에마 교오사쿠[전간공작(前間恭作)] 전사(轉寫) 동양문고본(東洋文庫本)을
대상으로」, 『한국시가연구』19, 한국시가학회.

심우준(1970), 「東洋文庫所藏 重刊本『主題群徵』에 대하여 -特히 板本과 그 資料的
價値는 中心으로-」, 『한국문헌정보학회지』1, 한국문헌정보학회.

유광수(2012), 「세책『옥루몽』동양문고본에 대하여」, 『열상고전연구』35, 열상고
전연구회.

윤성현(2005), 「동양문고본 만언사 연구: 세책 유통의 정황과 작품 내적 특징을 주
로 하여」, 『열상고전연구』21, 열상고전연구회.

이윤석(1995), 「『홍길동전』필사본 연구」, 『열상고전연구』8, 열상고전연구회.

이윤석(1998), 「동양문고본『홍길동전』연구」, 『동방학지』99, 연세대 국학연구원.

이은성(2004), 「19세기 말에서 20세기 초 시조창 향유의 변화양상 -『가요』(동양문
고본)를 중심으로」, 『한민족어문학』45, 한민족어문학회.

임태삼(1984), 「日本에 所藏된 韓國古典 및 活字本의 歷史的 考察」, 『경성대학교 논
문집』5(1), 경성대학교, 1984.

김경숙(2004), 「동양문고본『남정팔난기』연구」, 『열상고전연구』20, 열상고전연
구회, 2004.

전상욱(2008), 「세책 대출장부 연구1: 세책 대출장부의 유형과 실상」, 『열상고전연
구』27, 열상고전연구회.

전상욱(2008), 「세책 대출자의 특성에 대한 연구 -동양문고본 대출장부를 중심으로」,
『고소설연구』26, 한국고소설학회.

정명기(2003), 「세책본소설의 간소에 대하여 -동양문고본『삼국지』-를 통하여 본」,
『貰冊 古小說 硏究』, 혜안.

정명기(2003), 「세책본소설의 유통양상 -동양문고 소장 세책본소설에 나타난 세책
장부를 중심으로」, 『고소설연구』16, 한국고소설학회.

조정윤(2012), 「『左溪裒談』연구 -저자 문제와 이본 검토를 중심으로-」, 『한문학논
집』35, 근역한문학회.

주형예(2002), 「동양문고본『현수문전』의 서사적 특징과 의미」, 『열상고전연구』
15, 열상고전연구회.

한의숭(2006), 「『於于野談』이본 소개-경북대 소장본을 중심으로」, 『영남학』10, 경
북대 영남문화연구원.

한국의 돈황학(敦煌學)과
『돈황학대사전(敦煌學大辭典)』 번역

정광훈[*]

Ⅰ. 돈황(敦煌)과 돈황학(敦煌學)

돈황은 중국 서북쪽 감숙(甘肅)성에서도 더 서북쪽으로 치우친 현급(縣級) 도시로 행정구역상으로는 주천(酒泉)시 관할이며, 흔히 서역과 중앙아시아로 통하는 실크로드의 관문으로 여겨진다. 역사적으로 교통의 요지이자 문화의 교차 지역이었던 돈황은 특히 위진(魏晉) 시대부터 본격적으로 발달하기 시작하여, 수(隋)·당대(唐代)에 이르면 경제, 지리, 문화 등 각 방면에서 최고의 전성기를 구가한다. 중국 남북조(南北朝) 문학 연구의 대가 차오따오헝(曹道衡) 선생은 돈황의 문화적 중요성과 그 배경에 대해 이렇게 말했다.

---

* 고려대학교 민족문화연구원 HK연구교수

돈황과 주천 역시 서량(西凉) 이고(李暠)가 차지한 땅이었다. 서진(西晉)이 멸망할 때 많은 사대부들이 이 지역의 양주(凉州)로 도망을 왔기 때문에 하서(河西) 지역이 북방의 문화 중심이 되고 황하 중하류 일대와 비교하여 글을 잘 짓는 지식인들이 더 많았다.[1]

수나라 때는 전국을 통일한 후 행정 구역을 개편하면서 기존의 과주(瓜州)를 돈황군(郡)으로 바꾸고 그 아래에 돈황, 상락(常樂), 옥문(玉文)의 세 현을 설치한다. 여기에 수 문제(文帝)는 불교를 숭상하면서 돈황에서 특히 불교와 관련된 각종 문화 사업들을 펼친다.[2] 이렇듯 행정적으로나 문화적으로나 당시 돈황은 발달할 수밖에 없는 조건에 있었고, 실제로도 문화의 생산을 책임질 많은 문인과 예인들이 돈황으로 흘러들어갔다. 이후 돈황 지역의 문화적 전통은 8세기 후반 토번(吐蕃)이 점령한 몇 십 년을 제외하고 북송(北宋) 초 서하(西夏)가 침략할 때까지 계속 이어졌으며, 이러한 상황은 미술, 음악, 건축을 비롯한 각종 예술의 창작과 다양한 언어의 서적 출판을 위한 주요 배경이 되었다.

돈황학(敦煌學)은 돈황의 중요성을 인식한 많은 사람들이 연구를 거듭하면서 하나의 학문으로 정립된 용어이다. 중국에서는 갑골문을 연구하는 갑골학(甲骨學), 『홍루몽(紅樓夢)』을 연구하는 홍학(紅學)처럼 특정 작품이나 연구 대상을 해당 학문의 이름으로 정한 경우는 있으나, '돈황학'처럼 하나의 지역이 학문의 이름으로 쓰인 경우는 찾아보기 힘들다. 그만큼 '돈황'이라는 지역 자체가 갖는 학술적 의

---

1) "敦煌, 酒泉又是西凉李暠所據之地, 在這些地區, 由於西晉滅亡時有許多士大夫逃奔凉州, 因此河西地區造成了一個北方的文化中心, 較之黃河中下游一帶, 有更多的能文之士." 曹道衡, 『南朝文學與北朝文學研究』(南京: 江蘇古籍出版社, 1998), 23쪽.
2) 聶鋒·祁淑虹 著, 『敦煌歷史文化藝術』(甘肅: 甘肅人民出版社, 2007), 82쪽.

미가 크다는 것이다. 중국 근대의 유명 학자 천인취에(陳寅恪)가 천
위안(陳垣)의 『돈황겁여록(敦煌劫餘錄)』서문에서 처음으로 사용한
이 용어는 앞서 언급한 역사적 배경을 갖고 출발했다고 볼 수 있다.
비록 20세기에 들어와서 정립된 학문이긴 하지만, 돈황이 문화적으
로 급속히 발달하기 시작한 위진남북조, 수당 시대가 곧 돈황학의 배
경이 되었다는 말이다. 현재 중국돈황투르판학회 회장을 맡고 있는
하오춘원(郝春文) 교수는 이러한 돈황의 역사적 의미에 착안하여 돈
황 지역의 특성을 '실크로드 무역을 특징으로 하는 상업도시', '중서
(中西) 문화교류의 문화 도시', '다양한 민족이 집거하는 도시', '국가
적 수준의 지방 문화를 갖춘 도시'라는 네 가지로 정리했다. 그에 따
르면 돈황 지역은 한대에 실크로드가 개통된 이후 발달하기 시작하
여 수대와 당대를 거치면서 전성기를 이루다가, 오대와 송대 이후부
터는 중앙 정부의 통제와 중원 문화와의 관계가 점차 약화되면서 문
화적 수준까지 함께 낮아지게 된다.3)

　'돈황학'이 독립적 학문이 된 결정적 계기는 장경동(藏經洞)의 발
견이다. 장경동은 돈황 막고굴(莫高窟) 제 17굴의 또 다른 이름으로
서, 바로 이곳에서 수많은 경전이 발견되어 붙여진 이름이다. 장경동
은 1900년에 돈황 막고굴의 관리를 맡고 있던 도사 왕위안루(王圓
籙)에 의해 발견되었다. 북송 초에 석굴의 벽이 닫힌 후 거의 1천년
이 지나 세상의 빛을 다시 보게 된 것이다. 이후 장경동의 수많은 자
료들은 영국, 프랑스, 일본, 러시아 등의 탐험대에 의해 해외로 반출
된다. 자료 중 90% 이상이 불교와 관련된 것들이며, 그 밖에 경서,
문학 작품, 사서, 교재, 짧은 메모, 계약서 등도 적지 않다. 그중에는

---

3) 2013년 여름 고려대 민족문화연구원 IDP SEOUL이 주관한 "돈황 및 실크로드
　국제학술회의"(蘭州大學, 2013.7.22)의 주제강연 〈고대 돈황 문화의 특징(古代敦
　煌文化的特點)〉에서 참고.

이런 자료들이 실제로 쓰이던 당시에도 대단히 귀중했을 것으로 추정되는 자료들도 있는 반면, 낙서나 습자(習字) 책, 조악한 스케치처럼 당시에는 아무런 가치도 없었을 것으로 추정되는 자료들도 상당수 포함되어 있다. 그러나 연구의 관점에서 보면, 당시에는 가치가 없었을 자료들이 오히려 그 시대의 모습을 진솔하게 반영할 수도 있다. 특히 간략한 메모나 땅문서, 계약서 등은 당시의 사회상을 직접 볼 수 있다는 점에서 매우 귀중한 자료들이다. 자료들의 언어는 한자가 주류를 이루나 티베트어, 위구르어, 소그드어 등 당시 돈황 지역에서 활동했던 다양한 민족의 언어도 포함되어 있다. 이 점 역시 당시의 돈황이 국제적 문화의 집결지였음을 말해준다.

II. 돈황학과 한국, IDP SEOUL

돈황학은 좁게는 돈황 막고굴 예술과 장경동 자료에 관한 학문이지만, 넓게는 돈황을 중심으로 한 실크로드 혹은 동서 문화교류에 관한 전반적 학문으로 볼 수 있다. 중국의 인도학과 문화사 연구의 대가이자 『돈황학대사전』의 주편이기도 한 지셴린(季羨林) 선생은 "돈황은 중국에 있지만 돈황학은 세계에 있다"(敦煌在中國, 敦煌學在世界)라는 유명한 말을 남겼다. 이 말은 세 가지 의미를 내포한다. 즉, 돈황 자체가 동서문화 교류의 중심지였다는 것, 그리고 그곳에서 발견된 수많은 자료들 역시 문화교류와 직접 연관이 있다는 것, 마지막으로 현재 돈황 자료의 대다수가 중국이 아닌 다른 나라에 있기 때문에 국제적 범위의 학문이 반드시 필요하다는 의미이다. 이런 이유로 한국의 돈황학 역시 단순히 돈황이라는 지역과 한국의 역사적 관계를 의미하는 것이 아닌 실크로드학의 중요한 부분으로서 파악할 필

요가 있다. 그래야 한국이 동서문화의 교류에 있어서 어떤 역할을 했
는지 좀 더 넓은 관점에서 살펴볼 수 있을 것이다.4)

돈황학과 한국의 관계에서 가장 직접적이면서 잘 알려진 사례는
신라승 혜초(慧超)의『왕오천축국전(往五天竺國傳)』이다. 이 두루마
리 사본 역시 돈황 장경동에서 발견되어 20세기 초 프랑스로 반출되
었으며 현재 프랑스국립도서관에 소장되어 있다. 2010년에는 원효
(元曉)의『대승기신론소(大乘起信論疏)』가 중국, 영국, 러시아 등지
에서 발견되었다. 이 역시 장경동에서 발굴된 자료이다. 미국의 돈
황학자 빅터 메어는 일본 돈황학자 나바 토시사다(那波利貞)의 논문
「당대의 돈황 지역에 조선인들이 흘러들어와 살게 된 것에 대하여
(唐代の燉煌地に於ける朝鮮人の流寓に就きて)」에 근거하여 당대
돈황 지역에 신라의 승려들이 집단적으로 거주하던 지역이 있었고
그들이 돈황 지역의 문화를 한반도로 가져왔을 것이라고 주장한
다.5) 그리고 최근에는 돈황 지역의 불교 석굴 중 약 40여 개에 고대
한국인의 형상이 묘사되어 있고, 당송 시대 돈황 지역에 사(似)씨, 천
(泉)씨, 신성(新城)씨 등 한국 성씨를 가진 주민들이 적지 않게 거주
하고 있었다는 논문도 발표되었다.6) 위의 몇 가지 예가 말해주듯이
돈황학과 한국의 가장 큰 접점은 역시 불교에서 찾아야 할 것이다.
특히 한국이 고대 동아시아 불교 의식을 잘 보존하고 있다는 점에서
돈황의 수많은 불교 자료들에 근거해 현재 한국의 불교문화를 살펴

---

4) 필자는「실크로드학으로서의 한국 돈황학(作爲絲綢之路學的韓國敦煌學)」이라는
기고문에서 한국 돈황학의 방향과 문제점에 대해 간략히 논한 바가 있다.『絲綢
之路(The Silk Road)』, 第239期, 西北師範大學, 26~27쪽.
5) 빅터 메어(Victor H. Mair),『그림과 공연(Painting and Performance)』, 김진곤·
정광훈 옮김, 소명출판, 2012, 277쪽.
6) 李新,「돈황석굴 고대 한반도 인물 도상 조사연구(敦煌石窟古代朝鮮半島人物圖
像調査研究)」, "돈황 및 실크로드 국제학술회의"(蘭州大學, 2013.7.22.) 논문집
65~80쪽.

볼 필요가 있으며, 역으로 한국의 불교 의식을 통해 당대의 불교문화
에 대한 고찰도 가능할 것이다. 뿐만 아니라 이들 불교와 함께 교류
되었을 복식, 음악, 미술, 문학, 공연 관련 자료들도 고대 한국의 문
화사 연구에 큰 도움이 될 것이다.

　국제돈황프로젝트 'IDP'(International Dunhuang Project)는 장경
동에서 발굴된 수많은 자료들의 이미지를 인터넷으로 제공하기 위해
기획된 프로젝트로서 1994년 영국 런던에서 시작되었다. IDP의 웹
사이트(idp.bl.uk)에서는 고성능의 카메라로 하나하나 찍은 돈황 및
실크로드 자료들을 연구에 충분히 쓰일 수 있을 만큼 선명하게 제공
한다. 많은 시간과 인력을 필요로 하는 작업이라 현재 모든 자료가
데이터화되진 않았으나, IDP에 가입되어 있으면서 자료를 소장하고
있는 각국의 기관들이 전체 자료에 대한 서비스 제공을 위해 지금도
계속 작업을 진행 중이다. 현재 IDP 본부는 영국 국가도서관에 있으
며 프랑스, 러시아, 독일, 일본, 중국, 한국, 스웨덴에 각국의 센터가
있다. 중국에는 북경과 돈황 두 곳에 센터를 두고 있다.

　한국의 IDP 센터인 'IDP SEOUL'은 2010년 12월 고려대 민족문화
연구원에 설립되었다. IDP는 돈황에서 발견된 수많은 사본들을 매
개로 국제적 네트워크를 마련하고 관련 자료를 보존하고 연구함으로
써 돈황학을 세계적 학문으로 넓히고 있다. 다른 국가와 달리 한국은
돈황 사본을 거의 소장하고 있지 않으나, IDP가 돈황 사본에 제한되
지 않고 중앙아시아와 실크로드 유물의 이미지까지 제공하고 있는
추세에 따른다면, 현재 국립중앙박물관에 소장된 1700여 점의 서역
유물이 한국에서는 IDP의 이미지 제공 서비스에 가장 알맞은 자료
라고 할 수 있을 것이다.[7] 이런 상황을 고려하여 IDP SEOUL은 관

---

7) 현재까지 국내 기관에 소장되어 있는 것으로 확인된 한국 소장 돈황 장경동 불경
　사본은 영남대도서관 소장본 「大般涅槃經卷第三」과 「大般涅槃經金剛身品第二」

련 자료를 찾고 정리하는 작업과 함께 연구에 초점을 맞추어 한국의
돈황학 및 실크로드학과 관련한 학술 사업을 활발히 진행하고 있다.
아울러 센터 출범과 함께 한국인들이 IDP의 수많은 자료들에 쉽게
접근할 수 있도록 웹페이지 전체를 한국어로 번역하고 한국어로 데이
터를 검색할 수 있는 시스템을 마련하였다. IDP의 한국어 데이터베
이스와 웹사이트는 고려대 민족문화연구원의 서버를 통해 서비스되
고 있다(idp.ac.kr). 현재 IDP SEOUL은 연구와 학술사업 중심으로
운영되고 있으나, 장기적으로는 한국 내 돈황 및 실크로드 자료를 소
장하고 있는 개인이나 단체, 기관과 연합하여 소장 자료의 이미지 제
공 서비스와 연구 활동을 병행하는 방향으로 나아가야 할 것이다.

Ⅲ.『돈황학대사전』번역 진행 과정과 의의

3.1.『돈황학대사전』소개 및 서지사항

중국에서는 1997년과 1998년에 돈황학과 관련한 두 가지 대작이
연이어 출판되었다. 1997년에는 황정(黃征), 장용천(張涌泉)이 집주
한 『돈황변문교주(敦煌變文校注)』가, 1998년에는 지센린 주편의
『돈황학대사전』이 출판된 것이다.[8] 앞의 책은 돈황 문학에 관한 그
간의 연구 성과를 교주의 형식으로 모은 것이고, 뒤의 책은 돈황학
전반에 관한 연구의 집대성이라 할 수 있다. 그중 본고에서 소개하는

합권이 유일하다. 이 자료의 해제는 洪瑀欽, 「〈大般涅槃經卷第三〉·〈大般涅槃經
金剛身品第二〉解題」,『中國語文學』, 제3집, 1981년 10월, 613-642쪽 참고.
8)『돈황변문교주』는 전홍철·정병윤·정광훈의 번역으로 한국어판이 곧 출간될
예정이다. 이 번역은 세계 최초의 돈황 변문 완역이라는 점에서 의미가 크다.

『돈황학대사전』은 중국돈황투르판학회, 돈황연구원, 상해사서출판사의 합작으로 13년에 걸친 자료수집과 집필을 거쳐 출판되었으며, 원로에서 중견, 청년학자까지 중국, 대만, 러시아의 돈황학 연구자 120여 명이 저자로 총동원되었다. 당시 비교적 젊은 나이에 저자로 참여한 하오춘원, 롱신장(榮新江), 팡광창(方廣錩), 왕산칭(王三慶), 정아차이(鄭阿財) 등이 지금은 중국과 대만의 돈황학을 선두에서 이끌고 있다. 저자들은 자신의 전공분야에 따라 돈황학의 각 분야에 대한 집필을 분담하였으며, 수많은 사진과 그림 자료들을 함께 넣어 독자의 이해를 도왔다. 현실적으로 벽화나 유물의 모든 부분을 세밀히 관찰할 수 없다는 점을 감안하면,『돈황학대사전』중에서 회화, 복식, 도안, 건축 등의 항목에서 간결하면서도 정확한 스케치로 문자 설명에 첨부한 벽화와 유물의 그림은 지금도 대단히 귀중한 연구 자료가 되고 있다.『돈황학대사전』은 중국국가도서상과 같은 권위 있는 도서상을 여러 차례 수상하며 그 가치를 인정받아왔다. 책의 서지사항은 아래와 같다.

지센린(季羨林) 주편, 상해사서출판사(上海辭書出版社),
1998년 12월 초판 1차 인쇄.
총 2,411,000자(한자), 한국어 번역시 추정 원고 약 20,000매.
총 60여 분야(표제어 분류 항목은 총 33항)의 6,925개 표제어,
채색그림 123폭, 텍스트에 딸린 삽도 626폭.

표제어 분류

    총론/석굴 고고학/각 시대의 예술과 대표 굴/채색 조소/본생고사화, 인연고사화, 설법도/경변화(經變畵)/불교사적화, 서상도, 보살 화상/비천 화상, 신도(神道) 화상/공양 화상 및 기타/건축화(建築畵)/생산 생활화, 산수화/도안/복식/벽화 기법/석굴 보호/장경동 유화(遺畵)/음

악, 무용/서법, 인장/지리/역사 인물/정치, 법률, 군사, 경제/서의(書
儀), 사읍(社邑), 민속, 사경(寫經)의 제기(題記)/민족, 토번 장문(藏
文), 회골문(回鶻文), 우전어(于闐語), 속특어(粟特語, 소그드어), 서하
문(西夏文), 범문(梵文)/언어, 문학/판본, 교육, 체육/산학(算學), 천문
역법, 의학, 점복/사원(寺院)/불교 전적/도교, 마니교, 경교 전적/사부
서(四部書)/공사(公私) 소장처, 일련 번호/저작, 간행물/학술조직, 학
술회의, 전시/근현대 인물

3.2. 『돈황학대사전』 번역 사업의 진행 상황

『돈황학대사전』은 고려대 민족문화연구원과 금강대 불교문화연
구소 두 연구기관의 공동 작업으로 진행되고 있다. 두 연구기관이
HK 사업의 일환으로 공동 번역을 기획하고 합의한 것이다. 그 동안
의 번역 진행 상황과 향후 일정은 아래와 같다.

2012년 3월: 고려대 민족문화연구원과 금강대 불교문화연구소가 HK
　　　　　사업의 일환으로 공동 번역 합의
2012년 8월: 정식 협정 체결
2012년 9월: 번역자 선정 및 전공에 따른 번역 분담
2012년 9월: 번역자 1차 모임, 1차 번역 통일안 합의(부록 참고)
2012년 10월: 번역자 2차 모임, 2차 번역 통일안 합의(부록 참고)
2012년 10월: 『돈황학대사전』 공동 번역 인터넷 카페 개설
2012년 12월: 하오춘원 중국 대표저자 면담
2013년 1월: 한국 측 출판사 물색 및 선정(소명출판)
2013년 11월: 중국출판사와 한국출판사 출판 계약
2013년 11월: 민족문화연구원, 불교문화연구소, 출판사 간 계약

2014년 2월: 초고 완성

2014년 4월: 『돈황학대사전』 번역 관련 돈황학 학술회의 개최

2015년 4월: 원고 윤독, 교정, 편집, 감수 완료

2015년 5월: 『돈황학대사전』 한국어판 출판

2015년 6월: 『돈황학대사전』 한국어판 출판 기념 학술대회 개최

두 연구기관이 공동 번역 사업을 정식 협정한 후 현재는 각 기관별 번역자들이 각자 맡은 부분을 번역하고 있으며, 아울러 두 기관의 번역 책임자가 출판사 계약, 번역 일정, 관련 학술 사업 등 제반 사항을 기획, 체크하고 있다. 아래에서는 위의 진행 상황 중에서도 따로 언급할 필요가 있는 몇 가지 사항과 문제점을 소개하고자 한다.

3.2.1. 번역자

번역자로는 두 기관이 최대한 전공 분야에 맞게 물색한 철학, 역사학, 종교, 문학, 미술, 음악, 건축 등 각 분야의 전문 연구자 20여 명이 참여하고 있다. 두 기관의 성격을 고려하여 금강대 불교문화연구소는 『돈황학대사전』의 여러 분야 중 경전, 불교 벽화, 불교 전적과 미술 등 대부분 불교와 관련된 부분을 맡고, 고려대 민족문화연구원은 역사학, 어문학, 생활화와 복식, 학술 등의 분야를 맡았다. 두 기관의 전문 연구 분야가 다른 만큼 서로 보완이 가능하고 번역의 과정에서도 상호 간에 도움을 줄 수 있을 것이다. 아울러 번역자의 책임을 분명히 하기 위해 각 표제어마다 '鄭阿財/정광훈' 식으로 저자와 역자의 이름을 명시할 계획이다. 원서에서 표제어마다 저자를 밝힌 방식에 따라 그 표제어를 번역한 역자의 이름까지 더하는 것이다.

역자는 해당 분야에 대한 전문 지식을 갖추어야 하고 수준 높은 학

술 중국어를 자연스러운 우리말로 번역할 수 있어야 한다. 그러나 이 두 가지 조건을 겸비한 역자를 찾는 일이 쉽지 않아 사업을 진행하는 과정에서 원래 역자가 빠지기도 하고 새로운 역자가 더해지기도 했다. 역자마다의 번역 스타일과 장단점이 다른 만큼, 전체 원고를 취합하고 교정하는 과정에서 상당한 어려움이 따를 것으로 예상된다. 그렇기 때문에 사전에 최대한 번역 방식과 문체 등을 통일할 필요가 있다. 두 번에 걸친 번역자 모임에서 번역안을 통일하고, 번역 시의 의견이나 의문점 등을 즉시 공유하기 위해 인터넷 카페를 개설한 것 등이 문제의 해결을 위한 현재까지의 방안들이다.

3.2.2. 저자와의 면담과 내용의 수정

120여 명의 학자가 저자로 참여한 대사전이기 때문에 오히려 번역의 과정에서 저자와의 협조가 쉽지 않을 것으로 보인다. 2012년 12월 북경에서 면담을 가진 하오춘원 수도사범대학 교수는 역사학 분야에서 비교적 많은 분량을 책임진 대표저자 중 한 명이다. 그는 주편인 지셴린 선생이 작고한 상황에서 한국어판 번역을 선뜻 책임질 저자를 찾기는 힘들 뿐 아니라, 각 저자가 모두 자신의 글에 대한 권리가 있기 때문에 수정과 보완이 필요한 경우 원문의 내용을 손상하지 않고 반드시 주석을 통해 표시해줄 것을 요구했다. 아울러 현실적으로 모든 저자와 접촉할 수는 없으므로 판권을 가진 출판사와의 관계가 대단히 중요하며 필요한 여러 자료들을 출판사에 요구할 수밖에 없다. 출판사에서도 이미 찾기 힘들어진 자료의 경우는 저자의 협조를 최대한 이끌어내야 한다.

3.2.3. 행정과 관리상의 문제

서로 다른 두 대학의 연구기관이 공동으로 사업을 진행하는 만큼 번역자 관리와 행정 처리 등에서 문제가 발생할 수 있다. 실제로 두 기관의 예산 집행 방식과 업무 일정이 달라 제반 사항의 처리가 뒤로 미뤄진 경우가 있었고, 하나의 사안을 두고도 두 기관이 개별적으로 논의를 한 후 다시 협의를 해야 하기 때문에 시간이 더 지체되기도 하였다. 예를 들어, 출판사와의 계약 방식 및 조항과 관련하여 '갑1, 갑2, 을'이라는 삼자 계약방식을 결정할 때 적지 않은 기간이 걸렸고, 또 개별 번역자와의 계약 문제에서도 두 기관의 예산 집행 방식이 달라 약간의 의견 충돌이 있기도 했다. 그러나 이는 사업의 공동 추진 과정에서 부닥칠 수밖에 없는 문제들로서 최종 출판까지도 이런 문제들은 적지 않게 도출된 것으로 보인다. 그러므로 두 기관의 번역 진행 상황을 공유하고 원활한 작업 관리를 위한 정기적 논의가 필요할 것이다.

3.3. 『돈황학대사전』 한국어판 번역의 의의와 한계

『돈황학대사전』 번역의 의의는 곧 돈황학이 우리에게 주는 의미 이다. 위의 표제어 분류표에서 알 수 있듯이, 『돈황학대사전』은 불교 전적과 예술을 위주로 하여 역사, 철학, 종교, 예술, 어문학 등 거의 모든 학문 분야를 아우르고 있다. 고대의 한국인이 중국을 넘어서 실크로드를 통해 중앙아시아, 인도까지 활발히 진출한 것은 잘 알려진 사실이다. 그중에는 승려도 있고 사신도 있고 장사치도 있었다. 이들은 현지의 문화를 한국으로 가져오고 또 한국의 문화를 그곳으로 가져가기도 했다. 그렇기 때문에 돈황이라는 지역에 대한 역사적 연구의 집대성이자 그곳에서 출토된 서적과 유물, 문화 관련 자료의 총괄이라 할 수 있는『돈황학대사전』은 한국의 문화사 연구를 위한 외국의 기본 자료로서 충분히 그 가치를 인정받아야 한다. 특히 당대의 돈황이 불교의 중심이자 각국의 수많은 승려들이 머물던 곳이었던 만큼, 돈황을 비롯한 실크로드 상의 핵심 도시들이 가장 발달했던 시기의 불교 자료들을 살펴봄으로써 해당 시기 한국의 불교문화와 의례 등을 고찰하고 나아가 현재 한국 불교문화의 뿌리까지 탐구할 수 있을 것이다. 뿐만 아니라 고대 한국인의 발자취가 한반도에만 머물지 않고 중국 북부의 초원 지역과 돈황, 중앙아시아, 실크로드 상에도 적지 않게 남아있는 점을 고려하면, 흔히 서역이라고 하는 중앙아시아 여러 민족들의 유물과 자료들에 대한『돈황학대사전』의 정리와 소개는 한국을 중심으로 한 동서문화 교류사 연구에도 큰 역할을 하게 될 것이다.

『돈황학대사전』한국어판 번역의 또 한 가지 의미는 앞서 언급했듯이 이 사업이 두 HK 연구사업단의 공동 연구로 진행되고 있다는 점이다. 하나의 프로젝트에 대한 두 HK 사업단의 공동 연구 협의와 사업 진행은 이전에는 시도되지 않은 새로운 방식이다. 그렇기 때문에 위에서 소개한 것처럼 사업 진행 과정에서 여러 시행착오가 있을 수밖에 없고 실제로도 몇 가지 문제점이 노정되었다. 그러나 두 사업단의 합의에 따라 향후 이런 문제점들을 공동으로 해결하고 순조롭게 사업을 마친다면 향후 국가 연구지원 사업의 공동 수행이라는 좋은 선례를 남길 수 있으리라 생각된다.

현재의 관점에서『돈황학대사전』번역이 가지는 가장 큰 한계는, 이 책이 1998년 출판이기 때문에 책이 완성되기까지의 준비 기간까지 고려하면 근 20년 전까지의 돈황학 연구의 집대성이라는 점이다. 앞서 언급한 저자 하오춘원 교수와의 면담에서 번역자 대표가 이 문제를 제기하며 수정 보완의 계획이 있는지 문의했다. 하오춘원 교수에 따르면, 1998년 정식 출판 이후 실제로 여러 차례 수정판 발간을 위한 저자 모임을 가졌고 2007년에는 거의 출판을 결의하는 단계까지 이르렀으나, 저자들의 개인 사정과 최초 출판 때처럼 연구 인력을 집결시킬 수 없는 한계 등으로 인해 결국 성과를 내진 못했다. 그러나 1990년대 중반이 중국에서 가장 많은 돈황 연구자들이 가장 적극적으로 돈황학을 연구한 시기라는 점을 고려하면, 돈황학의 전성기에 출판된『돈황학대사전』은 원서 그 자체에 하나의 완결된 저서로서의 가치를 부여해야 할 것이다. 하오춘원 교수가 수정과 보완이 필요할 경우에는 반드시 주석으로 처리해 달라고 당부한 것도 바로 이런 이유 때문이다.『돈황학대사전』이 출판된 이후에도 계속 등장하고 있는 돈황학 관련 개설서와 연구성과 목록 등은『돈황학대사전』의 한계를 메워주는 또 다른 단행본들로 그 자체의 의미를 갖는다. 아울러『돈황학대사전』한국어판에서는 한국의 돈황학 연구자, 연구사, 연구 성과 등을 조사하여 부록으로 넣음으로써『돈황학대사전』의 연구사적 의미를 계승하고 한국어판『돈황학대사전』이 갖는 의미를 좀 더 분명히 나타내고자 한다.

참고문헌

빅터 메어, 김진곤 · 정광훈 역(2012), 『그림과 공연』, 소명출판.

蕭鋒 · 祁淑虹(2007), 『敦煌歷史文化藝術』(돈황의 역사 문화 예술), 甘肅人民出版社.

季羨林 主編(1998), 『敦煌學大辭典』(돈황학대사전), 上海辭書出版社.

李新(2013), 「敦煌石窟古代朝鮮半島人物圖像調査研究」(돈황석굴 고대 한반도 인물 도상 조사연구), "돈황 및 실크로드 국제학술회의"(蘭州大學, 2013.7.22) 발표 논문.

정광훈(2012), 「作爲絲綢之路學的韓國敦煌學」(실크로드학으로서의 한국 돈황학), 西北師範大學 편, 『絲綢之路(The Silk Road)』239.

曹道衡(1998), 『南朝文學與北朝文學硏究』(남조문학과 북조문학 연구), 江蘇古籍出版社.

郝春文(2013), 「古代敦煌文化的特點」(고대 돈황 문화의 특징), "돈황 및 실크로드 국제학술회의"(蘭州大學, 2013.7.22) 주제 강연.

洪瑀欽(1981), 「〈大般涅槃經卷第三〉 · 〈大般涅槃經金剛身品第二〉 解題」, 『中國語文學』3.

黃征 · 張涌泉 校注(1997), 『敦煌變文校注』(돈황변문교주), 中華書局.

부록1:『돈황학대사전』번역 형식 통일안

1. 번역문 형식에 관한 1차 통일안(2012년 9월)

◎ 한자 표기에 관한 통일안

* 표제어를 하나의 단위로 삼아 그 안에서 처음 나오면 병기한다. 한글로 먼저 독음을 쓰고 한자를 괄호 없이 병기. ex) 병기倂記

* 고유명사는 기본적으로 한자를 병기한다.

* 표제어에서 제목을 풀이해주어야 하는 경우 한글 풀이를 쓰고 괄호 안에 원래 한자 제목을 써준다. ex) 술 빚는 그림(釀酒圖)

* 人名일 경우, 과거와 현대인 모두 우리식 한자독음으로 쓰고 한자 병기. 표제어 속에서 다시 등장하면 한자 병기 없이 한글로 한자음만 쓴다. ex) 임이북任二北

* 지명은 기본적으로 우리식 한자독음으로 쓰고 한자 병기. 단, 통상적으로 쓰이는 표기법이 따로 있다면(소수민족 언어나 티베트 등) 연구서와 최근의 동향을 살펴서 반영할 것. 인명과 마찬가지로 표제어 속에서 같은 지명이 다시 등장하면 두 번째부터는 한자 병기 없이 한글 한자음만 쓴다.

* 고유명사는 아니나 한자 병기가 필요하다고 생각되는 단어 또한 한자 병기.

* 인용문은 번역문을 먼저 넣고 괄호는 생략한 채 원문을 쓴다. 따옴표 안에 같이 넣는다.

* 인용문 원문은 아무리 길어도 다 써준다.

* 인용문 가운데 그 의미가 중요한 게 아니라 '글자의 오류' 혹은 문헌
  학적 내용 등을 지적하는 예문의 경우는 한자만 쓴다. 한글 번역은
  하지 않는다. 기타 한글 번역이 들어가면 오히려 이해에 방해가 된
  다고 생각되는 경우에는 생략 가능. ex) '葉淨能'의 '淨'은 '靜'이나
  '靖'으로도 쓴다.
* 한자음과 실제 발음이 다른 단어의 경우 대괄호를 써서 표기한다.
  ex) 캄포[贊寶]
* 불경의 '品'과 그 순서가 나오면 원문대로 순서까지 다 써준다. ex)「
  금강신품金剛身品」제오第五

◎ 고유 명사 표기에 관한 통일안
  * 중국식 단위(丈, 尺 등)가 등장하면 본문 그대로 한자음을 쓰고 한자
    병기.
  * 인명은 본문에 字 또는 名만 간단히 표기되어 있더라도 성까지 다
    붙여서 쓰도록 한다. ex) 서량왕 이호의 아들 담, 양, 순 → 서량왕
    이호의 아들, 이담, 이양, 이순
  * 서명은 원명 그대로 모두 표기하도록 한다.ex) 통감 → 자치통감
  * 연도 표기 예시 : 정광正光 6년(525)
  * 우리식 표기가 불분명한 표기는 등장할 때마다 익숙한 표현, 학계
    통용 표현을 찾아 쓴다.ex) '무측천' or '측천무후' /'도로반' or '투르
    판' / '캄포'or '왕' (밑줄 친 단어로 씀.)
  * 관직명은 끝까지 다 띄어쓰기 없이 붙여서 쓴다.

◎ 부호 및 기호에 관한 통일안
  * 서명 표기에 쓰이는 부호 등은 전각/반각을 구분하여 쓸 것. 스타일
    양식 참조.

* 본문은 중국식으로 서명, 그림, 작품명 모두 괄호 구분 없이 쓰고 있으나, 번역문에서 서적은 쌍괄호『 』, 그림 및 작품명은 단괄호「 」를 쓰도록 한다. 쌍괄호와 단괄호는 모두 겹낫표로 통일한다.
* 본문에 포함되어 있는 괄호는 번역문에도 그대로 반영. 추후 편집 과정에서 처리.
* 본문에서 다른 표제어를 참조하라는 부분('卽'과 '見' 등으로 표기되어 있음)은 별도의 부호 없이 아래 줄에 '參見'은 '~을 참조'로, '卽'은 '~을 말함'으로 표기한다.

◎ 기타

* 번역의 어투는 사전임을 감안하여 되도록 간결하게 한다. 단, 기본적으로 어미는 '~임' 이 아닌 '~이다.'로 통일한다.
* 필요시 역주 삽입, 그 위치는 각 표제어를 한 단위로 삼아 그 항목의 번역문 아래에 부기한다.
* 각 표제어마다 마지막에 저자와 역자를 괄호 안에 넣어 표기한다. 중국인 이름은 한자 그대로 / 역자 이름 한글로. ex) (柴劍虹/정광훈)
* 조대 표기('代'의 처리 등)는 원문에 의거하여 자연스럽게 한다. 한자를 뒤에 괄호 없이 병기한다. ex) 당오대唐五代
* '北圖'라는 표현에 대하여, 우선은 '국가도서관'이라 표기하고 범례에 미리 밝힌다. 북도는 북경도서관(현 국가도서관)을 가리키며, 그 뒤에 나오는 글자는(ex.珍11) 일련번호를 뜻함. 일련 번호 또한 원문을 따라서 그대로 표기한다. 다만 '北珍11' 같은 경우는 '북경도서관 珍자 목록 11번'으로 표기하지 않고 '北珍11'로 그대로 표기하고 앞쪽의 범례에서 그 의미가 무엇인지 미리 밝힌다.
* 양사 '號'의 처리. 익숙하지 않은 양사의 경우 범례에 표기하도록 한다. 두루마리 등을 세는 양사로 추정되나, 우선은 '점'이라는 양사 대

신 '호'라고 그대로 쓴다.

* 두루마리를 다룬 문장에서 자주 등장하는 단어 '首尾'의 처리: '首尾'
는 '수미'라고 번역. 단, '首'와 '尾'가 단독으로 나오면 각각 '첫 부분'
과 '끝 부분'으로 번역한다.

2. 번역문 형식에 관한 2차 통일안(2012년 10월)

* 연호: ~연간의 해당 기간은 다 쓰지 않고 원문에 표시되어 있는 것
만 표기.

* 숫자 표기문제: 만 단위 이상은 한글로 만이라고 표기. 천 단위 이하
는 숫자로 표기.

* 사본호칭 다음의 背는 '뒷면'으로 번역(예: S.2593背→S.2593 뒷면)

* 한자병기는 되도록 자제하는 방향으로 하고, 나중에 일괄처리 가능.

* '도시, 지역+人'은 '~사람'으로 표기('~이다'를 붙이지 않음)

* '국가+人'은 그대로 표기(중국인, 미국인 등).

* 字나 號는 '~이다'를 붙여준다.

* 조대표기: 東漢, 唐 등의 경우 '시기/시대'를 붙이지 않음. 본문에 '시
기'라고 되어 있을 경우 '시대'라고 바꿈. 중간 조대의 경우 '시대'를
붙임(삼국, 위진남북조 등).

* 긴 벼슬 이름의 띄어쓰기는 끊어 읽기를 원칙으로 하며 번역 시 문
제에 닥칠 경우 카페나 개인적 연락을 통해 문의 혹은 논의.

* 인용문의 한자는 해석문 맨 뒤 " " 안에 병기.

* 돈황유서는 '敦煌遺書'로 표기.

* '地區'는 '지역'으로 번역.

* 단순 명사를 나열의 경우 최대한 ', '로 표기하고, 고유명사의 나열이
나 동일저자의 저서를 나열할 경우 등 특수한 경우에는 띄어쓰기를

하지 않고 문자표로 들어가서 'ㆍ' 입력.
* 하나의 표제어를 기준으로 단어가 처음 등장할 때만 한자병기하고 중복 등장 시에는 한자병기 생략.
* 긴 표제어의 경우 임의적으로 문단나누기를 하지 않은 채 초고는 원문의 문단을 그대로 번역하고 이차 윤문 작업 시 논의 후 문단나누기.
* '五胡十六國'은 '5호16국', '五代十國'은 '5대10국'으로 바꾸나, '五梁'은 '오량', '三國은 '삼국' 그대로 표기.
* '2載'는 '2년'으로 표기.
* 연도 기간 표시는 '~년~년'으로 표기.
* 속자는 정자로 표기.
* '오백여 건'은 '500여 건'으로 표기.
* '内地'는 '중국 내륙'으로 번역하고 한자는 생략.
* 제곱미터는 문자표에서 찾아 기호 표시.
* 표제어를 한글로 풀어쓸 경우 한자병기하고 한자발음은 쓰지 않음..
* 본문 안에서 한자를 풀어쓸 수 있는 경우 한자 병기생략. 예: 四壁→ 네 벽면.
* 주석표시는 ※로.
* 기존 표제어 표시는 *로 표제어 뒤에 표시.
* '~연간'은 '~ 연간'으로 띄어쓰기.
* '~원년'은 1년이 아니라 '원년'으로 표시.
* 외국인 이름은 스타인(마크 오렐 스타인Marc Aurel Stein)으로 표기. 괄호 안의 Marc Aurel은 '마크 오렐'이라고 한글 표기.
* 국립국어원 사이트의 외국인 이름표기에 근거.
* '原籍'은 '태생'으로 번역.
* 기관명은 붙여 쓰기.
* 일본 고유명사 중 지명, 인명, 시대, 대학은 일본어 발음대로. 예)용

곡대학은 류코쿠龍谷대학으로. 절 이름은 한국 한자음으로. 예) 법
륭사는 호류지, 호류사로 표기하지 않음.
* 중국 역사 지명의 경우 한국 한자음으로 표기.
* 표제어는 항상 한자병기.
* 표제어의 '~을 말함'은 " " 표시 생략.
* 본문의 강조표시는 ' '로 표시.
* 인명의 字, 號는 한자병기 생략.
* '建築實物'은 문맥에 따라 '현존하는 건축물' 또는 '건축물'로 번역.
* '제~굴'로 표기. 나열된 경우에는 '제~, ~, ~굴'로 표기.
* 初唐, 中唐, 晩唐은 그대로 표기.
* 晩淸과 淸末은 문맥에 따라 각각 표기하고 '~시기'를 붙여줌.
* '晩明'은 '명말'로 표기.
* '東側'은 '동쪽'으로 번역. 북벽은 '북쪽 벽면'으로 번역.
* 표제어 번역어가 한자와 다른 경우 한자에 괄호표시. 예) 우진각지
  붕(四阿頂)
* 비슷한 용어가 나열된 경우 본문 내에서 이미 등장한 경우라도 한자
  를 일일이 병기.
* 그림 하단의 그림 정보 부분을 번역할 경우: 〈그림〉 제목, ○○○ 그림.
* '形制'는 '형식'으로 번역.
* 본문에서 경문을 인용할 때 인용문 자체에 오류가 있을 경우 경전
  원문과 다르다는 것을 각주로 표기.
* 책이름『』다음 권수 표시는 붙여 쓰기. 예)『역대명화기』권5.
* 영문책의 원제목은 번역서가 출간된 경우 한글제목 우선 병기하고
  뒤에 영문 그대로 본문에 괄호표기. 서지사항은 각주에 표기.
  예)『한글책제목(영문책제목)』
* 경변화는 '변상도[경변화]'로 표기.

* 영문 사람이름은 괄호표시 없이 한글, 영문 병기.
* 일본어 인명, 지명, 시대, 대학명의 경우 원어에 [ ]표기 생략.
* 모든 한자는 번체자로 입력.
* 표제어에 인명과 책명이 병기된 경우 저자를 표시한 것인지 책명에 포함된 것인지를 확인. 예) 왕희지전계호도첩
* 가로 ~m, 세로 ~cm 식으로 띄어쓰기.
* 사본 인용문의 缺字는 □로 번역문에 표시.
* 인용문 앞에는 ' : '를 넣지 말고 '다음과 같이'로 풀어쓴다. 다른 ' : ' 표시도 재량껏 생략.
* '편폭'은 '길이'나 '분량'으로 번역.
* 한자 원문의 ' "는 가운뎃점 '·'으로 변환.
* 한자 원문의 ' ; '는 번역에 따라 마침표나 쉼표로 변환.
* 한자 원문 내의 '『』'는 그대로 둠.
* '北圖'는 '국가도서관'으로 번역.
* 악보 기호는 표시한 뒤 출판사에 문의.
* 한자 인용문의 끊어 읽기는 조정가능.

부록2: 『돈황학대사전』 샘플번역

엽정능시葉淨能詩

당대唐代 화본話本, S.6836. 두루마리 끝 부분이 약간 떨어져나갔으며 제목은 끝에 적힌 글자를 가져다 썼다. 작자는 미상이다. 작품 형식에 근거하여 혹자는 '詩'를 '話'나 '書' 혹은 '傳'의 잘못으로 보기도 한다. 엽정능葉淨能('淨'은 '靜'이나 '靖'으로도 쓴다)은 당 고종高宗과 측천무후 때의 유명한 방사로, 중종中宗 때는 국자제주國子祭酒, 금자광록대부金紫光祿大夫가 되고 현종玄宗 초에 요망하게 위씨韋氏에게 붙었다가 피살당한다(『자치통감資治通鑑』 권208 「당기唐紀」 참고). 화본에서 엽정능은 회계산會稽山에서 도를 닦은 후 장안으로 가는 도중 부록符籙을 써서 강물을 다스리고, 어떤 사람의 아내를 화악신華岳神에게서 구해내며, 현묘관玄妙觀※에 거하면서 도깨비를 참한다. 현종의 부름을 받고 입궁하여 용을 베고 비를 부르고, 현종을 모시고 검남劍南으로 가 등불 구경을 하고, 중추절에 월궁으로 유람을 간다. 훗날 법술로 궁중의 미인을 취해 시침侍寢한 죄로 현종이 그를 죽이려 했으나 법술을 부려 종적을 감춰버린다. 각 절의 내용은 당대의 『집이기集異記』, 『선전습유仙傳拾遺』, 『하동기河東記』, 『개천전신기開天傳信記』, 『광이기廣異記』 등에도 실려 있으나 한 인물과 한 시대의 일은 아니다. 이런 일들을 화본에서는 모두 엽정능이 한 것으로 만들어 도교의 신력과 법술을 드러내고 있다. 이 작품은 민간의 전설을 흡수하여 신비하고 환상적인 색채가 가득하며, 가볍고 통속적인 언어는 초기 화본의 면모를 보여준다. 당대 도교 문학의 중요 작품이자 당대 도교의 연구를 위한 중요 사료이기도 하다. 원대元代 왕백성王伯成의 「천보유사제궁조天寶遺事諸宮調」, 백인보白仁甫의 「당명황유월궁唐明皇遊月宮」 잡극 및 무명씨의 전기傳奇 「용봉전龍鳳錢」 등에 일정한 영향을 미쳤다.(張鴻勛/정광훈)

※ 玄妙觀: 원문은 '玄都觀'이며, 현도관은 당대의 유명한 도관道觀이다.

대정경大正經
일본 『大正新修大藏經』의 약칭.

돈황석실유서삼종
敦煌石室遺書三種
책이름. 나진옥羅振玉 편. 1924년 상우上虞 나씨羅氏 간행. 나씨 소장 『남화진경南華眞經』 전자방품田子方品 제22, 『노자의老子義』, 『노자현통경老子玄通經』 등 3종을 영인. 『나설당선생전집羅雪堂先生全集』 초편 제18책에서 이 책을 영인했다.(劉方/정광훈)

계안록啓顔錄
수대隋代의 소화집笑話集. S.610. '논란論難', '변첩辯捷', '혼지昏志', '조초嘲誚'의 네 편이 남아 있으며 모두 40칙則이다. 각 편의 칙수則數는 서로 다르며 시대 순으로 유형에 따라 배열되어 있다. 편말의 "開元十一年(723)捌月五日寫了劉丘子投二舅"라는 서명은 이것이 현존 최고最古의 「계안록」 사본임을 말해준다. 두루마리에는 작자의 이름이 적혀 있지 않으나, 『구당서舊唐書』 「경적지經籍志」 下와 『신당서新唐書』 「예문지藝文志」 三의 '소설가小說家'에 따르면 수대 후백侯白의 작품이다. 후백은 자가 군소君素이고 생졸 연대는 미상이며 위군魏郡 임장臨漳(현재 하북河北 소재) 사람이다. 익살맞은 성격에 재있는 잡설을 좋아했다. 수재秀才로 뽑히고 유림랑儒林郞이 되었으며, 문제文帝가 그를 비서수국사秘書修國史로 임명하고 훗날 5품의 봉록을 주었으나 한 달여 만에 사망한다. 『수서隋書』「육상전陸爽傳」과『북사北史』「이문박전李文博傳」에 전傳이 덧붙여 전한다.『정이기旌異記』15권과『계안록』10권을 지었으나 모두 산실되었다.『태평광기太平廣記』등에서는『계안록』백여 칙을 가져다가 당대唐代의 일을 섞어 이름까지 밝혔으나 그중에는 이름만 가져다 쓴 경우도 있을 것이다. 이 글의 원래 모습에 가장 가까웠을 돈황 필사본은 글씨가 반듯반듯 격식에 맞고 빠지거나 잘못 쓴 글자가 적다. 노신은 이 작품을 이렇게 평했다. "위로 자사子史의 옛 글을 취하고, 가까이로는 자신의 언행을 기록하였다. 고사가 대부분 천박한데다 저속한 말로 사람 비웃기를 좋아하고 우스갯소리가 지나쳐 자주 경박함에 빠진다." (『중국소설사략中國小說史略』) 왕이기王利器의『역대소화집歷代笑話集』집록본과 조림제曹林娣, 이천李泉의 집주본이 있다. (張鴻勛/정광훈)

한국학 사전 편찬의 현황

찾아보기

필자 소개

강병수   한국학중앙연구원 수석연구원
김영애   고려대학교 강사
김학재   재단법인다산학술문화재단 다산학사전편찬팀 전임연구원
송 준   고려대학교 민족문화연구원 전통연회사전편찬실 선임연구원
원창애   한국학중앙연구원 책임연구원
이국진   고려대학교 민족문화연구원 연구교수
이동철   용인대학교 중국학과 교수
장경식   한국브리태니커회사 상무
정광훈   고려대학교 민족문화연구원 HK연구교수
정우봉   고려대학교 국어국문학과 교수
최성윤   고려대학교 강사
한용운   겨레말큰사전 남북공동편찬사업회 편찬실장
황 경   한경대학교 강사

고려대학교 민족문화연구원 사전과 언어학 총서 3

한국학 사전 편찬의 현황

초판 인쇄 | 2013년 12월 11일
초판 발행 | 2013년 12월 21일

저　　자　강병수 · 김영애 · 김학재 · 송준 · 원창애 · 이국진 · 이동철 ·
　　　　　 장경식 · 정광훈 · 정우봉 · 최성윤 · 한용운 · 황경

책임편집　윤예미

발 행 처　도서출판 지식과교양
등록번호　제 2010-19호
주소　서울시 도봉구 창5동 262-3번지 3층
전화　(02) 900-4520 (대표)/ 편집부 (02) 900-4521
팩스　(02) 900-1541
전자우편　kncbook@hanmail.net

ⓒ　강병수 · 김영애 · 김학재 · 송준 · 원창애 · 이국진 · 이동철 · 장경식 · 정광훈 · 정우봉 · 최
　　성윤 · 한용운 · 황경 2013 All rights reserved. Printed in KOREA

ISBN 978-89-6764-036-1 93710　　　　　　　　　　　　**정가** 25,000원